# 资源与权力

## ——多元互动中民办社会工作机构生存逻辑研究

许小玲 著

知识产权出版社
全国百佳图书出版单位

**图书在版编目（CIP）数据**

资源与权力：多元互动中民办社会工作机构生存逻辑研究/许小玲著. —北京：知识产权出版社，2017.9

ISBN 978 - 7 - 5130 - 4735 - 7

Ⅰ. ①资… Ⅱ. ①许… Ⅲ. ①社会工作—组织机构—研究 Ⅳ. ①C916

中国版本图书馆 CIP 数据核字（2017）第 017336 号

责任编辑：张　冰　　　　　　　　　　责任校对：王　岩

封面设计：张　悦　　　　　　　　　　责任出版：刘译文

**资源与权力**

——多元互动中民办社会工作机构生存逻辑研究

许小玲　著

| | | | |
|---|---|---|---|
| 出版发行：知识产权出版社 有限责任公司 | 网　　址：http：//www. ipph. cn | | |
| 社　　址：北京市海淀区气象路 50 号院 | 邮　　编：100081 | | |
| 责编电话：010 - 82000860 转 8024 | 责编邮箱：zhangbing@ cnipr. com | | |
| 发行电话：010 - 82000860 转 8101/8102 | 发行传真：010 - 82000893/82005070/82000270 | | |
| 印　　刷：北京嘉恒彩色印刷有限责任公司 | 经　　销：各大网上书店、新华书店及相关专业书店 | | |
| 开　　本：787mm × 1092mm　1/16 | 印　　张：16 | | |
| 版　　次：2017 年 9 月第 1 版 | 印　　次：2017 年 9 月第 1 次印刷 | | |
| 字　　数：260 千字 | 定　　价：58. 00 元 | | |

ISBN 978-7-5130-4735-7

# 序

中国社会大转型始于 20 世纪 70 年代末，中国市场经济体制建立所引发的制度及观念上的变化很快波及社会生活的诸多领域，成为一场席卷整个中国社会的浪潮。经过三十多年的发展，以经济建设为核心的基本国策成就了中国经济的快速发展，高速的经济增长在促进人民生活水平提高的同时，也带来巨大的社会问题，使我们重新思考社会福利以及人们多元需要满足的问题。

在这样的背景下，许小玲选择了社会工作机构作为研究对象，基于五个城市的调查以及资料分析，撰写成她的博士论文。这本专著是在她博士论文的基础上改写而成，作为她的博士生导师，我想就本书研究的问题谈一些个人的看法。

社会工作机构这种提法本身就是极具本土特色的，作为推动中国社会工作发展的一种方式，它实际上是在中国社会工作发展的特殊背景下形成的提供社会福利服务的一种社会组织。中国社会工作机构成长的环境与中国香港和中国台湾地区以及欧美国家有许多不同。尽管有各种政策支持，但它从诞生之日起就面临着严重的资源问题。政策倡导和推动发展的良好大环境与社会工作机构生存过程中的种种艰辛形成复杂的互动关系。这促使她去思考和探究在此过程中社会工作机构到底如何生存、面对何种挑战、发生了哪些变化，从政府、市场和社会组成的组织场域中去分析社会工作机构的生存逻辑，并将此作为博士论文研究的核心问题。

社会学理论和方法训练不仅严格而且枯燥，许小玲在持续不断地大量阅读社会学和社会福利文献后，选择了资源理论作为分析视角去研究社会工作机构的生存逻辑，试图从福利权入手构建多元主体互动的出发原点，在此基础上形成理想的资源交换结构从而推动需要导向生存逻辑的形成，为社会工作机构良性发展提供参考依据。因此其学术价值和现实意义显而易见。她在自己的研究中建立了逻辑清晰的研究框架，以国家与社会现实关系为背景，以资源理论为分析视角，从民办社会工作机构生存的逻辑起点——满足服务对象需要开始，围绕机构与政府、市场、社会的互动考察影响机构生存的结构性因素，揭示机构生存逻辑从需要导向向资源导向演变的作用机制。她以福利三角和福利多元主义为基础，把资源、权力、关系等核心概念整合，在社会福利制度转型和多元福利供给的大背景下研究本土社会工作机构的生存逻辑，对西方理论的本土化做出了贡献。

许小玲采用定性研究方法，通过对南京、合肥、深圳等五个城市社会工作机构总干事、理事长、机构资深社工以及相关政府部门的深度访谈，获得了丰富的一手资料。这个调查原本是反映社会工作机构如何向贫困家庭提供服务，为当时还没有出台的《社会救助暂行办法（2014年）》中有关社会工作与社会救助关系提供资料和支持。但她在调查中发现，社会工作机构在发展中以及提供各种服务时，台前和台后都显现或者隐含着机构发展中的资源问题。她和我多次讨论并修改论文选题，我感受到她对中国社会工作机构的关心以及对那些接受机构服务的对象的关怀。为此我要求她增加机构访谈数量，以确保新选题有足够的资料支持。她在从微观上升到宏观的研究进程中，合理地运用了访谈资料和统计资料，精心选择了实地调查案例，有效地分析了机构生存逻辑变化的动态过程。

许小玲指出，民办社会工作机构在总量不断上升的表面繁荣下掩盖的是其发展中的步履艰难，而资源匮乏是民办社会工作机构策略行为的首要因素。为了摆脱这一困境并能够生存下来，一些民办社会工作机构开始采取各种变通策略开源节流。例如，在争资跑项中，通过私人关系的运用和"以万变应不变"等策略来套取更多的资源；在日常行政管理和人力资本上，通过厉行节约来减少资源使用；在服务过程中，通过"服务中的数字游戏"、案主"奶油化"等投机化策略来节约资源，完成指标考核。这些变通策略具有双面性，一方面在一定程度上缓解机构资源匮乏，另一方面机构也促使机构目标进行了置换与错位。这些策略行为有些虽不具有合法性和正当性，但是由于其能有效地应对资源匮乏的困境，因此成为民办社会工作机构实际的运作逻辑。许小玲还指出，表面上好像资源是牵引机构做出改变的主因，其实掩盖在资源表象下的权力才是形塑机构资源导向生存逻辑的重要力量。民办社会工作机构的策略性生存不是单方一己之力的结果，而是政府、市场和社会多方行动主体相互影响、共同形塑的结果。

许小玲不但发现了问题，还尝试性地提出了解决问题的方法，指出要想让机构保持需要导向的理想的生存逻辑必须依赖于理想的资源交换结构。因此，要从根本上改变目前机构资源导向的畸形的生存逻辑，必须以需要为导向，以权利观为福利价值理念，以服务质量提升为目标构建机构理想的资源交换结构，在这一框架下调整服务供给中不同主体的权利、责任及资源交换原则，这一理想建构颇有新意且具有启发价值。

博士论文写作过程艰苦而快乐，对于一个年轻母亲来说更是如此。合肥到南京的路上有一路风雨，也有一路风景。博士论文是规范自己学术写作、创新学术观点、贡献学术知识的成果。世界上有很多人能够做成相同的事，但只有极少数人能够完成博士论文。博士论文并不一定会有很多人看，但其共鸣者一定是研究领域的知音，真正的博士论文是一种极高的荣誉。我知道小玲正在继续进行这方面的深入研究，希望她在未来研究中能够继续保持博士论文写作的科学精神，不断推出新的高水平成果。

彭华民
2016 年 10 月 7 日于仙林

# 前　言

　　随着中国社会发展和福利转型、政府机构改革与职能转变以及中国社会工作教育及专业化的推进，中国社会工作机构获得了迅速发展。理论上，基于需方市场推动成立的社会工作机构在解决和预防社会问题上被寄予厚望，成为适度普惠型社会福利新的福利提供体。然而，诸多报道以及笔者的亲身经历呈现的却是民办社会工作机构的发展困难重重。

　　本研究以民办社会工作机构为研究对象，紧紧围绕"做了什么"以及"怎么做"来解答民办社会工作机构生存逻辑这一核心问题。本研究以国家与社会现实关系为背景，以资源理论为分析视角，从民办社会工作机构生存的逻辑起点满足服务对象需要开始，以福利三角和福利多元主义为基础建立研究框架，围绕机构与政府、市场、社会的互动考察影响机构生存的结构性因素，揭示机构生存逻辑从需要导向向资源导向演变的作用机制。在批判现实的基础上，试图从福利权入手构建多元主体互动的出发点，并在此基础上形成理想的资源交换结构从而推动需要导向生存逻辑的形成，为社会工作机构良性发展提供参考依据。

　　本研究采用定性研究方法，通过观察法、深度访谈法和文献法等方法收集资料，采用内容分析法分析资料。通过资料分析得出主要的研究结论：民办社会工作机构在总量不断上升的表面繁荣下掩盖的是其发展中的步履艰难，而资源匮乏是民办社会工作机构策略行为的首要因素；各种策略行为在缓解机构资源匮乏的同时也促使机构目标进行了置换与错位；运作于由市场、社会和政府构成的组织场域中的机构，在多重压力和矛盾关系的压迫下最终从需要导向的生存逻辑转向资源导向的生存逻辑，掩盖在资源表象下的权力是形塑机构资源导向生存逻辑的重要力量。

　　研究发现，在资源匮乏困境下，民办社会工作机构通过各种变通策略来开源节流，减少来自外部环境的制约。在争资跑项中，通过私人关系的运用和"以万变应不变"等策略来套取更多的资源；在日常行政管理和人力资本上，通过厉行节约来减少资源使用；在服务过程中，通过"服务中的数字游戏"、案主"奶油化"等投机化策略来节约资源，完成指标考核。这些策略行为有些虽不具有合法性和正当性，但是由于能有效应对资源匮乏的困境，因此成为民办社会工作机构实际的运作逻辑。但是这些策略行为也使机构在不知不觉中出现了性质变异和目标置换的倾向，民办社会工作机构在实际运作中呈现出形式上的名实相符和实质上的名实分离的特征，组织边界日益模糊，机构的生存逻辑开始慢慢从需要导向转向资源导向。机构的策略性生存不是单方一己之力的结果，而是政府、市场和社会多方行动主体相互影响、共同形塑的结果。

不成熟的市场、较低的社会认可度以及不健全的社会服务供给体系是机构与市场资源互动不畅的根本，捐赠资格、社会认同的合法性以及不成熟的公民责任意识是机构与社会资源互动不畅的根本，多层级政府不同的组织目标、不同部门的资源动员能力以及组织内部整合度等因素都影响了它们之间的资源互动。在这种环境下，运作于三元结构中的民办社会工作机构，不得不同时应对资源匮乏与机构价值目标的矛盾、资源匮乏与政府高指标之间的矛盾，在这些诸多关系与矛盾中，机构与政府修辞性伙伴关系得以形成。修辞性伙伴关系的形成过程是民办社会工作机构在需要导向与资源导向中进行挣扎的过程，也是权力介入后生存逻辑演变的过程。可以说，资源导向的生存逻辑是机构在既有组织场域中理性选择的结果，在此生存逻辑之下资源从实现价值目标的工具变成了最终的目标，替代了原有专业价值引领的需要。

基于民办社会工作机构实际运作逻辑，本书认为理想的生存逻辑依赖于理想的资源交换结构。因此，要从根本上改变民办社会工作生存逻辑，必须以需要为导向，以权利观为福利价值理念、以服务质量提升为目标构建机构理想的资源交换结构，在这一框架下调整服务供给中不同主体的权利、责任及资源交换原则。此外，从政策层面、优化环境、统筹监管体系、强化市场及规范政府购买是首要目标，同时，应增强民办社会工作机构的服务能力，将其建设成为具有专业服务能力的新的福利提供体和社会治理情境中的有力助手，推动适度普惠型社会福利的实现。

作者

# 目　录

# 第一章 导 论

## 第一节 研究背景

社会工作机构亦称为社会工作服务机构，它在中国福利转型大背景下出现，与中国的快速发展和中国社会工作专业化、职业化推进密切相关，并与政府的政策有关❶，同时也与经济体制改革释放的社会空间、居民多元化的社会需要、政府机构改革及职能转变产生的需要密切相关。因此，中国社会工作机构的出现和发展植根于中国特殊的社会背景。

### 一、中国社会发展与福利转型

开始于 20 世纪 70 年代末的经济体制改革是中国走向现代社会的转型，由市场所引发的制度及观念上的变化很快波及社会生活的诸多领域，成为席卷整个中国社会的浪潮。经过三十多年的发展，以经济建设为核心的基本政策成就了中国经济的快速发展，经济以年均 10% 左右的速度高速增长，成就巨大。高速的经济增长促进了人民生活水平的提高，也带来了社会的巨大变迁。市场经济异常活跃，社会分工日益细化，社会阶级、阶层、利益群体结构重新分化组合，利益群体间的差异日益扩大。与此同时，单位承担社会微观管理和社会福利功能的局面在改革后被打破，个人在医疗、教育、住房等方面承担的风险日益增加。面对单位制衰落及居民福利需求多元化的新环境，国家也积极做出调整和回应，开始在住房、教

---

❶ 2009 年 10 月，民政部颁发了《民政部关于促进民办社会工作机构发展的通知》，该通知指出：促进民办社会工作机构发展，对于进一步推进社会工作及其人才队伍建设，预防和解决当前社会发展中存在的各种矛盾和问题，推动政府转变职能，创新社会管理和公共服务方式，加强以改善民生为重点的社会建设，促进社会和谐具有重要意义，也是增强民政基层服务力量，提升民政管理与服务专业化水平，实现民政工作又好又快发展的重要途径。

育、医疗保障、就业、社会救助等方面进行艰难探索，"社会福利社会化"是这一改革的焦点。"社会福利社会化"主要是以市场机制来改造公共部门，基本观点是主张政府少承担责任，提倡福利责任由政府、家庭、社会多方共同分担。在这种情境下，社会力量成为中国福利体系中辅助政府的重要补充。不仅如此，社会生活诸多方面新增的需求也不断涌现。居民在性别、年龄、文化、健康状况、经济水平等方面的个体性差异直接带来其需求的多样性，整体表现出多样、分散、强专业的特征，但政府既有公共服务制度提供的整齐划一的服务在类型、专业化程度方面尚无法满足居民需要。因此，由供需不平衡产生的矛盾越来越多。如何解决日益增多的社会问题和提供民众所需专业服务成为摆在政府面前的紧迫任务，与此同时，补缺型福利制度也面临着挑战与冲击。

在构建和谐社会的大背景下，作为解决社会问题规则、满足社会需要规则和实现利他主义及公民权利规则的社会型福利制度必须改变。2007 年民政部首先提出了"逐步拓展社会福利保障范围，推进社会福利制度由补缺型向适度普惠型转变"，标志着中国福利制度的重大转型。建立与中国社会发展相适应的具有中国特色的适度普惠型福利制度成为学者们的共识，对此学者们也提出了构想。适度普惠型福利体系可以从四个方面进行思考，即最低保障由生存保障上升到发展保障、社会保险由体制性保险上升为国民性保险、社会福利由特殊群体福利转向公共福利、保障供给模式由补缺型向服务扩展型转变（成海军，2008）。在适度普惠型社会福利构建中的责任分担应是政府责任优先、需要导向的制度建构、企业社会责任的承担、家庭福利责任的保护与激活、社会福利机构的培育与发展（刘旭东，2008），而以需要为本的本土社会工作模式与适度普惠型社会福利制度建设目标一致，能更好地满足社会成员多元需要，所以是推动适度普惠型社会福利的重要力量（彭华民，2010）。同时，福利需要为本应该成为中国社会福利制度目标定位最基本的方式，而这个目标就是要满足社会成员多元需要、提高社会质量、发展社会成员能力和保证社会成员拥有接受社会福利的公民权利（彭华民，2010），这些都为适度普惠型社会福利制度建设提供了理论依据。在适度普惠型社会福利服务提供上，中国政府逐渐认识到仅依靠政府的力量难以满足社会成员日益增长的多元化需要，广泛动员社会力量，形成政府和社会互动互补的社会福利提供规则是可能的路径（窦玉沛，2007）。由此可见，建立与社会发展水平相适应的、以需要为本的适度普惠型社会福利制度，形成多元福利服务提供是解决社会问题、满足多元专业服务需要的根本，这为社会工作机构成为新的福利提供体创造了机会。

## 二、政府机构改革与职能转变

随着经济体制改革的不断推进，市场的支配作用日益增强，多元化利益主体的多元需求使过去政府作为单一主体管理市场和社会的模式不能适应社会需要，政府机构改革和职能转变是大势所趋，势在必行。这种改革不仅是政府职能的转变，更是政府治理理念和角色变化。政府机构改革的重点是职能下放和权力下放，以实现政企分开、政事分开和政社分开。因此，某种意义上说，政府机构改革和职能转变是经济体制改革对政府与市场、政府与社会关系的调适。在社会领域，随着政府职能的转变，"小政府，大社会"成为政府管理体制改革的基本目标，在这一目标的引导下，政府需要完成从服务的直接提供者到公共服务和资源协调者的角色转变，需要从制度层面完善优化多元服务供给主体成长的生态环境。政府原来肩负的微观管理和服务职能逐步剥离并让渡给中介性质的非营利组织承担，这不仅促进了社会力量的发育成长，也使政府从烦琐的事务中解脱出来，从而将精力用于其他重大社会事务的宏观管理。从这个意义上来看，非营利组织的发展与政府机构改革、职能转变具有同步性。政府机构改革和职能转变为非营利组织的发展创造了条件，让渡了活动空间，而政府机构改革的深入和职能的真正转变又有赖于非营利组织的良好发展。

与此同时，在对政府与市场、政府与社会基本关系反思中产生的社会治理理念和模式被政府所接纳。这种治理模式具有全新的含义，一方面，它强调治理价值层面的意蕴，即治理的目的不仅仅是提高社会管理的效率，更重要的是在保证效率的同时尊重人的全面发展，体现政府作为管理者的公平正义；另一方面，它强调责任意识的多方共担，即新型社会治理模式从原来单一强调政府责任向同时强调政府、市场、社会共担社会责任的转变。正是在这一理念的引导下，诸多学者都强调了社会建设的力量组合或者多元化，包括政府、市场、公民、各种组织，其中特别突出了非营利组织在社会治理中的作用。社会工作机构在社会治理中作用巨大。因为政府组织在治理中依据的是政策法规，这种管理自上而下进行，体现了强制性和刚性特点。而社会工作机构通过专业服务的提供达到化解社会问题和矛盾，体现了较强的自愿性和柔性特点，因此是缓和党群关系的"柔顺剂"，是把政府与民众联系在一起的重要纽带。社会工作机构在治理中的独特性使其在社会生活中的作用日益重要。

此外，随着中国整体文化水平的提高及中国民主政治的推进，特别是中国中产阶级队伍的壮大，居民对与自身利益密切相关的公共事务的参与热情日益高涨，他们迫切要求通过多种方式参与到公共事务的管理中来。社会网络平台为公众参与社会事务管理提供了一种可能，成了公众参与社会事务管理的重要形式。网络为公众参与提供了途径，但是它只满足了公众思想表达的意愿，而更多人则希望通过具体途径实际参与到社会事务管理中来。国外公民社会兴起出现了大量的非政府组织，这也影响了中国的公民社会的发育。虽然中国公民社会尚不成熟，正在形成中（俞可平，2006），但出现了大量的社会组织，少部分人开始组织和加入社会团体。

## 三、中国社会工作教育与职业化推进

中国的社会工作已经走过了二十多年的发展历史，呈现出专业教育先行、政府推动职业化建设和社会工作机构在政府母体中诞生等特征（严书翔，2008）。目前，中国社会工作专业教育已经形成专科、本科、研究生三个办学层次，专业人才供给较为充足。然而，与供给充足的卖方市场形成鲜明对比的是社会工作需求买方市场尚未形成，服务的行政化、非专业化的提供方式是导致供需失衡的主要原因，这也成为制约中国社会工作职业发展的瓶颈（赵槐娟等，2012）。以实务著称的社会工作在中国缺少运作的专业载体，社会工作专业人才无用武之地。因此，加快社会工作人才队伍建设，培育支持社会工作机构的发展就成为政府的重要任务。可以说，中国社会工作发展和职业化的推进促进了中国内地社会工作机构的发展。2003 年上海乐群社工服务社的出现是社会工作专业机构的起点，随后获得了快速发展，特别是 2009 年发布《民政部关于进一步促进民办社会工作机构发展的通知》（民政部，2009）之后。截至 2013 年年底，全国民办社会工作服务机构数量已达 2000 多家，比 2012 年增长 1 倍，其中广东、浙江民办社会工作服务机构数量突破 400 家（李刚，2014）。这些机构在各地呈现出百花齐放、百家争鸣的格局，对于正处于起步阶段的中国社会工作发展来说是一件好事。

笔者选择研究民办社会工作机构的生存逻辑问题也与个人工作经历密切相关。笔者于 2004 年 7 月任职于合肥工业大学的社会工作专业，它是一所教育部直属的"211"工科大学。期间本人经历了该专业的 4 年发展、6 年停招,目睹了学生对专业的迷茫与失落,参与了本专业社会工作机构的成立及运营管理,其间的种种艰辛和政策倡导的大环境形成了截然不同的对比。在与很多机构负责人私下交流的过程中,笔者发现类似的问题不只是自己身处的一家机构,其他民办社会工作机构也存在类似的问题,生存发展艰辛。很多机构创办人都经历了从开始的热情高涨到最后的忧心忡忡、牢骚满腹。国外发展实践表明,由于社会工作是一种以助人自助为宗旨,通过综合运用专业知识、理论和方法来帮助有需要的个人、家庭、群体、组织和社区,达到整合社会资源、协调社会关系、预防和解决社会问题、恢复和发展社会功能的专业,它在急剧的社会变迁中能发挥"缓冲器"和"减压阀"的作用,因而在应对社会问题上被寄予厚望。在这样的社会背景下,政府期望大力发展社会工作机构来承接政府转移出的公共服务并期望帮助政府解决困难,维护现有政权和制度的稳定。基于此,社会工作机构顺理成章地获得了迅速发展。然而,在解决和预防社会问题、传递社会福利服务上被寄予厚望的社会工作机构应然功能的发挥有赖于现有的社会结构和与政府、市场及服务接受者的良性互动,而诸多研究和报道以及笔者的亲身经历交织呈现出的是虽然问题很多、困境重重,可是很多社会工作机构却仍然能够在这样的环境中生存下来。他们凭借的是什么?放弃了什么或者保留了什么?或者改变了什么?因此,本研究以国家与社会的现实关系为背景,从与政府、市场、社会的多元互动中来研究中国民办社会工作机构的发展状态、生存逻辑及形塑这种逻辑的机制,不仅关系到社会工作机构在整个福利服务供给中的地位与作用,更关系到社会工作的根本发展。对这些问题深入细致地考察,有助于完善社会工作机构发展的政策,改善其生存环境。因此,无论从理论上还是实践上,民办社会工作机构的发展样态和生存逻辑都有待进行深入系统的研究。

## 第二节　研究对象与研究问题

### 一、研究对象

本研究的研究对象是民办社会工作机构,而中国内地在讨论社会工作机构时不可避免地与"民办非企业""社会组织"有联系,而在中国内地谈到"社会组织"，它必然与"非营利组织"❶"民间组织""非政府组织"以及"第三部门"等概念混用在同一分析框架之下，并且有相当程度的重叠。为了清楚认识研究对象在整个组织中的地位，有必要对与之相关的"非政府组织""非营利组织""民间组织""社会组织"和"民办非企业"等概念进行分析和梳理。

从管理学视角分析，社会组织可以从广义和狭义进行分类。广义的社会组织是指人们从事共同活动所形成的所有群体形式；而狭义的社会组织是为实现特定目的而有意识组织起来的社会群体，可以分为三类，即营利组织（如企业）、公共组织（如政府行政组织）和非营利组织（Goulet & Frank，2002）。广义的非营利组织又分为两类，即官办非营利组织（如中国的事业单位）和民间非营利组织，后者就是狭义的非营利组织。狭义的非营利组织（NPO）与非政府组织（NGO）二者在内涵和外延上保持一致，可以相互替换。二者不同的是非营利组织强调的是它与企业的区别，即非营利性，而非政府组织强调的是它与政府的区别，即社会性（王名，2002）。民间组织（civil organization）或社会组织主要是我国政府对非营利组织的称谓，因此，非营利组织在官方话语体系中常常被"民间组织"或"社会组织"这些称谓所替代，实际上三者在本质上区别并不大，是"形不同而质同"的一种状态。狭义的非营利组织可以分为社会团体、基金会和民办非企业（见图1-1）。民办非企业单位❷是企业、事业单位、社会团体以及其他社会力量或者公民个人利用国有资产之外的资金举办的，从事非营利性活动的一种社会组织。因为它和社会团体、基金会很大的不同是民办非企业单位有一个实体性的机构，所以又被称为实体型社会服务机构，与之相对应社会团体和基金会则被称为运作型组织。民办非企业单位

---

❶ 在中国，非营利组织在很多文献和研究中也被称为"社会组织""民间组织"等。由于文化背景不同和研究侧重点的不同，对于非营利组织，国际上有不同的称谓，如第三部门、慈善组织、志愿者组织、非政府组织、社会组织、公民社会等。虽然各个名称所指向的组织实际在各国呈现出的特点存在内部差异，但是大多研究者认为它们实际指向的是同一类型的组织。但是对于这一组织类型包括的范围，研究者意见却不是很统一。本文所采用的非营利组织这个名称并不代表某个研究者对这一类型组织的定义，只是一个符号而已。

❷ 值本书写作过程中，社会组织的概念类型又发生了改变。2016年9月1日施行的《中华人民共和国慈善法》中将"民办非企业单位"统一改为"社会服务机构"。与原来的民办非企业单位相比，社会服务机构这一命名更能准确反映此类组织的性质和服务功能。为了保持一致，民政部于2016年5月26日对《社会服务机构登记管理条例》（《民办非企业单位登记管理暂行条例》修订草案征求意见稿）公开征求意见，意见稿中也将"民办非企业单位"修改为"社会服务机构"。

是非营利组织中重要的一部分，其重要特征就在于其服务性，因其民间性、非营利性、实体性、服务性而有别于政府行政服务体系，例如，民办学校、民办医院、民办养老院等，涉及教育、医疗、养老服务等多个领域，而民办社会工作机构就是民办非企业中提供专业服务的一种类型。

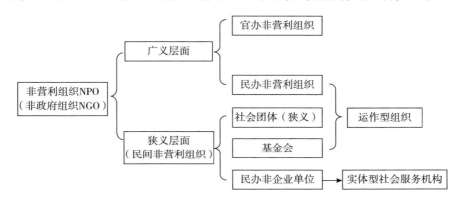

**图 1 - 1  非营利组织的分类**

## 二、研究问题

研究问题是通向研究目标的一种途径，它与研究目的、研究方法、情境、样本大小、时间、财力等存在密不可分的关系（陈向明，2000）。在初步确定研究方向后，本书试图在中国福利转型的宏观背景下理解民办社会工作机构，以期呈现民办社会工作机构运作的实然状态，揭示其运作的内在机制。当笔者切身地参与机构实际运作实践时，不断冲击和敲打笔者思维的仍然是民办社会工作机构运作中的文本规定和实际运行分离的现象。民办社会工作机构为什么会出现这样的现象？与其运行的制度环境有什么关系，具体地说，与社会有什么关系？与市场有什么关系？与政府有什么关系？这些具体问题汇集成为本研究的基本问题意识，即"民办社会工作机构的生存逻辑是什么"这一核心命题。

基于此，在上述研究的基础上，本研究借鉴非营利组织研究的相关成果，深入考察民办社会工作机构，试图围绕民办社会工作机构"做什么"和"怎么做"的问题来剖析民办社会工作机构的生存逻辑。通过生存困境的策略应对来展现他们生存逻辑的转变，通过民办社会工作机构与政府、市场、社会互动来解释机构生存困境的原因及形塑其生存逻辑的力量和机制，进而为我国政府构建和完善社会工作机构发展政策提供借鉴或参考，以形成新的福利提供体。据此，本研究重点关注以下三个问题和三个问题之间呈现出逻辑的递进关系：

（1）中国社会工作机构的发展样态是怎样的？

（2）这一发展样态下民办社会工作机构是怎样做的？形成了怎样的生存逻辑？

（3）这种生存逻辑是如何被塑造出来的？其作用机制如何？

# 第三节　研究的现实及理论意义

本书以国家与社会的现实关系为背景，以资源理论为分析视角，基于福利三角和福利多元主义建立研究框架，在民办社会工作机构与市场、政府和社会的互动中揭示民办社会工作机构在现有制度环境中的发展样态和生存逻辑，具有一定的实践运作意义和学术理论价值，其研究价值和研究意义主要体现以下两方面。

## 一、现实意义

首先，从现实意义层面来看，在由政府、社会、市场交织的关系格局中审视社会工作机构有助于描述、分析和解释它们所面临的发展困境。因为不触及行动主体所嵌入的关系格局就无法理解民办社会工作机构在既定环境中的行为表现，以及这些行为如何随着社会环境的改变发生变化。民办社会工作机构的行为受到社会环境变化的影响，而民办社会工作机构本身的变化就是社会环境变化的一部分。为什么社会工作机构的发展会如此艰难？为什么社会工作机构秉承的价值理念会逐渐褪色？现有研究已经从某些方面进行了证明和验证，但是单一地分析社会工作机构与不同的行动主体并不能解答这些问题。实际上，无论是政府、机构还是服务接受者都是社会这个大系统中的行动者，具有一定的主动性，它们各自都有自己的行动逻辑，但同时也受到嵌入其中的社会环境的影响，其行动策略是目标、资源等共同作用的结果，是一种理性的妥协行为。这些行动者对环境做出的反应影响了其他行动者的行为，同时也在形塑自身存在的外部环境。这个过程呈现出不断变化、流动和开放的态势。

其次，揭示民间力量发展中的现实困境有助于更好地理解政策执行过程，有助于理解针对民办社会工作机构的社会政策在执行过程中发生了怎样的变化以及为什么会变化。由于中国历史和现实的复杂原因，政策在"落地"过程中常会发生意想不到的变化，借助社会工作机构发展来具体呈现这一变化过程，有助于政策研究者和设计者们更加明晰政策在现实中的发展逻辑。实际上，所谓的政策意想不到的结果或许不是执行错误和执行力不够的问题，可能是政策实践中的自然结果。系统分析社会服务领域内不同福利提供主体之间的关系，有利于找到社会工作机构发展困境的根源，只有厘清这些才能帮助我们更好地制定政策。从而为中国社会管理创新和社会发展提供经验，助力公平正义、人人参与、健康和谐的社会建设。

最后，在福利多元主义理论视角下建构社会工作机构理想资源交换结构，能进一步完善中国适度普惠型社会福利服务供给体系。中国适度普惠型社会福利制度的确立是中国福利的一次重大转型。虽然很多学者对适度普惠型社会福利体系构建提出了很多想法，但相关研究多集中在目标体系、管理架构、对策思路等比较宏观的方面，而较少关注中观层面的实现路径和实现载体。在福利多元主义理论视角下，公民的福利服务可以由政府、志愿组织、非正式组织和商业组织多种途径传递到有需要的服务对象手中，而作为志愿组织重要形式之一的社会工作机构在未来普惠型社会福利服务供给中应当成为一种新的福利提供体，这也是社会工作机构发展的意义所在。而实现这一重任的前提是社会工作机构要成为讲究效率、讲究服务质量和有较强专业服务能力的组织。通过建构社会工作机构理想资源交换结构来改变机构的生存环境，提升其服务能力，使其成为新的福利服务提供体也是本文研究现实意义之一。

## 二、理论意义

首先，从理论层面来看，对中国民办社会工作机构生存逻辑的个案研究，有助于对资源依赖理论和动态资源理论的本土检验与补充。作为行动主体的社会工作机构在与政府、市场、社会互动的过程中，在既定社会结构框架下，如何在秉承机构的价值目标与生存困境中寻找出路？是否是一种资源导向的行为？如果可以解释，需要做出哪些补充或修正？如果不能解释，这又因为什么？所以，借助社会工作机构这一行动主体在生存发展中的行为来检视资源依赖理论以及完善理论上的对话需要。

其次,通过服务提供领域内各主体互动的关系格局能更好地透视国家与社会之间的关系。通过对机构与政府、机构与市场、机构与服务接受个体之间的互动分析,可以从动态角度更好地理解国家与社会之间的关系,检视市民社会在实践中的真实发展,丰富有关社会组织、第三部门以及国家与社会关系的理论。

最后,通过社会工作机构理想资源交换结构的建构,对不同福利供给主体的权力和责任进行限制和规定,从而实现政府、市场和社会之间的最优组合,保证民办社会工作机构有效的资源供给,最大限度地满足服务对象的需要,在一定程度上也能丰富福利三角理论。

# 本章小结

本研究以民办社会工作机构为研究对象,其在中国福利转型背景下出现,其快速发展与中国社会工作专业化、职业化推进密切相关,同时也与经济体制改革释放的社会空间、居民多元化的社会需要、政府机构改革及职能转变产生的需要密切相关。因此,中国社会工作机构的出现和发展植根于中国特殊的社会背景。

本研究围绕民办社会工作机构"做什么"和"怎么做"的问题来剖析民办社会工作机构的生存逻辑。在此基础上重点关注三个问题,即中国社会工作机构的发展样态是怎样的?这一发展样态下民办社会工作机构是怎样做的?形成了怎样的生存逻辑?这种生存逻辑是如何被塑造出来的?其作用机制如何?研究的目的是:解释民办社会工作机构生存困境的原因及形塑其生存逻辑的力量和机制,进而为我国政府构建和完善社会工作机构发展政策提供借鉴或参考经验,以形成新的福利提供体。

本研究的意义包括两个方面,其理论意义在于验证资源依赖理论和国家与社会关系理论,丰富福利三角理论;其现实意义在于对民办社会工作机构生存逻辑的研究将有助于解释政策在"落地"过程中为何发生变化,从而减少社会政策执行过程中的偏差,推动民办社会工作机构发展政策体系的完善,提升民办社会工作机构的服务能力。

# 第二章　文献述评

文献探讨是本研究开展的基础和继续深入研究的先决条件，由于本研究的核心对象是民办社会工作机构，试图在国家与社会关系宏观背景下理解民办社会工作机构的生存逻辑，以福利三角和福利多元主义为基础建立研究框架，通过民办社会工作机构与政府、市场、社会的资源互动来解释机构生存困境的原因，剖析形塑其生存逻辑的力量和机制，因此不可避免地要对资源理论、福利多元主义理论和国家与社会关系三个理论的核心概念及基本思想进行比较清晰的梳理。此外，国内外关于国家与社会关系、非营利组织与政府关系方面的研究及社会组织生存策略方面的经验研究也为本研究提供了参考，具有一定的指导意义。

## 第一节　理论综述

### 一、资源理论

#### 1. 资源依赖理论

关于组织与环境间的关系研究，既有研究已经形成了许多不同的理论解释，包括资源依赖理论、新制度主义理论和种群生态论。其中从资源依赖理论来解释政府与社会组织之间的关系是诸多研究者较为常用的方法。资源依赖理论发端于20世纪40年代，70年代后开始被学者广泛应用于组织关系研究中，成为组织理论的重要组成部分。理论家们借助艾默森、布劳社会交换的观点，把组织之间的权力看作是迫使其他组织对自己产生依赖的重要资源，促进了组织与环境间关系的研究。资源依赖理论从萌芽到形成经历了一个较长过程。

1949年，塞尔兹尼克（Selznick，1949）对田纳西河流域的经典研究是资源依赖理论后续发展的基础。通过对美国最大公共机构田纳西河流域当局的研究，塞尔兹尼克提出了"共同抉择"的概念，用于描述田纳西河流域当局把精英吸纳进自己的决策结构中的过程。将近十年后，汤普森和麦克埃文（Thompson & McEwen，1958）对塞尔兹尼克的观点做了进一步阐述。他们确立了组织之间三种类型的合作关系，即联盟（如何合资）、商议（如合同谈判）和共同抉择。汤普森（Thompson，1967）吸收了艾默森、布劳的理论，提出一个综合性的组织权力依赖模式。他指出，一个组织对另一个组织提供的资源或服务需要的程度越强，那么他对对方的依赖就越强，反之亦然，如果可以从其他组织获得相同的资源或服务，那么他对对方的依赖就会减弱。扎尔德（Zald，1970）在这种思路的指引下，引入了"政治经济"的视角。引入这一视角的目的在于关注和解释组织变化的方向和过程，把研究的重点放在了组织内部和外部的政治环境。因为需要的资源控制和掌握在另一个组织的手中，核心组织的自主性被削弱，这一点与汤普森是相一致的。为了解决自主性被削弱的问题，组织可以采取横向或纵向的正式联盟或非正式联盟，包括发生在同一参与市场内的主体间的横向联盟和发生在消费、供给各环节中的纵向联盟。

20 世纪 70 年代，组织分析的重点转向了对组织间关系分析的重视，促进资源依赖论的进一步发展。在众多著作中最具代表性的当属 1978 年费弗尔（Pfeffer）和萨兰奇科（Salancik）合著的《组织的外部控制——一种资源依赖的视角》，该书对组织间的权力和依赖做了综合性的阐述。

他们提出了 4 个重要假设：①组织在发展中最关心的是生存；②为了生存组织需要多种资源，但是这些资源多数时候自己不能生产和完全掌握；③为了生存，组织必须与它所依赖的环境中的其他主体交换；④因此，组织的生存是建立在控制它与其他组织间关系能力之上的。一个组织对另一个组织的依赖程度大小受三个因素影响，即某种资源对于组织的重要性的大小、组织从其他渠道获得资源的程度、存在替代性资源的程度（Pfeffer & Salaneik，1978）。也就是说，如果一个组织非常需要某种资源，而这种资源又非常稀缺，无法通过其他途径来获得，那么这个组织对拥有这种稀缺资源的组织依赖程度就会高。除了一方对另一方有依赖，费弗尔和萨兰奇科认为这种依赖也是相互的，但是具有不对称性（asymmetry）。组织在生存过程中，面对资源稀缺的情况，减少对其他组织的依赖，必须发挥能动性，寻找合适的行动策略以达到降低对外部依赖又能存活的目标。权力是该理论的一个核心词汇。组织可以采取多种策略来处理它们的互依性，包括合并、购并、合资和其他的联盟形式等。由于组织需要与外部环境进行交换来获得生存所需资源，但是外部环境并不必然承担相应的义务，因此，在给对方提供所需资源时往往会对其进行一定的要求，这种非对称的交换是组织间权力形成的必备条件。因此，组织对环境的依赖实质上就是权力得以体现的过程，或者说依赖是权力的一个对应面（Emerson，1962）。

与新制度主义和种群生态理论相比，资源依赖理论有很大进步，因为它不赞同新制度主义和种群生态主义主张的环境决定论的观点，认为组织是个能动的主体，可以通过采取各种策略行为减少来自外部环境的制约和压力，从而实现与环境的协调（Aldrick & Pfetter，1976）。但是资源依赖理论与种群生态学的观点也有相同点，即他们都强调组织生存目标对组织发展的重要性，也都承认外部环境对组织生存发展有重要的影响作用。总之，资源依赖理论从开放系统理论的视角出发，以组织与环境间的关系为切入点来研究组织的关系和行为。其最重要的贡献就在于改变了以往把组织看作缺少能动性主体的观点，启发人们从发展的视角去观察，让人们看到虽然组织对环境有依赖，但是这种依赖并不是完全被动的，组织在适应外界环境的过程中也有能动性的一面。虽然诸多学者肯定资源依赖理论的解释力，但是也有学者指出，获取资源是组织的主要活动，资源依赖理论仅看到了组织为了生存从外界环境获取资源的行为，却没有涉及组织的目标，实际上组织的目标与其获得资源是密切相关的（理查德·H. 霍尔，2003）。但无论怎样，资源依赖理论为研究中国社会工作机构生存逻辑提供了理论视角，借助此理论可以从机构与政府、市场、社会间的资源互动来分析影响社会工作机构生存逻辑改变的因素。

2. 动态资源理论

动态资源理论又称为动力资源理论，它借鉴资源依赖理论和系统动力学发展起来。虽然资源依赖理论高度重视权力依赖和交换过程中的非对称性，提供了一个表示双方资源交换的反馈图，但是这个反馈图不能表现反馈过程中的动态性质，也不能详细说明交换双方之间的关系是如何变化的。也就是说，资源依赖理论文献描述的是一个给定时间点上的关系，却不能展现关系随着时间是如何变化的（Johnson，1998）。而随着时间的推移，相互依赖的关系和关系中的权力分配也会从一方转移到另一方。实际上，交换是一个持续相互作用的驱动过程和信息互动过程。在福里斯特（Forrester，1961）看来，只要环境影响决定而决定又影响环境，信息反馈系统就会随时存在。吉莱斯皮（Gillespie，2000）也认为，在理解如何做出决策、如何采取行动方面，信息反馈的概念必不可少，因为决策做出者总是基于有效的可用的信息来采取行动的。基于此，一个以资源交换动力为基础的理论获得了进一步发展。

动态资源理论从系统动力学的应用中产生，用来分析通过资源交换过程产生的依赖性或者依赖关系，这种依赖关系是隐含的，而不是由资源依赖指定的。系统动力学在增强这一理论的解释力方面作用巨大。系统动力学是由福里斯特（转引自 Meadows & Robinson，1985）在三个学科基础上发展而来的，具体包括：①来自控制工程的反馈和自我调节的概念；②从控制论中获得的信息在控制系统中的作用；③来源于组织理论的组织结构和组织决策结构。系统动力学特别强调在一个系统内的反馈环（feedback loop），它的特点就是作为行动和信息的封闭路径。反馈环有两种类型，即增强（正）的反馈环和平衡（负）的反馈环。增强的反馈环可以加速增长或衰减，而平衡的反馈环是目标获得行为的基础。因此，在分析一个政府与非营利组织关系的具体问题时，要把与此问题相关的所有变量都整合到模型里来描述系统内的动态行为。系统动力学的第二个概念是时间延迟（time delays）。它强调在既定时间内的动态关系，可是现实中，一种行为对系统的所有影响不会在同一时间内出现。因此，系统动力学把行为和结果之间的时间延迟性考虑进来。时间延迟概念对于准确理解政府与非营利组织间的关系至关重要。

动态资源理论的优点是解决了人们对传统的资源依赖理论的四个批评。

第一，资源依赖理论忽视了主体在目标追求过程中的相互作用过程，而动态资源理论却包括了交换过程中每一方多个追求的目标。在动态资源理论看来，目标在理解政府与非营利组织关系的过程中必不可少，因为组织总是有获取资源的目标。不考虑目标，关系就会变得高度抽象和十分模糊。

第二，资源依赖理论忽略了组织间的集合，如非营利组织间的联盟。动态资源理论在解释交换过程时则包括了组织间行动者的联盟。

第三，资源依赖理论没有充分考虑到制度环境对决策做出过程的影响（Galaskiewicz，1985），而动态资源理论却考虑到了这一点。例如，法律变化和政治环境的变化、社会优先事项的变化的确会影响决策者做出可能的选择。动态资源理论把代表这些环境的变量整合到模型中。

第四，资源依赖理论没有明确地处理好驱动政府与非营利组织间关系的反馈环，而反馈环对于理解二者间不断变化的关系是必不可少的。动态资源理论着力想去分析和解释的是在服务传递过程中影响政府和非营利组织间关系的反馈环。从动态的视角出发，经过一段时间，反馈环积极或消极的相互关系能产生各种各样的行为模式。不仔细考虑反馈环在政府与非营利组织间关系的运行，想把握关系的运作和解决关系中出现的问题几乎是不可能的（Gillespie，2000）。

从以上描述可以清楚地看到，动态资源理论是资源依赖理论的新发展，它在明确目标、联盟、环境限制方面和反馈环的灵活性方面为理解政府与非营利组织间的深层关系提供了可能，从时间维度上揭示出政府与非营利组织间的互动以及由此形成的权力关系不断变化的动态过程，而且动态资源理论把服务接受者也纳入互动关系中，丰富了影响互动关系的变量因素。事实上，服务接受者正是政府与非营利组织能产生关系的主要原因，因而本研究借助此理论加入了时间维度，有助于分析民办社会工作机构在既有制度环境影响下，与政府、市场、社会资源互动中生存策略在时间延迟后的影响以及这种影响对机构生存逻辑转变的影响，也能更好地展示民办社会工作机构生存逻辑转变的动态过程。

## 二、福利多元主义理论

福利多元主义理论是20世纪70～80年代西方福利危机下的产物，它本质上强调了人民获得的福利是由多种制度福利提供的，可以来源于家庭、市场和志愿组织等多个福利部门。而中国社会福利从"补缺型"到"普惠型"的转变与西方福利多元主义存在着某些共同的特征。因为中国普惠型福利的实现不能一步到位，现阶段形成的是组合式的普惠型社会福利，即以普惠型福利为主，选择型福利作为补充，是一种适度的普惠。这种组合式普惠型社会福利在制度建设时应把社会需要作为根本原则，强调国家在普惠型社会福利中承担主要责任，政府、市场、社会组织、社区、家庭承担次要责任（彭华民，2011）。而在多元福利提供中，福利供给主体、福利供给内容和资源分配的原则也各不相同。社会工作机构逐渐成为一种新兴力量和新的福利提供体，它的生存逻辑正是在与市场、政府、社会的多元互动中形成和发生改变的，这个理论是本研究分析框架得以建立的基础。

### 1. 福利三角理论

福利三角（welfare triangle）是西方社会政策研究领域中一个十分重要的概念，它与福利多元组合（welfare mix）是两个意思很接近但是又有差别的概念，福利多元组合有时又被称为福利混合或者多元福利。罗斯（Rose，1986）认为一个社会的福利可以由家庭、市场、国家三方来提供，其中任何一方对其他两方都是有贡献的，它们在一起构成了一个社会的福利整体。至此，罗斯形成了福利多元组合理论。在罗斯福利多元组合理论的基础上，约翰逊（Johnson，1987；1991）把志愿部门加入多元提供体当中，进一步拓展和丰富了福利多元组合理论。在约翰逊的观点中，一个社会中提供福利的部门包括四部分：一是国家部门，它提供直接和间接的福利；二是商业部门，它提供职工福利和营利性质的服务；三是志愿部门，例如，非营利机构、互助组织提供的福利；四是非正式部门，例如，亲属、邻里等提供的福利。在不同的福利理论体系下，福利多元组合的内容会有所不同，而且各个不同部门在福利多元组合中发挥的作用大小也不一样。

伊瓦思（Evers，1988）进一步借鉴了罗斯的福利多元组合理论将家庭、市场经济和国家三个部门并称为福利三角，他同时强调运用福利三角作为研究的分析框架一定要将它放置于具体的经济、政治、文化和社会背景中，从而形成了福利三角范式。在具体的分析层面，福利三角对应着不同的组织和价值，福利接受者与各个主体表现出不同的关系（见图2－1）。家庭与非正式或私人的组织相对应，在微观层面上遵循共有的团结价值，福利接受者作为行动者建立的是与社会间的关系；市场对应着正式的组织，遵循的是选择和自主的价值，福利接受者作为行动者建立的是与市场的关系；国家与公共的组织相对应，遵循的是平等保障的价值，福利接受者作为行动者建立的是与国家的关系。福利三角确定了国家、市场和社会力量三个供给主体。在福利三角中，社会成员作为行动者分别与家庭、市场、国家三种制度互动，他在互动中与不同的制度建立着不同的关系，在这个互动过程中，福利提供是多元化的，福利提供总量大致相同，但是各福利提供主体贡献的份额不一样，呈现出一种此消彼长的关系。

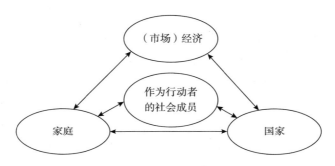

**图 2－1　福利三角与行动者**

（资料来源：彭华民，2009）

　　通过以上对罗斯、约翰逊和伊瓦思三人思想的陈述可以看到，福利三角与福利多元组合含义所指并非完全一样，二者既存在一定的联系也有一定区别。在罗斯看来，福利多元组合与福利三角是一样的，而约翰逊的福利多元组合则超过了福利三角，因为其中加入了志愿部门，伊瓦思则是比较系统清晰地梳理出福利三角的内容并运用这个框架来分析就业、社会政策和服务。伊瓦思（Evers，1993）认为福利多元组合其实就是一个多元主义的观点，但是福利多元组合与福利多元主义理论之间也是有不同的。前者侧重从社会结构入手，强调来源渠道的多样性，而后者侧重社会过程，强调价值的多元化，直接面对的是福利国家的危机，希望通过福利多元组合这一方式把由国家全面提供福利转变为由社会多个部门混合提供（彭华民，2009）。由此可见，福利三角是福利多元组合的重要组成部分。在福利供给中，单一提升某一个福利部门的福利水平都将影响既有的社会政策。伴随着中国社会转型，福利制度也在转型，必须根据社会成员的需要不断发展新的福利提供体，才能保证社会的和谐稳定。

　　2. 福利多元主义理论

　　福利多元主义是在福利国家危机背景下提出的，这一概念源于1978年沃尔芬顿的《志愿组织的未来》报告。它的基本观点是社会福利来源应该具有多样性，也就是说既不能完全依赖市场，也不能完全依赖国家或者家庭，强调社会福利的地方分权和私营化，目的在于克服由国家垄断福利提供产生的官僚化、集权化的弊端。

福利多元主义的重要命题有两个：一个命题是多元化的福利结构应该包括哪些部门；另一个命题是这些部门之间应该是一种什么样的关系。关于多元化的福利结构有三分法和四分法之分。福利多元主义代表人物罗斯（Rose，1986）将福利多元主义定义为家庭、市场和国家的福利总体，而后伊瓦思（Evers，1988）又将其发展为福利三角。这些都属于福利多元主义的三分法，但是并非所有的学者都认同这种划分方法。随着公民社会的不断发展，志愿部门和非营利组织在福利领域中的作用越来越得到学者们的肯定和重视。约翰逊（Johnson，1987）就在罗斯福利提供三个部门国家、市场、家庭之上又增加了志愿组织。后来伊瓦思（Evers，1996）在研究中对自己早先提出的福利三角做了进一步的修正，认为福利提供主体可以有四个，即国家、市场、社会和家庭，他充分强调了社会在福利提供主体中的重要意义，认为它能够在多个层面上同国家、市场、社会等发生联系，最终保证私人利益与公共利益间的平衡。吉尔伯特（Gilbert，2000）用两大领域和四个部门对福利多元主义结构进行了分析。在一个层次上，福利多元主义通过政府、志愿组织、商业组织和非正式组织把福利传递到有需要的公民手中；在另一层次上，这四个部门又可以被看作嵌入福利国家社会市场的公与私的两个领域。公共领域的就是政府，而私人领域的就是家庭、朋友、非营利组织等志愿部门以及营利性的商业部门。这些不同部门指导福利分配的动机和原则有所不同，但是共同参与福利的供给，他们之间是一种相互依赖、相互补充而非竞争的合作关系。罗斯（Rose，1986）把一个社会福利提供的总和称之为"社会总体福利"，用这个概念说明多元福利的发展并不意味着必然会导致社会中总体福利的下降，也就是说一方福利提供的发展并不是以另一方的缩减为必然结果，因而福利多元主义的实质是社会福利供给在不同部门之间的重新分配。

市场失灵、国家失灵、家庭失灵和志愿失灵是福利多元主义的理论基础（Rose，1986；Salamon，1991），它的推行基于三个基本假设，即私营化使服务传递更有效率；与中央政府相比，地方政府可以更好地服务于民众的需要；草根社会组织比地方公共机构更有效率（Gilbert，2000）。在吉尔伯特看来，实践中福利多元主义就是福利责任在四个部门或者两大领域中的重新分配，水平面上表现出的是私营化，而垂直面上表现出的就是地方分权。私营化的实践形式可以有很多种，包括契约外包、福利券、资产出售和政府卸责（Gormley，1994）。

福利多元主义在西方社会政策理论研究中备受关注，因为它企图冲破国家和市场之间的一种绝对隔离，为福利国家的未来发展谋求一条最佳路径。一方面，福利多元主义在实践上与私营化、市场化密切联系在一起，从理论上来看，多元化的福利结构可以扬长避免，充分发挥不同福利提供部门的优势，可以改善服务质量并提高福利供给效率，缩减政府财政支出。另一方面，福利多元主义可以通过中央政府的资源分配和服务控制强化垂直型的社会团结，并通过公民参与、社区发展等强化水平层面的社会团结（皮斯托弗，1995，转引自彭华民，2006）。但是也有学者对此持并不乐观的态度。沃克（Walker，1993）以英国老年照顾领域的福利结构为对象进行研究后指出，受制于地理位置、服务定位和消费者支付能力等一系列现实条件，事实上由于供给和需求的错位、公立机构的减少、机构的营利化发展等，私人福利机构的发展反而会导致老人选择权的相应减少而非相应增加。私营化带来服务的商业化，有可能会损害到福利的根本，导致非营利组织表现出营利化的发展趋势，破坏了志愿精神，带来公民社会的危机（Eikenberry & Kluver，2004），在更深层意义上可能会导致服务提供的不平等。

综合来看，福利多元主义内部并没有十分统一的理论范式，它只是分析社会政策的宏观范式，其内涵非常复杂，与一个国家的福利项目以及福利文化等密切相关。但是它纠正了过去只把国家作为福利提供主体的片面认识，为福利国家摆脱危机、转向福利多元供给模式提供了重要指向。中国社会工作机构正是在新的组合式普惠型社会福利背景下产生并发展的，代表一种新的福利提供体。因此，研究中国社会工作机构的生存逻辑一定要将其置于中国的文化、政治和社会背景中，从福利多元主义的观点入手来分析。

## 三、国家与社会关系理论

"国家与社会关系的实质主要体现在政府与社会团体或者公民组织的

关系上"（康晓光，1999），与非营利组织、非政府组织相关的研究很多，涉及不同的学科，有从经济学的角度出发进行阐释的，也有从社会学、政治学的视角出发分析的。经济学视角的理论主要包括政府失灵论、交易成本理论、委托代理理论、志愿失灵论等，社会学和政治学视角的理论经常从国家与社会的关系入手进行分析，一般与公民社会研究密切相关，主要包括公民社会理论、法团主义理论和多元主义理论。因本研究探讨的是民办社会工作机构与政府、市场、社会多元主体在中国情境下的互动关系，而国家与社会关系影响总的宏观结构，它决定了民办社会工作机构实际的资源获得方式和途径，所以从理论的贴近度出发仅从政治学和社会学角度进行归纳、概括和梳理。

1. 西方国家与社会关系的理论

西方国家与社会关系的理论研究主要体现在公民社会理论、多元主义理论和法团主义理论。公民社会理论是从国家与社会视角出发研究组织间关系的理论，在发展过程中其内涵不断被丰富。现代意义的公民社会理论以黑格尔和马克思为代表，马克思吸收了黑格尔的市民社会的思想，在他看来市民社会是一个置于个人和国家之间、对私人利益和普遍利益起着调节作用的中介；在市场经济条件下，市民社会是与国家相对应的，是私人生活领域和社会组织，在任何时代，它都是国家得以构成的基础〔伍俊斌，2010〕。而自由主义公民社会理论的代表人物当属法国的托克维尔。在自由主义者看来，国家对于公民社会是十分必要的，二者之间不是一种无法共生、此消彼长的独立关系，相反，他们之间是一种互相依赖、互相制衡的关系（伍俊斌，2010）。在哈贝马斯公共领域概念的基础上，形成了基于经济体系、政治体系和社会文化体系的市民社会理论，即后马克思公民社会理论。这一理论的主要观点体现在柯恩和阿拉托的《市民社会和政治理论》中，书中市民社会被描述为"一种介于国家和经济之间的领域，它由三部分构成，包括私人领域（主要是家庭）、团体领域（主要是资源性社团）、社会运动"。与马克思公民社会理论相比，后马克思公民社会理论并没有完全放弃民主化的政治诉求，认为民主不仅仅是一种筛选精英的方式，它需要公民的普遍认同和积极支持（J. C. 亚历山大，1999）。而国家主义公民社会理论则认为，国家是市民社会实现的工具和最终归宿，因为市民社会代表的只是个人的私利，国家代表的是公共利益，离开国家则个人的利益无法得到实现（俞可平，1993）。在这种理论之下，国家直接组织并且雇用专业人士提供专业服务，尚未转型的社会主义国家都属于这种模式。在这一模式下，国家的权威往往超越了国家组织而进入社会，甚至强迫社会去执行国家的意图，此时国家成为一个有自主行动能力的组织实体（Evans，Rueschemeyer & Skocpol，1985）。

多元主义国家观的核心思想是社会中不同组织的参与能影响国家决策，在一定程度上参与分享国家权力，从而实现国家治理。由于其他社会组织的参与，国家权力减弱（李熠煜，2004），也就是说在多元主义模式下，社会由志愿者利益团体组成，这些团体数量众多并且相互竞争，以积极介入政治过程达到表达自己利益诉求的目的。在这种模式下，民间专业组织是主导，国家参与专业活动是辅助。政府一般不干预 NGO 的内部事务，NGO 的经费主要依靠服务收费、政府购买服务或者会费，这一模式的典型代表是美国。

法团主义也称为社团主义、社会合作主义或组合主义，由施密特（Schmitter）在 20 世纪 70 年代末系统概括而来。它部分来源于西欧国家的经验，主要研究社团的自治活动及其在政治格局中的作用，尤其强调社团和既有行政制度间的关系。与公民社会理论相比，它要低一个层次，因而更贴近或更适合对非营利组织的研究。施密特（Schmitter，1979）认为："合作主义特指由观念、模式和制度安排的一种整合，它的作用是引导公民社会中的有组织的联合体参与到国家决策中"，这就意味着国家和社会是可以合作的，并且这种合作对双方都有益处。国家允许分散的利益群体组织起来并给他们提供参与政策制定的机会，而这种制度化的设置又为国家权力获得了稳定的合法性。在法团主义体制下，获得政府批准的社团享有很多的参与权，包括对相关公共事务建议、咨询，在决策完成后还有一定的负责执行的义务，此外它还承担着把本集团成员有序地组织起来，阻止他们过激行为的职责（张静，1998）。法团主义的分类标准有很多，有按照时间顺序的，有从理想类型出发的，而最经典的则是施密特按照国家对社团的涉入程度所做的经典分类，按照这种分类方法，法团主义进一步被分为社会法团主义和国家法团主义。国家法团主义比较强调政府从上至下对利益团体的控制，而社会法团主义与之不同，比较强调相关利益集团自下而上的参与（张静，1998）。相比较而言，国家法团主义虽然承认其他利益集团的存在，但是前提条件是他不能对既有统治产生威胁。相比较而言，社会法团主义多与多元主义政治相联系。

2. 中国国家与社会关系的理论研究

改革开放以来，中国内地国家与社会间的关系成为理论界研究的焦点，受西方国家与社会关系理论的影响，大致形成了三种解释模式，其中一种是公民社会、合作主义（法团主义）、行政吸纳社会。而在此之前，"极权主义"是20世纪50~60年代概括中国政治结构的主要工具，也是西方学者理解中国的重要工具（张静，2005）。但是有学者指出，全能主义比极权主义更能恰当地概括和分析中国国家与社会关系。全能主义指政治权力侵入到社会生活和个人生活的方方面面，在原则上它不受法律、道德、宗教等的限制（邹谠，1994）。用极权主义和全能主义来描述改革前中国内地国家与社会间的关系虽然不具有绝对意义，但是它至少能够帮助我们理解中国内地国家与社会间的关系。

改革后，第一种被人们广泛用于解释中国内地国家与社会关系的模式是公民社会。公民社会论的学者认为，民间组织的出现和发展是反对国家，自主寻求发展空间的一种途径。由此可见，公民社会在解释国家与社会关系上明显存在清晰的分离。持有公民社会论的学者认为中国正在出现国家与社会逐渐分离的现象。怀特（Whiter，1993）从浙江萧山民间社团的实证研究中发现，社会中正在出现一种非官方、非正式的民间经济组织，它们与国家间的界限变得越来越明显，中国基层已经出现了"公民社会"的影子。与此同时，另一些学者认为处于转型中的中国尚且不存在类似西方的成熟的公民社会，直接用这一模式来解释中国的实际未必妥当。于是学者着眼于中国实际情况对"公民社会"这个概念进行了加工改造，创造性地提出了"准公民社会（Semi‐Civil Society）""国家领导的公民社会（State‐led Eivil society）"等概念（Frolic，1997）。无论是直接用西方的公民社会来解释中国，还是本土化创造的概念都有一致性，即它们在解释国家与社会关系时秉承一种二者分离、相互对抗的意思，二者不能同时存在而获得一种协调发展，好像一方强大就意味着另一方要衰弱。因此，许多学者认为，虽然对核心概念进行了本土化改造，但是仍然没有准确概括出改革开放以来中国国家与社会关系的新变化。为此，许多学者开始从"公民社会"的研究视角转向"合作主义"视角。

在施密特看来，合作主义是建立在公民社会理论上的，其价值意蕴并不与公民社会对立，二者的区别仅在于换个角度分析、解释国家与公民社会的关系。合作主义改变了公民社会视角下国家与社会的对立性格局，重视和强调二者间的沟通与融合。在这一视角下，合作主义论者倾向于认为，改革开放以来中国国家与社会间的关系呈现的是体制惯性仍然存在，社会正在以一种新的方式被组织到国家体制中去。因此，从宏观表现上来看，整体特征不是逐渐分立，而是混合或者依赖性发展（张静，2005）。安戈和陈佩华（Unger & Chan，1995）通过对中国工会和商业协会的经验研究发现，目前中国国家与社会关系属于合作主义。在他们之后，赛奇（Saich，2000）在研究改革开放中国家与社会关系时也使用了这一概念。与公民社会理论相比，用合作主义来研究中国国家与社会间的关系有很大进步，因为它看到了中国国家与社会之间并不像西方那样泾渭分明，很多时候呈现出融合的态势，但是它毕竟是植根于西方社会发展出的概念，因此，有学者指出西方的法团主义是否能够被用来分析中国国家与社会间的关系还存在很多理论上的障碍（张静，2005）。贾西津（2008）也认为，合作主义不能解释当今中国国家与社会之间的关系。因为处于转型中的中国国家与社会关系呈现出明显的不同于西方的发展路径；此外，中国社会内部差异性也是十分明显的。在这种情形下，中国学者尝试打破西方概念框架的束缚，根据中国实际创造出适合中国本土的解释模式。在这些尝试中，以康晓光等人提出的行政吸纳社会模式最有影响。

行政吸纳社会模式是一种解释中国国家与社会关系的新模式，它的核心机制包括两方面：一方面是控制，另一方面是功能替代。控制是政府为了防止民间组织挑战自己权威采取的行动；而功能替代则是政府希望通过民间组织体系来满足社会的多元需求，从而削弱民间组织的自治性，避免社会中出现对政府统治造成威胁的民间组织（康晓光，卢宪英，韩恒，2008）。这一解释模式是建立在分类控制体系基础之上的。"分类控制体系"的提出改变了过去政府与社会组织间关系一元化的论断，也改变了从静止的角度去看待二者间的关系，试图从动态的角度展示社会组织与政府关系变化的态势。分类控制的含义就是政府根据民间组织对既有政治权威的挑战能力以及提供公共服务的能力大小对他们实行不同程度的控制和管理（康晓光，席恒，2005）。实证研究发现，政府对工会、社区居委会等具有较强的潜在挑战能力的组织的策略是将其作为准政府组织直接控制；对宗教等具有较强的潜在挑战能力的组织限制其发展；对协会、商会和官办 NGO 等挑战能力较弱且提供社会发展所需公共物品的组织，采取支持和扶持的策略；对那些具有潜在挑战能力且挑战能力较弱的草根 NGO 和非正式组织，政府的态度是不多干涉；对政治反对组织是坚决取缔的。这项实证研究并没有囊括所有的国家与社会之间的关系类型，并且这一解释模式过分强调了政府在二者关系中的地位，好像二者间的关系完全是由政府的态度决定的。后来，又有研究者在这一解释模式的基础之上提出了新的解释，即行政吸纳服务模式。

行政吸纳服务模式这一研究成果的个案是珠江三角洲中心地带沿海发达乡镇的一个基层文联，围绕该组织成立过程及运作过程进行深入剖析。所谓的"行政"就是指国家或政府的各种行为；"服务"指的是民间组织具有的提供公共服务的能力；"吸纳"指的是政府通过各种支持措施促使民间组织成为政府公共服务的得力帮手，为政府所用，二者间是一种依附性的合作关系。这一模式的核心机制也包括两个，即支持和配合。支持是政府通过为民办组织提供场地、资金、技术、合法性等方面的资源促进民间组织发展；而配合则是对于民办组织而言，接受了政府的支持，作为回报就需要配合政府的各项工作。"支持"与"配合"实质上就是一种资源相互依赖的关系（唐文玉，2010）。需要注意的是，行政吸纳服务模式虽然强调了政府对民间组织的支持，但是并不意味着消除了对民间组织的控制，实际上，在权威主义体制下，控制是无处不在的。但行政吸纳服务说明控制不是国家最主要的目的，促使民间组织为社会公共服务出力这才是最重要的。如陶传进（2008）所描述："国家对于社会的强大支持和控制是可以同时并存的，一段时期内社会的自主运作并不代表国家支持的消失，除了强的控制和支持以及弱的控制和支持之外，他们之间还存在其他很多情形"。

通过以上分析可以看出，转型时期中国国家与社会之间的关系是十分复杂的，它受政治稳定、经济发展和社会发展诸多目标的影响。公民社会、合作主义、多元主义等理论都是西方语境下的产物，在用其对中国情境进行分析和解释时存在明显的困境和障碍。本土学者借鉴西方理论解释框架，结合中国实际，调整和修订了部分概念，尝试提出适合中国情境的本土化概念，准公民社会、行政吸纳社会模式以及行政吸纳服务模式都是这一尝试的成果，他们试图对中国国家与社会之间的关系作一个整体性的判断，但由于中国实际情况的复杂性，研究最终又都陷入了片面性。各种解释模式的出现，只能说明转型期国家与社会的关系的复杂性。无论是对西方理论模式的总结，还是对中国本土解释模式的梳理都表明，在中国国家与社会关系大背景下进行研究，除了要考虑到整体的样态，还要关注各种新样态的出现，而且未来国家不可能在公共事务中继续占据垄断性的主导地位，因而培育社会力量与政府一起协同治理社会显得尤为迫切和重要。需要说明的是，虽然本研究也是在国家与社会的大框架内进行的，但并不是将其抽象化的运用，而是把它具体化为影响民办社会工作机构运作的制度环境和社会环境。

## 第二节　国家与非营利组织关系研究

### 一、国外国家与非营利组织间关系研究及启迪

国外由于非营利组织的广泛存在，关于国家与其关系方面的研究相对成熟，从中发展出很多理论解释模式，对于二者间的关系也形成了多种类型。

1. 政府与非营利组织关系的研究基础

西方对政府与非营利组织关系研究始于部门失灵理论。该理论的核心是探讨政府、市场、非营利组织三部门的不同优势和局限来说明非营利组织存在的必要性以及三者间可能的关系。部门失灵理论首先是市场失灵和政府失灵，美国经济学家韦斯布罗德（Weisbrod，1974）最早从政府失灵和市场失灵来探讨非营利组织存在的必要性。公共物品本质上的非排他性特点导致现实生活中"搭便车"效应的出现，这是市场失灵的主要表现。所以，这类物品和服务只能由政府来提供。可是政府也不是完美无缺的，政府在公共服务方面的政策是一种政治行为，它受党派意识的影响；此外个体在社会中地位不同，收入、种族等方面也有差异，因此在对公共物品需求上的异质性不可避免，但是政府提供的都是整齐划一的服务，无法满足不同选民的福利需要。政府失灵理论（government failure theory）仅从市

场和政府提供公共物品局限性方面说明非营利组织存在的必要性，但是却没有解释和说明非营利组织为什么能够提供公共物品以及非营利组织自身到底具备哪些特性。

这些任务由另一位研究者汉斯曼（Hansmann，1980）完成，他把营利组织的局限性作为分析和研究的切入点，更多地解释了非营利组织与营利组织的根本区别以及为何有些活动必须由非营利组织来承担。由于消费者和市场之间存在信息不对称，因此双方之前的契约很难形成，由此造成了契约失灵。非分配约束是非营利组织区别于营利组织的最重要特征。与之前的学者相比，汉斯曼已经把关注的焦点转移到非营利组织本身并分析了非营利组织在提供某些物品中的天然优势，但是他仍是站在功能需求角度上来解释的，不可避免地带有厚重的功能分析论的意蕴。赛拉蒙（Salamon）突破了这个局限。尽管非营利组织在公共物品供给方面能够克服政府、市场的某些局限，起到拾遗补阙的作用，但却否认了非营利组织自身的缺陷问题。赛拉蒙的"志愿失灵"（voluntary failure theory）是对非营利组织自身缺陷的经典概括。正是因为自身存在不可避免的缺陷，因此非营利组织才有与政府建立合作关系的必要性。慈善供给不足、慈善特殊主义、慈善组织的家长制作风和慈善的业余主义是非营利组织固有的缺陷（Salamon，1994）。非营利组织的这些不足恰好是政府的优势所在，因此二者之间具有这种互补性，理论上它们应建立一种合作关系，这对于双方都是有益的。

非营利组织除了提供公共物品的功能，它在整个制度体系中的政治身份到底如何，之前的理论没有涉及，而詹尼弗和德里克（Jennifer & Derick，2002）的政治失灵理论弥补了这一缺憾。他们认为非营利组织并不是为简单弥补市场不足和政府不足而出现的，它身上肩负着重大的政治使命，即作为公民社会的重要力量，在提供服务的过程中更加关注社会的公平正义。政府与非营利组织间的关系是应对政策失灵和政治失灵的最终呈现。

2. 政府与非营利组织关系的类型学

西方跨部门理论或部门互动理论的研究核心是政府与非营利组织之间应该建立什么关系和应该发展什么关系的问题，已经形成了较为成熟的几种类型。

第一种是竞争与合作的关系模式。在对政府与非营利组织之间的关系进行跨国比较之后，吉德伦、克莱默和萨拉蒙（Gidron，Kramer & Salamon，1992）等人提出了政府与非营利组织关系的类型学模型。这种类型学模型的核心要素是资金筹集（financing and authorizing of services）和服务配送（actual delivery）。把这两个要素作为重要变量或维度，吉德伦、克莱默和萨拉蒙提出了政府与非营利部门关系的四种基本模式（见表2-1）。

表2-1　政府与非营利组织的关系模型

| 功　能 | 政府支配模式 | 双重模式 | 合作模式 | 非营利组织支配模式 |
| --- | --- | --- | --- | --- |
| 资金提供 | 政　府 | 政府/非营利组织 | 政　府 | 非营利组织 |
| 服务配送 | 政　府 | 政府/非营利组织 | 非营利组织 | 非营利组织 |

由表2-1我们可以看出，在不同的关系模式下，政府和非营利组织在资金筹措和服务配送上的地位不同，功能也不同。其中非营利组织支配模式又称为第三部门支配模式。政府支配模式和非营利组织支配模式是二者关系的两种比较极致的表现，描述的是政府与非营利组织之间竞争性的互动关系。前者政府在资金筹措和服务配送方面发挥着主导作用，而后者则是非营利组织处于主导地位。双重模式和合作模式是介于两级之间的其他模式。双重模式和合作模式描述的则是二者之间合作型的互动关系。双重模式中，公共物品由政府和非营利组织双方提供，它们在各自的领域里承担起相应的资金筹措和服务配送任务。该模式又可分为两种：一种是补充政府提供服务的不足；另一种是提供政府没有的服务而完善政府的职能。合作模式也是政府和非营利组织共同提供公共服务，不过二者之间是通过一种合作方式来实现。虽然都是合作，但是非营利组织在合作中的权限却有很大的不同，因此这种模式又可以分为两种，一种是"合作卖方"模式（collaborative - vendor model），在这种类型中非营利组织仅扮演政府项目代理人的角色，拥有的处置权很少；另一种是"合作伙伴"模式（collaborative - partnership model），在这种类型中二者是平等的伙伴关系，但是这种模式实现的条件是非营利组织必须具备高度的自治权。在具体实践中，福利国家是合作模式的真实体现，如美国是最典型的合作模式。

第二种是竞争与合作的动态关系模式。科斯顿（Coston，1998）根据政府对多元主义的态度、政府与非营利组织间的关系、二者间互动的状态、二者之间的权力关系等八项指标，提出一个动态关系的连续谱（见

图2-2）。

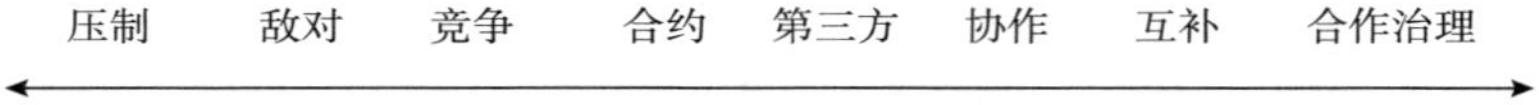

压制　　敌对　　竞争　　合约　　第三方　　协作　　互补　　合作治理

**图2-2　政府与非营利组织关系连续谱**

从左到右显示的是政府态度从反对制度多元化到逐渐接受，伴随着政府态度的变化，政府与非营利组织间的关系依次表现为压制、敌对、竞争、合约、第三方、协作、互补和合作治理。这一关系模式从动态的角度分析二者之间的关系，这种关系受到当下政策空间与非营利组织功能发挥之间的影响。

第三种是整合与分离的关系模式。西方学者库勒和赛勒（Kuhnle & Selle，1992）认为"沟通和交往"与"财务和控制"是划分政府与非营利组织关系的重要维度和指标。依据这两个指标，他们认为二者间的关系可以划分为四种类型，即整合依附型（integrated dependence）、分离依附型（separate dependence）、整合自主型（integrated autonomy）和分离自主型（separate autonomy），如图2-3所示。

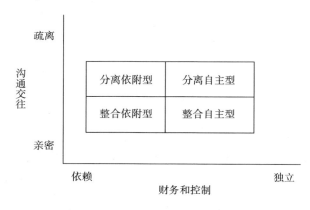

**图2-3　政府与非营利组织互动关系**

由图2-3中可以看到，横轴方向表示的是非营利组织对政府财务依赖和控制的程度，依据这个来判定非营利组织是否独立，纵轴方向显示的是政府与非营利组织互动的频率以及规模等。整合依附型表示非营利组织与政府存在一定的交往，且非营利组织在财务上并不独立，对政府有较大的依赖；分离依附型表示非营利组织与政府间的交往处于疏离状态，并且非营利组织也比较依赖政府；整合自主型表示非营利组织与政府交往很频繁，并且非营利组织独立性较高；分离自主型表示在多数场合下，非营利组织与政府互动极少，在财务等方面也不受政府的影响，具有较高的独立性和自主性。后来，台湾学者汪明修（2000）认为，政府与非营利组织之间究竟属于合作还是分离关系并不是十分明确的，呈现出动态变化的趋势，他们始终处在关系连续谱上的某一个阶段或者过程之中。

第四种是目标、策略手段的“4C”关系模式。纳吉姆（Najam，2000）强调建立的政府与非营利组织间的关系模式应该具有普适性和解释力。在他看来，描述二者之间的关系不能从单一的视角出发，而应把重点放在互动时使用的策略上，只有这样才能得到最为合理的解释。因此，他进一步指出，政府与非营利组织之间必须存在必要的张力，这种张力既具有积极性也具有破坏性，有时会表现得很明显，有时候又不明显。在此分析基础之上，纳吉姆提出了根据目标和策略偏好为主要指标的“4C”关系模式，如图2－4所示。政府与非营利组织间的关系可以通过两个层面来考察，一个层面是目标，另一个层面是策略或者手段。这两个层面交叉形成以下四种类型：

（1）合作（cooperation）：二者用相似的手段追求相似的目标。

（2）互补（complementary）：二者目标相似，但是追求相似目标采用的手段不同。

（3）笼络（co－operation）：二者虽然目标不相似，但是使用的手段相似。

（4）对抗（confrontation）：二者追求的目标不同，使用的手段也不同。

目标

| 手段 | 相似 | 不相似 |
|---|---|---|
| 相似 | 合作 cooperation | 笼络 co-operation |
| 不相似 | 互补 complementary | 对抗 confrontation |

**图2－4 政府与非营利组织互动关系的“4C”模式**

由此可见，纳吉姆的政府与非营利组织关系类型关注的焦点在于二者互动结果的呈现，而非仅仅关注其中一方的态度，无论二者关系处于四种类型中的哪一种都是它们策略性互动选择的结果。

上述关于国外政府与非营利组织关系模式的综述对本研究启发很大。

第一，研究政府与非营利组织间的关系时一定要摒弃静止的眼光，秉承动态发展的眼光将其置于宏观大背景中来考察。因此，研究政府与社会工作机构的关系要用动态的眼光来分析，看到它们之间关系变迁的历史和演进脉络。

第二，研究政府与非营利组织间的关系应该采取多元研究视角，而非单一的研究视角。因为中国地域广阔，各地政治、经济、文化发展程度又存在一些不同，地方政策也有一定的差别，因而社会工作机构的发展也具有较大的异质性，且发展成熟状态也千差万别，这种复杂性和多样性要求在研究社会工作机构生存逻辑中必须运用多元的视角来观察其与政府、市场及社会的互动。

## 二、国内国家与非营利组织关系研究及反思

国外关于非营利组织研究起步较早，对于什么是非营利组织界定得十分清晰，但是在中国，谈到社会组织，它必然与非营利组织❶、非政府组织、民间组织及第三部门等概念混用在同一个分析框架之下，并且存在较大程度的交叉和重叠。2007年10月党的"十七大"报告中第一次提出社会组织这个概念，指除市场和政府之外的非营利组织、非政府组织、民间组织或第三部门的一种总称。从范围上来说，社会组织实指除政府之外的其他社会公共组织（王名，刘求实，2007）。

在国内社会组织蓬勃发展，数量激增的背景下，它成为国内理论界和实务界学者研究的重点。特别是进入21世纪，探讨政府与非营利组织、社

---

❶ 在中国，这类组织还被称为社会组织或民间组织。由于研究的角度和强调重点不同，对于非营利组织，国际上也存在不同的称谓，比如第三部门、独立部门、慈善组织、志愿者组织、非政府组织和社会组织等。从严格意义上讲，各个不同称谓实质上所指向的组织是不同的，但由于约定俗成，大多学者在研究时还是把它们当作同一类型的组织看待，而对于这种类型的组织范围，学者们却存在一定的争议。本书所采用的非营利组织这个名称并不必然指向哪一个具体的研究者的定义，只是一个表示符号而已。

会组织的关系的研究文献逐渐增多。综观数量巨大的文献，既有研究基本可以分为两个层次，即中观层面和微观层面。

1. 从西方理论出发，结合中国情况从中观层面探讨二者关系的研究

这类文献数量比较多，从西方理论出发结合中国实际进行本土化的理论构建或进行解释性的概念创建是此类研究呈现出的共性。该类研究试图从中观层面提炼出用于解释政府与社会组织关系的模式，多是借鉴了西方国家与社会理论、资源依赖理论、博弈理论和志愿组织理论来分析二者之间的关系。

从中观层面研究政府与非营利组织关系时提出了很多解释性的概念，包括合作中的竞争（郭晓聪，文明超，2004）和参与式治理等。胡益芬（2004）在讨论政府与第三部门关系时就创造性地提出了"参与式治理"概念，来说明政府与第三部门在社会管理中可能的合作关系，但是要想实现这种良性互动，还需要多方面的条件，包括政府观念的转变、完备的法律、透明的信息公开等。有学者重点探讨了政府与社团或者非政府组织之间的合作关系，认为可以从合作主体的角色、分工及功能来划分二者间的关系，也可以根据合作主体之间力量对比形成的关系是否平等来划分，还可以根据成员间关系的稳定性及合作边界的特性来划分。按照不同的划分标准，二者可以形成共销式合作、政府主导合作以及社团主导合作等多种合作关系类型，任何一种关系类型无优劣之分，重点在于是否符合中国的现实情境。此外，任何一种关系形态都是暂时性的关系呈现，随着现实环境的变化会发生一定改变。但在转型期，因为政府对社会事务监管模式的延续及社团发育的不成熟，所以中国政府与社团实际上仍然呈现政府主导型的合作关系（龚咏梅，2007）。龚咏梅的合作关系模式较多地受到西方吉德伦、克莱默和赛拉蒙竞争与合作关系模式的影响。而有研究者认为，由于中国非营利组织内部差异性显著导致非政府组织内在属性也存在差别，因此，要想清楚解释政府与非营利组织间的关系，首要的工作是弄清中国非政府组织的组织形态（柏必成，2005）。处于政府和企业过渡地带的非政府组织与政府、企业之间的界限并不是泾渭分明的，存在一定的模糊性，有时难以清晰地辨别。为了清晰区分出政府与非营利组织之间的关系，还有必要引入"离市场远近"这一变量，在非政府组织基本分类基础上结合这一变量，就可以进一步细化中国政府与非政府组织间的关系。

这类文献对本研究的贡献在于：在探讨中国国家与具体社会组织间的关系时，应充分考虑到不同类型的组织在性质、宗旨、成立背景和组织目标上的差异，避免把西方的理论直接用于中国的研究，否则研究和分析只能是流于表象的泛泛而谈。虽然，这类文献对于后续相关研究提供了基础，但是也存在诸多的不足。在对西方理论模式吸纳和改造的基础之上，结合中国实际提出了许多概念和模式，但是却没有丰富的经验资料去支撑和验证，他们在中国的适用性、准确性和有效性还有待通过实践进一步验证和补充。

2. 从经验资料入手，在微观层面探讨二者关系真实状态的研究

这类研究多从经验资料入手，在实证研究的基础上进行理论提升。要了解组织行为必须要理解这些行为产生的背景，即组织生态环境。作为制度环境主导的政府与社会组织的关系影响着其生存和发展。政府与民间组织的关系在不同阶段呈现出不同的特点，反映了当时的政治、经济和文化特点（陈锦堂，2003）。

1989 年以前，政府与民间组织是一种刺激回应关系，也就是说民间组织的发展不影响到整个社会的稳定，政府往往持默许态度；反之，如果民间组织的活动影响了社会稳定，政府就会采取严厉的控制和截堵政策（闫东，2007）。1989 年以后，政府对民间组织的控制与管理显然强化了很多，最为突出的表现就是"双重管理体制"的规定，即登记主管部门与业务挂靠主管部门同时对民间组织进行管理的体制。这时，中国社团的发展受政府态度的影响是极大的，其发展显现出"水瓢模型"的特点（王名，刘国翰，何建宇，2001）。到了 20 世纪 90 年代，诸多社团组织的研究发现中国的社团具有官民二重性。王颖等人（1993）对社团组织出色的研究从理论上说明了中国社团与政府组织在管理、资源调配等各方面存在的复杂互动，指出了互动可能形成交换、依附、合作与冲突等多种关系。中国非营利组织的官民二重性是双轨经济体制的直接产物，是那个阶段政府从直接管理向间接管理转变的一种表现。后续对北京一个个体劳动者协会的个案研究则进一步证实了官民二重性的实际存在和运作。在官民二重性的制度安排中，实现了政府、社团、社团成员之间三方正向的博弈状态，这种状态又构成了这种制度安排的实际的运作逻辑（于晓虹，李姿姿，2001）。

在既有制度环境下，组织为了生存做了很多尝试。组织外形化就是用

来描述组织的形式与实际运作方式相矛盾的概念。组织外形化表明虽然制度环境对组织有约束，但是组织在制度环境下并不是完全被动的，而是能动的，它在各种约束中寻找某种平衡（田凯，2004）。可以说，组织形式和实际运作不一致是组织作为积极行动主体面对外在制度环境约束时采取的理性生存策略。这项研究从中观组织层面对中国慈善组织的生成机制、运作逻辑进行了深入细致的探讨。

后续很多研究更多地从资源依赖理论视角出发研究政府与社会组织之间的关系，成果颇丰。徐宇珊（2008）、郭春宇（2007）、汪锦军（2008）认为政府与非营利组织之间存在着相互依赖的关系，但政府显然处于更加强势的地位，社会组织表现出对政府较强的资源依赖和合法性的依赖，但是这是一种非对称依赖或非平衡依赖，二者展现出的是非对称共生关系。这些研究的共同之处在于，非对称依赖导致了非营利组织无法独立，丧失了一定的自主性。而虞维华（2005）认为由于非政府组织与政府之间的关系具有结构性的差异，因此，这种非对称依赖、非平衡依赖并不必然导致非营利组织自主性的丧失，只是一种可能。

随着社会组织的不断发展以及政府管理体制改革的推进，政府购买服务逐渐成为我国基层政府提供公共产品与服务时普遍采用的一种制度。诸多学者（王名，乐园，2008；韩俊魁，2009；郭强华，俞雅乖，2010；郑卫东，2011）开始从公共服务项目的购买、管理入手来分析政府与社会组织的关系，但多是站在购买方或者承接方的立场来分析，没有聚焦于二者的微观互动上。刘传铭等（2012）通过对北京市 13 家社会组织的研究，借用生物界"伴生模式"，从政府与社会组织间的互动合作出发，发现二者是一种不平等关系下的"合作"，政府为主，社会组织为伴。从资金来源、项目实施、注册年检、项目介入四个维度归纳出了四种合作模式，即强伴生模式、伴生模式、弱伴生模式和无伴生模式。未来二者理想的关系构建应是相互依存的新型伙伴关系，这一关系的实现不仅需要一个渐进过程，还需要具备一系列的条件，如政府方面要为社会组织提供一定的发展空间、完善法律环境、财力和政策保障体系，社会组织自身也要完善法人治理结构，增强服务能力，主动服务于政府决策（甘肃省民政厅课题组，2009）。在中国现实语境下，一方面需要客观看待政府与社会间边界的模糊性；另一方面也可以创造条件，利用这种模糊关系在依赖性中促成某种主动性，找到一条政府与社会互相增权的发展道路（潘一禾，刘琳，2010）。例如，浙江社会复合主体新型社会组织的创建与试行就是政府赋权社会的最好表现，它探寻到一条不改变既有权力结构，又能促进二者合作关系形成的新路径。

综合来看，从微观层面探讨政府与社会组织关系的研究经验材料十分丰富，同时，又经过深入的理论思考，在对西方概念进行批判性的反思和借鉴基础之上，悉心建构的概念体系比较适用于中国本体情境，具有较强的解释力和说服力，尤其对于本研究具有一定的借鉴意义。但是，这些研究大都具有单一性和静态的特点，缺乏从历时性的角度来考察多元互动的实际情况，并且侧重描述和概括性而分析和预测性方面稍显薄弱。

## 第三节　社会组织生存策略相关研究

随着政府购买服务的不断推进，中国社会工作机构获得了迅速发展，这也引发了诸多学者对此问题的关注。从既有研究文献来看，关于社会工作机构的研究比较多，大致分为四类：第一类侧重于从宏观背景探讨社会工作机构出现的原因，强调社会工作机构的功能；第二类侧重点在于某一类型的社会工作机构内部运行机制、评估监督、发展困境等方面的讨论，多以某地区或者某个具体的个案为出发点，进行经验或模式的介绍；第三类侧重点在于考察社会工作机构和政府间的关系，这种关系或是"嵌入"或是"影响"；第四类从政府购买社会工作服务的各个环节来探讨机构发展中存在的问题及不足。而在文献搜索过程中发现，专门针对社会工作机构生存策略的研究少之又少，鉴于社会工作机构是民办非企业的一种，大的类别上仍然属于社会组织，它与其他公益组织生存策略上应有共通之处，所以此处主要关注社会组织或者说是 NGO 生存策略。此外在相关文献中，与生存策略相似的分析概念，如策略、合作策略、行动策略等在一定程度上也能够代表社会组织的生存方式等特点，也是学者研究社会组织生存逻辑时使用频率较高的词，所以文献研究中也囊括了这些。

关于社会组织生存策略的研究一般是和它的生存困境密切相连的，因为在众多研究者看来，生存策略或者行动策略都是社会组织在面临制度困境或者资源困境时为了生存所采取的一种应对行为。由于中国社会组织出现的特殊性，可以把相关研究文献分成两类，一类是民办社会组织❶的环境适应策略；另一类是官办社会组织的环境适应策略。

## 一、民办社会组织的生存策略

关于社会组织生存策略的研究，国内研究者关注的焦点多集中在草根社会组织，因为草根社会组织是一种自下而上自发形成的组织。有研究者认为，对于中国民间社会的研究，草根 NGO 必不可少（朱健刚，2004）。这方面的研究多从经验层面出发，以一个个案为研究对象，涉及环保、农民工维权、业主维权等多个领域。

赵秀梅（2004）研究了社会组织采取何种手段来改变它与国家间的关系，从而更好地实现自己的组织目标并去影响政府的。社会组织对待政府的主要策略有：①在增强自身合法性方面的策略包括：高效良好的工作效率、领导个人魅力吸引、强调自身的公益性等来赢得社会的认可，从而获得实质合法性或者利用国家权威和符号增强自身合法性；②巧妙利用国家权威或者行政网络来促进自身组织目标的实现；③通过正式制度进入政府决策过程，从而影响政府；④监督批评政府。

朱健刚（2004）通过对广州和上海两个志愿组织的深入考察，指出中国社会表现出前公民社会的状态，草根社会组织在发展中面临法律、资金、知识、信任和能力五个方面的困难。在这种困境下，草根 NGO 的行动者凭借智慧发展出一种工作模式，具体包括强调组织信念的重要性，在此基础之上通过信念培养早期的核心志愿者并吸引各方志愿者的参与、通过志愿组织边干边学的方式把专业知识和地方知识结合，使地方政府接纳，以此来逐步完善并推动公共领域的发展。

张紧跟和庄文嘉（2008）以广州一个业主联谊筹备委员会为个案，研究后指出草根 NGO 的行动策略是"非正式政治"。其含义是指当组织通过正式的制度无法获取生存所需的各种资源时，就会通过一些非正式的途径来维持运作。这些非正式的途径包括："掺沙子"来寻找代言人、拜老师、

---

❶ 这里的民办社会组织是相对于官办社会组织而言的类型，根据是否在民政局登记注册，是否具有"合法"的身份，民办社会组织又可以分为两类，一类是具有"合法"身份的民办社会组织；另一类是不具有"合法"身份的民办社会组织，也就是通常所说的草根 NGO 或者草根社会组织。

接订单谋求身份合法性、创制选票市场、通过高调维权而低调生存来寻求媒体支持、通过利益互换结盟友。不可否认，这种非正式的行动策略是草根 NGO 在国家底线控制的有限空间中不断与政府互动的产物，从短期来看对其运行有积极意义，但从长远来看，其消极作用不可忽视。和经纬等（2009）在对一个草根农民工组织的实证研究中发现，在制度和资源双向压力下，草根 NGO 的处境与他们秉承的政治意识形态和维权理念密切相关，为了化解生存危机，草根 NGO 不得不从体制外来寻求和补充自身的合法性资源，期望获得政府的默许和社会的支持，他们主动接近政府，通过争取知识精英进入顾问委员会和理事会来主动与政府官员建立起联系，十分重视私人关系在组织发展中的重要性。

以上诸多研究的倾向是：草根 NGO 在既定制度环境中，为了更好地生存选择的策略是主动或积极与政府或其他组织合作，寻求支持。何艳玲等人（2009）的研究却提出了与之完全相反的策略。对于边缘草根组织而言，他们不是积极主动地与其建立关系，更多时候采取的是"不合作"的策略。面对不同的组织类型，草根组织可能采取三种性质不一样的行动策略：对本地同类组织，采取的是拒绝即不愿合作的策略；对政府有关部门，采取的是避免即不敢合作的策略；对研究机构和媒体，采取的是默许即可以合作的策略。该项研究的另一贡献是建构了"依赖—信任—决策者"的分析框架。作为不具备合法身份的草根社会组织而言，不可否认，他们是中国民办社会组织的重要组成部分，恶劣的生存状况在某种程度上反映了中国社会组织整体的发展态势。因此，多数学术研究聚焦于此，但是作为中国民办社会组织的另一部分——具有合法身份的民办社会组织的研究也不应被忽略。有研究者（唐文玉，马西恒，2011）开始把研究焦点转向具有合法身份的民办社会组织。恩派公益组织发展中心的个案研究发现，为了适应现有的制度环境并能获取资源，恩派公益组织发展中心采用的生存策略是"去政治的自主性"。它是应对或适应"选择性支持"制度环境的能动行为，有益回避和减弱了组织在公共利益表达上的功能。通过自主性的组织承诺、分散性的资金来源、广泛性的社会基础、知识性的组织能力和相互性的资源依赖等方式去政治化，同时，恩派公益组织发展中心还通过加强行动能力提升自主性。

## 二、官办社会组织的环境适应策略

相对于较多的民办社会组织生存策略的研究，官办社会组织对环境的适应策略要少得多，因为与民办社会组织相比，官办社会组织在发展过程中也遇到了困难，但是与政府天然的密切联系使其遇到的困难比民办社会组织要少一些。这类组织的研究主要集中在行业协会和一些基金会上。

孙立平（2002）以中国青基会发起的希望工程项目为研究对象，分析它的资源动员的途径和具体运作方式，认为它代表了一种自上而下的发展模式。中国青少年发展基金会（以下简称中国青基会）通过主要方式（商标注册和授权使用）并辅以其他非行政的方式与地方青少年发展基金会（以下简称地方青基会）建立了广泛的网络关系，从而使中国青基会对地方青基会或希望工程相关管理机构的严格控制成为可能，以民间的方式动员社会力量参与来捐资助学。进行资源动员时，改变了过去完全依赖行政方式动员的方法，而是使用了准组织化动员，最大限度地调动了既有体制内部的资源。沈原和孙五三（2007）运用新制度主义理论对中国青基会进行了深入分析，研究指出在既有体制和市场双重空间中，中国青基会表现出体制依赖的特点，通过与各种国际组织的交往和互动是中国青基会尝试从官办社团发生质变性演化的重要力量；此外，中国青基会还借助体制内的独特优势吸纳外商捐赠，同时借鉴社团知识和运作规则实现自己社会化的目标。任颖慧（2009）也研究了中国青基会，不过她研究的焦点集中在青基会的社会行动方面，认为中国青基会在同政府互动中形成了权威关系，在同企业互动中形成了市场关系，在同社会互动中形成了信任关系，这三种关系促进了第三领域的发展。以上诸多研究表明，体制内生的组织面临着合法性和经济资源缺乏的双重困境，而且自主性较弱，这似乎是个不争的事实。然而，邓宁华（2011）对天津两个体制内社会组织的个案研究却呈现出与之相反但是并不矛盾的事实。从组织社会学资源依赖理论和新制度主义理论视角出发建立分析框架，揭示了体制内的组织在转型期对国家和社会的依赖以及为了保持双方依赖平衡所使用的策略。"寄居蟹的艺术"是对缺乏社会基础的体制内社会组织进入社会领域汲取资源相关策略的一种凝练和总结。但是，作为一项个案研究，它对既有研究有所补充，但是却又不能当作普遍性的结论进行推广。因为不同类型的社会组织有所差别，生存策略也有所不同。中国地域广阔，除了国家层面的制度环境对其影响，地方环境对它的影响也应加以考虑。李国武和李璐（2011）从社会需求、供给和制度主义三种视角出发解释非营利组织发展中的差异性，研究表明，社会团体、民办非企业和基金会这三类非营利组织的发展有着相对不同的动力机制，其发展不仅受制于国家层面的制度环境，更嵌入于具体的地方社会之中。需求的异质性对各类社会组织发展均有诱致作用，在供给方面无论是人力资源供给，还是经济资源供给，都有力地促进了社会组织的发展，制度变迁也会影响社会组织的发展。

综上所述，近年来对于社会组织与政府关系以及社会组织适应策略的研究日渐成为焦点，可以说，各种各样的组织生存策略是在具体环境制约下的变通行为。外界环境是在不断变化的，当条件发生改变这些策略可能就不具有适用性了，因而不具有扩大推广的价值。此外，中国的社会组织类型和性质复杂多样，既有自发成立的，也有从既有体制内部转化而来的；既有公益非营利组织也有互益性非营利组织；既有在民政部门登记注册还有未登记注册的，呈现出极其复杂的图景。即使是同一类型的非营利组织，在不同的阶段和不同的地域情况下也会有所不同。因此，需要进一步深入细致的研究。不可否认，既有研究为后续研究奠定了基础，但也存在一些缺陷和不足：

（1）虽然涉及了草根 NGO、民办社会组织和官办社会组织的不同性质的社会组织，也涵盖了基金会、公益组织支持发展中心、维权组织等，但是没有涵盖近十年来在政府购买服务大背景下快速增长的社会工作机构这一类型。

（2）既有生存策略的研究多以一个个案为研究对象，缺少对某一类社会组织类型的整体认知和把握。

（3）研究中多关注组织与政府的互动，缺少了组织生存环境中其他诸多的互动主体，未考虑到其他互动主体对组织生存策略选择的影响。

因此，本研究在国家与社会关系的宏观结构背景下，从资源理论出发，通过社会工作机构与政府、市场、社会的资源互动来剖析其生存逻辑及形塑力量，可以弥补既有研究中被忽视的一个类别，丰富中国社会组织生存策略的研究成果，同时也可以验证既有社会组织生存策略在社会工作机构这一组织类型上的适用性。

# 本章小结

本章根据本研究的主要问题，对相关理论和实证研究文献进行了回顾。

第一，本研究在国家与社会宏观结构背景下，以资源理论为分析视角，在福利多元主义理论基础上建立研究框架，通过民办社会工作机构与政府、社会、市场的资源互动来剖析其生存逻辑，因此，本章对国家与社会关系理论、资源理论和福利多元主义理论的核心概念及基本思想做了比较清晰的梳理。

第二，国家与非营利组织关系研究中发展出很多理论解释模式，包括竞争与合作模式、竞争与合作的动态模式、整合与分离的模式以及目标、策略手段的"4C"关系模式。这些模式为民办社会工作机构生存逻辑的研究提供了多元视角。

第三，在既有制度环境中，面对各种困境，社会组织采取了各种各样的生存策略。草根社会组织的生存策略包括非正式政治、去政治自主性、不合作等；官办社会组织的生存策略包括"商标"授权、吸纳运作、"寄居蟹的艺术"等。既有生存策略的研究多以一个个案为研究对象且缺少对社会工作机构这一组织类型的整体认知和把握。

# 第三章　研究框架与研究方法

第二章主要回顾了与本研究问题相关的理论，即资源理论、福利多元主义理论和国家与社会关系理论。在第二章的基础上，本章的主要目的是提出本研究的设计方案。因此，第一节主要是对研究中涉及的关键概念进行界定，根据具体的研究问题和分析逻辑来建立研究框架；第二节主要介绍访谈对象的确立、使用的资料收集方法、资料分析技术以及研究伦理等；第三节简单介绍本研究的章节安排。

## 第一节　研究框架

### 一、核心概念界定

1. 民办社会工作机构

社会工作机构又被称为社会工作服务机构，从中国实践看，社会工作机构是民办非企业中重要的组成部分。它的快速发展得益于中国社会工作的专业化推进以及不断成熟的社会，也得益于政府职能的转变。可以说，政府职能转变促进了它的发展，而它的进一步发展又为政府职能转变提供了条件，同时它也为社会工作人才提供了专业岗位。中国社会工作机构的发展是用西方社会工作专业服务的理念、技巧来探索中国本土经验的一种尝试。根据民政部的定义，社会工作机构是指在坚持"助人自助"原则，遵循社会工作专业伦理指引下，依托社会工作者综合运用社会工作专业知识、方法、技巧开展各项服务活动的民办非企业单位（民政部，2009）。也有学者认为以上关于社会工作机构的界定外延太广，因为从事社会工作教育的部分民办高校也是民办非企业单位，但是主要活动却不是开展具体的服务。因此，又有研究者把社会工作机构定义为从事专业社会工作实务的组织或专门的部门（彭善民，2010）。由于社会工作机构在中国的生成有着极其复杂的原因并经历着动态的变化，因此，本研究中把社会工作机构定义为：在社会工作专业价值引导下，依据专业的理论和科学的方法，为相关人群尤其是弱势群体提供物质、保护、关怀和支持服务的社会组织。

现阶段，结合学理和行政登记的分类，社会工作机构一般具有以下特征：

（1）从工作内容上看，服务是根本。

（2）从价值理念上看，秉承利他主义和助人自助原则。

（3）从人员构成上看，由具有专业教育背景的人组成。

（4）从性质上看，是非营利性的。

（5）从服务对象上看，主要是弱势群体，但是也不排除一般的有需要的人群。

本书调研和比较的社会工作机构正是基于以上的定义，并且研究的机构集中于给弱势群体提供直接服务的机构，而非简单只是做咨询、评估的机构，着重从机构工作理念、工作方法、机构的非营利性特征进行考察。从定义上看，什么是社会工作机构显得很清楚，但是在实践中要把它们分辨清楚却不是一件容易事，因为中国正处于社会工作发展的起步阶段，新旧服务提供方式处于过渡期，他们的产生方式和提供服务方式存在很大的不同。

上述有关社会工作机构的界定强调了它的专业性和非营利性，却忽略了社会工作机构形成的主导力量，而实践中兴办的主导力量对社会工作机构有直接影响，不考虑这一因素想清楚区分社会工作机构的类型颇费功夫。因为实践中，社会工作机构的分类存在多元标准（见表3-1）。一是按照兴办的主导力量划分，社会工作机构可以分为民办和官办两种。按照发育的形式来划分，内地社会工作机构可以分为三类，即官办体制内社会工作机构、政府推动组建的机构以及民间组建的机构。官办体制内的社会工作机构隶属于政府体制框架之内，资源几乎全部来自政府，接受政府的领导管理，这类机构多由提供公共服务的事业单位转制而来。二是政府推动组建的社会工作机构，这类机构是在政府事业单位转型背景下出现的，对原有政治框架有一定的依赖和关联。三是民间组建的社会工作机构，这类机构多是自下而上由民间发起，主要通过公共服务外包方式获得资源。民办社会工作机构又可以细分为两类：一类是专门为弱势群体提供专业服务的机构；另一类是内部设置了一定的社会工作岗位的服务机构，其主要业务是提供其他服务，为了更好地服务而设置了部分社工的岗位。

表 3-1　社会工作机构的多种分类

| 类型展示 | 分类依据 | |
| --- | --- | --- |
| | 兴办主体 | 发育形式 |
| 官办社会工作机构 | 官方力量为主 | 官办体制内社会工作机构 |
| 民办社会工作机构 | 民间力量为主 | 政府推动组建的社会工作机构 |
| | | 民间组建的社会工作机构 |

本研究所关注和调查的民办社会工作机构主要是政府推动组建的和民间组建的两种，而且主要是为弱势群体提供专业服务的机构，不是内部简单设置了几个社会工作岗位的服务机构，也不包括政府主导成立的或者有很强官方背景的社会工作机构。

2. 社会需要

社会工作机构生存发展的逻辑起点是满足服务对象的需要，这也是它得以存在的理由和价值体现，因此，社会需要是本研究的一个重要概念。在社会福利研究中需要常被提及，因为各种社会福利制度最终目的都是为了满足人类的各种需要。由于立场、视角的不同，关于需要的定义也呈现出多样性。被大多数人所熟知的是社会心理学家巴甫洛夫的需要层次理论。他不仅寻求生存上的满足，还寻求享受需要和发展需要的满足（彭华民，2008）。在需要是具有主观特征还是具有客观特征这个问题上，研究者意见不一。坚持需要具有主观特征的研究者认为，需要是不能事先确定的，因为不同社会人们的需要是不同的，大致包括人意识到的需要、表达的需要和努力追求以满足的需要（彭华民，2008）。而客观主义研究者观点正好相反，认为需要可以抽象地理解为人们在一个社会中为了生存和发展而得以满足的要求。那人的需要到底应该由谁来评定呢？是政策制定者，是社会工作者，还是服务接受者呢？抑或是他们共同来决定？有研究者指出可以根据社会政策制定者、社会工作者以及社会调查员获得的资料进行需要的评估（Ife，1980）。政府的政策制定者从社会人口普查数据以及福利接受者个人和家庭环境来确定需要，社会工作者确定需要一般是针对一个特殊的社区，根据专业报告来评估其需要。埃费（Ife）有关需要定义的方法遭到了马汀的批评。在马汀（Martin，1982）看来，需要由福利的消费者评估和由福利的接受者评估是不一样的，因为他们一个是社会资源的具体使用者，而另外一个则是社会资源的提供者和管理者，他模糊了需要的本质，是一种实用主义下定义的方式。

　　需要的定义呈现出多样化，直接影响了其类型的多样化。在社会福利研究中最常使用的是马斯洛的五分法。他认为需要呈现出从低到高的分层和递进关系，依次是生存需要、安全需要、归属与爱的需要、自尊的需要和自我实现的需要。福斯特（Foster，1983）依据社会工作服务的特点和需要者的身份类型，把需要分为福利供给者的需要和社会工作服务的案主的需要。在社会政策领域中影响较大的是多依和高夫（Doyal & Gough，1991）对人类基本需要的划分。他们将需要划分为基本需要和中介需要，基本需要包括十一个类别，即营养的食物和干净的水、保护性的住房、没有伤害的工作环境、没有伤害的物理环境、适当的健康照顾、儿童保障、重要的初级人际关系、安全的物理环境、安全的经济保障、适当的教育和安全的计划生育以及儿童照顾，基本需要具有普适性，而中介需要是基本需要满足过程中不可缺少的一部分。联合国在解决贫困问题时，就把基本需要的满足作为解决贫困问题的社会政策目标。在社会福利服务过程和社会福利研究中较为有影响力的是布拉德·肖（Brody J，1972）提出的四种类型说，这四种类型分别是感觉性需要、表达性需要、规范性需要和比较性需要。

　　由以上分析可以看出，在社会福利领域中，关于需要的定义和需要的类型呈现出多元化。而在本书中，并不是要对需要作严格的定义，而是从需要的主体角度来分析社会工作机构生存的逻辑起点。从事专业助人活动的载体就是社会工作者，而社会工作者总是隶属于一定的机构，这个过程是社会工作的组织化过程，也是服务供给中重要的工作部分（Beulah，2005）。由专业社工提供的服务被认为是以践行人文道德价值和捍卫社会公义为使命的服务（肖小霞等，2013）。从这个角度来看，满足服务对象的需要是社会工作机构存在的理由或者是合理性，也是其生存的逻辑起点。从社会工作机构本身来看，其自身也有主体的价值需要，即为服务对象提供高质量的专业服务，实现机构倡导的价值理念。从这个意义上说，机构的价值目标与满足服务对象的需要具有高度的契合性，二者是统一的。实践中，社会工作虽然有了专业机构作为传输载体，但是也离不开资源的有效供给。作为行动主体的机构其需要有两个层面，一个层面是价值需要——满足服务对象的需要；另一个层面是资源需要，因为没有持续的资源提供，它的价值需要无法得到满足。因此，资源需要是实现价值需要的工具，而价值需要才是机构生存发展的逻辑起点。本书正是以这个为逻辑起点来分析机构在多元互动中生存逻辑发生改变的动态过程和影响力量的。

    3. 资源

资源这一概念外延十分广泛，它既可以包括自然资源、经济资源、也可以包括社会资源以及人文资源等多个类别。吉登斯"结构化理论"的核心是结构，而谈及结构就离不开两个概念，一是规则，二是资源。在吉登斯（1998）看来，资源是"使行动发生的能力"，他认为社会系统主要有两类资源组成，即权威性资源和配置性资源，这两类资源共同限定了行动者行动所能影响的范围大小。权威性资源一般是能对自身活动行使支配权的资源，配置性资源指能对物质工具进行支配的资源。在社会发展和变迁的过程中，这两种资源发挥着同样重要的作用。也有诸多学者从社会交换和互动的角度来理解和界定资源。霍曼斯（Homans）把资源看作一个人全部的特性和经验之和，比如性别、种族、出身等，在社会互动中这些资源可以拿来作为投资的筹码（转引自贾春增，2000）。在杰弗里（2006）眼中，资源是所有组织生存和发展的基础，组织需要各种资源，包括财政资源、物质资源以及信息资源。资源是社会资本的基本概念，林南将资源定义为"在社会系统中，被一致认为有意义和有用的符号及物体的总和"，而李汉林等（1999）则将资源定义为"那些可以使得人们满足必要且重要的经济、政治、社会以及与此相关的各种需要的东西，不仅包括非物质的东西，而且还包括机会，即人们满足自己需要的能力或者可能性，以及人们所说的声望或者荣誉"。科尔曼（1990）对资源的理解则更加宽泛，他把资源作为能满足人类需要和利益的一切物品和非物品。

在本书中，比较倾向从组织与环境互动的视角出发，从广义的角度来理解和定义资源。本书中资源指满足维持组织生存和发展的一切东西，既包括金钱、信息、参与渠道等物质层面的，也包括合法性、认同、荣誉、规则等非物质层面的。组织拥有的资源决定了它在社会交换中的可能和能力，对行动者产生不同的制约和影响，而且资源也影响着组织价值目标的实现。

4. 权力

权力也是一个外延很广的概念。马克思主义的权力观离不开阶级统治这一基本观念。"在社会经济制度中的统治地位这一事实就必然导致在社会的其他一切领域中的统治地位"（安东尼·M. 奥勒姆，1989）。这里是从阶级立场出发对权力做的一种界定。达伦多夫将"权力"定义为个人性的，但是却将其排除在社会学的研究之外，认为社会学家应该关心的是各种权威关系（J. 特纳，2006）。而在社会学领域，韦伯的定义可能是所有权力定义中影响较大的一个。韦伯（1997）认为"权力意味着在一种社会关系里哪怕是遇到了反对也能贯彻自己意志的任何机会"。从韦伯的定义可以看出权力有两个特征，一是权力包含一种暴力或者是强制力；二是权力为一种手段，通过它可以达到其他的目的。后来的很多学者也从自己的角度出发界定权力，但是与韦伯的定义在都比较接近。如帕森斯（2012），他把权力整合到自己的社会系统论之中，认为是一种"保证集体组织系统中各单位履行有约束能力的义务的普遍的能力"。默顿（2006）的定义是"将自己的意志强加于人的能力"。由此可见，在社会学领域，关于"权力"的定义很大程度上受到韦伯的影响。虽然侧重点有不同，但是大部分学者达成了一些共识，包括权力是一种强制性的能力，它既可能是个人的，也可能是社会性的，权力存在于一定的社会结构和社会关系之中。本书在使用"权力"这个概念时也认同以上达成的共识。如何获得权力呢？约翰·肯尼斯（1988）认为权力人格、财产和组织是权力的三个主要来源，在现代，社会组织是最为重要的权力来源。迈克尔·曼（2002）则认为意识形态、经济、军事和政治是权力的四个来源，他们是"交叠的社会互动网络"。任何人拥有了这些权力的来源，那么相应地他就拥有这方面的权力。由此可见，权力的获得有很多可能的来源。

在研究权力的过程中，很多学者注意到了权力和资源间的关系。在吉登斯的结构化理论中，资源的重要性通过权力得以展现。在吉登斯（1998）看来，权力是一种转换能力，而这种转换能力与行动者掌握或动员资源的多少成正比，并且在资源赋予行动者某种行动能力的同时也会对行动产生一定制约。由此可见，权力和资源的关系极其密切。广义的权力是所有行动的普遍特征（吉登斯，1998）。这时候的权力本身并不是资源，但是对于个人而言，狭义的权力则可以被作为资源之一，而在特定的权力获得的过程中，其他类型的资源既可以充当工具，也可以就是目的，一旦获得某种权力，既有的权力就可能作为一种资源而成为追求更大权力或者其他资源的基础。

本研究使用的权力概念与吉登斯的很相似，把由于稀缺性资源而产生的控制或行动的资源称为资源型权力。综合以上关于权力的种种定义，本研究中的权力指：行动主体在一定的社会关系中凭借其拥有的资源，对他人实施强制影响和控制的能力，或者把权力拥有者的价值标准强加于对方，迫使他作为或不作为的能力。权力这一概念变项在实际研究中可以操作化为许可、准入、认证、购买契约等。

## 二、分析思路和研究框架

### 1. 分析思路

本书紧紧围绕民办社会工作机构"做什么"和"怎么做"来剖析民办社会工作机构的生存逻辑。基于需方市场推动成立的社会工作机构在实际运行中的生存逻辑是否满足社会的需要？如若不满足，实际的生存逻辑是怎样的？导致机构生存逻辑转变的机制是什么？如何改变这种状况？这是本研究关注的主要问题。

为了探究民办社会工作机构现有的生存逻辑，就必须要找到其生存逻辑的原点或者起点，在此基础上才能研究发生了什么变化，进而分析为什么会发生变化。中国的社会工作机构特别是民办社会工作机构是在社会问题激增、政府机构改革与职能转变、社会工作教育和职业化进程推进背景下迅速发展起来的，从这个意义上来说，政府、社会对民办社会工作机构寄予厚望，希望它能承担起专业福利服务供给，践行社会工作道德实践的重任。也就是说，社会工作机构存在的价值意义和合理性在于作为福利服务传递者面向服务对象提供专业服务以满足服务接受者的福利需要。而从行动主体的社会工作机构本身来看，其自身也有主体价值需要，即为服务对象提供高质量的专业服务，实现机构倡导的价值理念。从这个意义上说，机构的价值目标与满足服务对象的需要是一致的。因此，满足服务对象的需要是机构生存和发展的逻辑根本，也是本研究的逻辑起点。

　　而作为行动主体的机构为了实现其价值目标，必须有持续的资源供给，因为没有持续的资源提供，其价值需要无法得到实现。因此，资源需要是实现价值需要的工具，而价值需要才是机构生存发展的逻辑起点。资源依赖理论强调组织在环境中的主动性，把组织看作行动的积极主体，着眼于组织如何通过行动从外界环境中获得资源。任何组织都是在一定的组织环境中生存的，社会工作机构也不例外。组织环境不仅包括组织生存发展所需要的资金、技术等要素，还包括法律规范、文化期待、社会共识等要素，而且后者这些要素是组织获取合法性和社会支持的制度环境，同时，这些建构的规范制度和观念体系不仅决定着组织目标及实现的手段，也影响着组织的结构和具体运作（W. 理查德·斯格特，2002）。组织为了获得生存发展所需的资源必须通过资源交换与外部环境建立联系。由于组织环境中存在不同的主体，而且他们控制着不同的资源，因此，组织的生存能力很大程度上取决于组织与外部环境（控制者）交往和互动的能力。由此可见，资源是组织与外界环境中不同主体互动的核心。对于民办社会工作机构而言，其发展离不开政府的政策支持和资金支持，与此同时，作为一种组织类型还必须面向市场，通过提供优势专业的服务获得服务对象的认可。此外，从提高组织声誉方面来看，它还必须获得社会的认可和支持。因此，从这个角度来看，民办社会工作机构必须与组织环境中的政府、市场和社会进行互动并进行资源交换，这是它价值目标得以实现的保障。不同互动主体掌握着机构生存发展的不同资源，因而他们对民办社会工作机构的影响和控制程度也存在差异。因此，要探讨社会工作生存逻辑就要从政府、社会、市场三个层面入手，围绕资源交换进行。

　　此外，组织的结构、功能和价值目标在很大程度上受到环境的影响和制约。民办社会工作机构依靠资源互动来实现其价值目标，当资源互动不畅，机构面临资源困境时，作为行动主体的机构为了生存和适应组织环境的改变也会做出种种策略调整，这些策略或许是在组织既有规范指导下进行的，或许偏离机构的组织目标和理念，这些都会对组织生存逻辑产生影响。而与此同时，就理想状态而言，满足机构生存需要与满足政府的需要和满足服务对象的需要在某些情况下具有一致性，因为提供专业服务是社会工作机构生存之根本，也是政府购买社会工作机构服务的重要内容。但就现实而言，服务提供更可能是一种技术满足，一种绩效考核满足，而非福利接受者需要的满足。此时，机构的生存需要与政府需要和服务对象需要之间在一定程度上就会存在着不一致，甚至会出现难以调和的张力与冲突。当出现难以调和的冲突，机构不能同时兼顾满足多种需要时，作为理性行动者的机构会暂时放弃一些需要而满足另一些需要，正是在各种需要的舍弃中，社会工作机构在一定程度上出现目标偏离或置换、性质变异等倾向，最终生存逻辑发生了改变和转向。

综上所述，本研究以国家与社会的现实关系为背景，以资源理论为分析视角，从民办社会工作机构生存的逻辑起点满足服务对象需要开始，以福利三角和福利多元主义为基础建立研究框架，在机构与政府、市场、社会的资源互动中考察影响机构生存的结构性因素，揭示机构生存逻辑从需要导向向资源导向演变的作用机制。在批判现实的基础上，试图从福利权入手构建多元主体互动的出发原点，并在此基础上形成理想的资源交换结构，从而改变机构生存困境，实现需要导向的生存逻辑，为社会工作机构良性发展提供参考依据。

2. 研究框架

为了探究民办社会工作机构与政府、社会、市场互动中形成了怎样的生存逻辑的问题，将以上的研究思路纳入图 3－1 中，形成了本研究的研究框架。这既是本研究研究思路的一种呈现，也是本书论证的逻辑顺序。

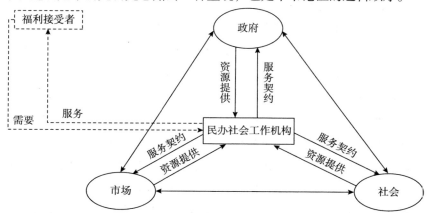

图 3－1　多元互动中民办社会工作机构生存逻辑的研究框架

将图 3-1 中虚线处视为第一阶段，实线处视为第二阶段，从虚线到实现的演进过程就是民办社会工作机构生存逻辑发生改变的过程。第一阶段，如前所述，机构成立之初或者生存逻辑的起点都以福利接受者需要为导向，需要导向是机构的价值目标导向，它与福利接受者的需要导向是一致的；第二阶段是分析现实中机构生存逻辑发生改变的原因、影响因素以及过程。

根据研究思路中机构实际运作过程中与组织环境进行资源互动有三个维度，即政府、市场、社会。加上行动主体的民办社会工作机构，本研究框架中包括了四个行动主体，即民办社会工作机构、政府、市场和社会❶，分别在三个维度上展开互动和资源交换：一是民办社会工作机构与政府交换；二是民办社会工作机构与社会交换；三是民办社会工作机构与市场交换。所有的交换都是为了能获得充足的资源，更好地满足服务对象的需要。每个交换的维度在以下两个层面展开：①双方资源提供，即作为服务提供方的机构需要从对方获取哪些资源；②双方的服务契约，即作为资源提供方和服务提供方而言，双方承担的具体责任是什么。从每个互动的维度来分析民办社会工作机构围绕资源进行交换的真实样态、资源交换中机构与不同资源交换主体之间的关系以及他们对民办社会工作机构生存逻辑产生了怎样的影响。

为了将研究框架更好应用于实证研究，机构与政府资源交换时，主要考察政府特定服务项目的购买。在购买服务的过程中观察机构与政府各部门之间的关系。机构与社会进行资源交换时，主要考察捐赠企业、社会公众与机构间的关系。机构与市场进行资源交换时，主要考察民办社会工作机构面向市场开发收费性服务时，服务对象与机构之间的关系，是支持、漠视还是其他。通过机构与组织环境中不同主体资源交换关系的真实展示，揭示机构在现实生存中的困境与策略转向的原因，展现生存逻辑发生改变的动态过程。

本研究中主要涉及社会工作机构、资源、权力、社会需要等核心概

---

❶　社会工作机构是社会的一部分，为了分析它作为行动主体与其他层面主体的互动，所以将其从社会中分离出来。此外，这里的社会是指狭义上的社会，是与政府和市场相对应的一种表述。

念。根据概念可以把它们操作化为以下概念变项，形成 4 个一级变项和 10 个二级变项，它们之间的对应关系和解释如表 3 - 2 所示。

表 3 - 2　概念变项和解释

| 概 念<br>（一级变项） | 概 念<br>（二级变项） | 解　释 |
|---|---|---|
| 社会工作机构 | 政府主导内生型<br>政府支持合作型<br>准市场导向自发型 | 政府对机构成立的态度、机构业务主管单位的确定方式、机构资源来源结构 |
| 社会需要 | 价值需要 | 机构生存的价值基础，包括机构价值理念、服务对象的需要 |
| | 资源需要 | 机构生存的资源基础，包括项目资金、办公场地、专职社工 |
| 资　源 | 物质资源 | 机构生存的物质基础，包括资金、信息、参与渠道 |
| | 非物质资源 | 机构生存的非物质基础，包括合法性、社会认同、荣誉、规则 |
| 权　力 | 许　可 | 社工机构未经许可，无市场准入资格，其服务就不可获得政府的购买，包括是否获得许可，是否具备市场准入资格 |
| | 认　证 | 是否存在星级或级别认定、评比活动，包括机构星级或级别、所获荣誉 |
| | 契　约 | 在服务契约签订中，机构与政府的地位是否平等，包括服务购买、项目购买、岗位购买、购买方式的选择 |

# 第二节　研究方法

任何一项社会科学研究都会面临研究方向、研究资料的取舍以及研究的可靠性等问题。因此，在正式开始研究议题讨论之前，首先要对在研究中所采用的方法及相关问题做一个比较详细的介绍。

## 一、研究类型

社会科学研究中主要有两种方法论，一种是实证主义方法论，另一种是人文主义方法论。本书综合实证主义和人文主义两种方法论，主要采用定性研究方法。"定性研究基于描述性分析，本质上是一个归纳的过程，即从特殊情境中归纳出一般的结论"（风笑天，2009），本研究的研究思路和内容决定了它更适合定性研究的方法。同时，本研究是定性的案例研究，这是因为搜集资料的方式、获得的资料的性质与使用的分析方法都是定性的，更重要的是研究所呈现出的是从实践出发，自下而上解释并概括提炼现象的方法。

此外，本研究不仅是定性的案例研究，还是一项解释性的案例研究，因为它并未简单停留在"是什么"的问题上，还回答了"为什么"的问题。案例研究要求进入案例的每个研究者都尽最大的努力来搜集所有可能与研究相关的影响因素，并且真实客观地将其记录下来，分析时也需要注意相互纠结的各种因素，因此，经常会遭到诸如"不够严密"和"过于琐碎"的质问，这在研究过程中是不可避免的。

## 二、多元资料收集方法

本部分将根据研究问题和研究框架的设计，讨论研究中的样本来源及研究中所使用的资料收集方法。

（一）样本来源

对于社会工作机构的最初调研起源于2011年7月民政部救助司"拓展社会救助服务试点可行性研究"课题。当时为了能够全览社会工作机构的发展样态，按照目标抽样的方法，调研机构的选取主要遵循以下选取原则：第一，选取的机构必须是民间非营利组织，最好是已经正式注册的；第二，选取的机构必须聘有专职社会工作者，最好是社会工作专业毕业生；第三，选取的机构必须要实际开展服务，最好是能运用社会工作专业方法。因为选择"已经正式注册"的机构其身份合法性才有保障，才有可能得到政府购买项目或来自其他方面的支持。但是考虑到当前社会工作机构"注册多而实际服务少"的发展状况，所制定的三项选取原则"刚柔并济"，既有一定的刚性，也有一定的弹性，便于实际执行。根据以上原则，检视中国内地，按照地理区域所划分的华东地区、华南地区、华中地区、华北地区、西北地区、西南地区和东北地区七部分，其中华东地区由上海、江苏、浙江、安徽、江西、福建、山东六省一市构成，不仅是所包含的省（直辖市）最多的一个地区，而且是属于东部地区的省（直辖市）所占比例最高的一个地区，故当时将拓展社会救助服务试点可行性研究调研主要集中在华东地区展开，兼顾东部和中部经济带，并考虑各地社会工作机构的发展状况，选取了山东省、江苏省、安徽省、江西省四省。考虑到社会工作机构的发展情况，作为经济特区的深圳市因其起步早、发展较成熟具有典型意义，也成为我们的调研选点。当时共调研了20个社会工作机构，这其中也有部分尚未注册的。

通过民政部"拓展社会救助服务试点可行性研究"课题，对全国社会工作机构概况有了一个大致的了解和把握。在调研中发现，与官办社会工作机构相比，民办社会工作机构发展遇到的困难更多，与那些大型的、发展成熟的机构相比，小型的、刚刚起步的机构生存更艰辛。由于中国地域广阔，社会工作机构的发展受地方经济、政治和社会影响较大，类型也比较多样化，本研究想要涵盖各种类型是一件十分困难的事情。因此，从具体研究问题出发，本研究选取的机构以中部地区为主，涉及安徽省、江西省、湖北省三省，同时兼顾了东部经济带上的江苏省和山东省。具体的研究机构以中小型自下而上建立的机构为主，而自上而下建立的机构仅仅作为参考。因此，在民政部调研课题之后，结合本研究的框架设计了深度访谈问卷，进行了第二次调研。第二次调研重点是11个民办社会工作机构。其中包括第一次调研中的6个民办社会工作机构，即JR社会工作服务社、MS社会工作服务社、HY社会工作服务社、JA社会工作服务中心、SQ社会工作服务社，AD慈幼院；还包括了新增加的5个民办社会工作机构，具体为AL社会工作服务社、WHX社会工作服务社、HR社会工作服务中心、SYC社会工作服务中心和XHX社会工作师事务中心，而第一次调研中YJX社会工作服务室、BH社会工作服务社、AYP社会工作服务中心、SZ12355服务台、JGSG服务中心、ZQ服务总社和XW社会工作服务中心7个官办社会工作机构仅作为参考，与民办社会工作机构作比照。考虑到广东社会工作的快速发展，在后续第三次调研中增加了广东惠州的一个民办社会工作机构，即HM社会工作服务中心。综合来看，本研究调研的社会工作机构一共19个，其中民办社会工作机构12个，官办社会工作机构7个。力求点面结合，反映民办社会工作机构生存中的共性。本研究调研机构的基本情况见表3-3。

表 3 – 3 调研的社会工作机构概况

| 机构名称 | 所在地 | 性质 | 注册时间 | 服务人群 | 机构人员 | 机构资金来源 |
|---|---|---|---|---|---|---|
| JR 社会工作服务社（JR） | 安徽合肥 | 民办非企业 | 2008 年 4 月 | 青少年 | 3 位全职工作人员、3 位核心志愿者（无社会工作资格证） | 个人出资少部分、香港陈一心家族基金会 |
| MS 社会工作服务社（MS） | 安徽合肥 | 民办非企业 | 2009 年 11 月 | 老人、青少年 | 专职社工 7 人（均是社工专业毕业）、康复人员 3 人 | 政府购买服务项目、与企业合作、社会捐助 |
| HY 社会工作服务社（HY） | 江西南昌 | 民办非企业 | 2011 年 1 月 | 青少年、外来务工人员 | 共 9 人，专职工作人员 1 人，其他 8 人主要是某师大老师 | 政府购买服务项目 |
| YJX 社会工作服务室（YJX） | 江西南昌 | 民办非企业 | 2011 年 5 月 | 结合社区工作开展服务、人群不固定 | 专业督导 1 名，社工师及助理社工师 2 名（无社工背景） | 区政府资助 |
| BH 社会工作服务社（BH） | 江西万载县 | 民办非企业 | 2008 年 9 月 | 高龄老人、重症患病老人、青少年 | 共 8 人，其中机构总干事是事业编，其他 7 人均考过社会工作资格证 | 民政局购买社工岗位 |
| JA 社会工作服务中心（JA） | 山东济南 | 民办非企业 | 2007 年 10 月 | 反对家庭暴力社维权岗、社区儿童成长服务、单亲特困困家庭服务、智障人士家庭服务 | 全职社工是 17 位，包括 1 位音乐治疗师。基本都是济南高校社工专业学生 | 理事长个人捐款、政府购买服务项目、少量社会捐赠 |

续表

| 机构名称 | 所在地 | 性质 | 注册时间 | 服务人群 | 机构人员 | 机构资金来源 |
|---|---|---|---|---|---|---|
| SQ社会工作服务社（SQ） | 山东济南 | 民办非企业 | 2008年7月 | 被分派的单位性质决定服务对象和内容 | 17位工作人员（本科生15名，研究生2名），基本都是社工专业毕业 | 各级民政局购买社工岗位 |
| AYP社会工作服务中心（AYP） | 山东青岛 | 民办非企业 | 2009年3月 | 单亲贫困家庭 | 共4人，其中专职社工1人 | 服务的街道办事处提供 |
| SZ12355服务台（12355） | 江苏苏州 | 民办非企业 | 2008年4月 | 提供咨询、转介服务 | 共3人，无专职社工 | 市政府信息办 |
| JGSG服务中心（JGSG） | 江苏苏州 | 民办非企业 | 2011年4月 | 为社会养老机构提供社会工作业务指导 | 兼职社工7人，全部为苏州市福利院人员 | 苏州市社会事业局、民政局购买服务 |
| ZQ服务总社（ZQ） | 江苏苏州 | 社团法人 | 2008年7月 | 社区戒毒康复辅导服务 | 专职社工40多人、大部分有社工背景 | 市禁毒办购买服务岗位 |
| AL社会工作服务社（AL） | 安徽合肥 | 民办非企业 | 2011年11月 | 立足包河区开展社区养老、青少年服务 | 27名专职社工 | 政府购买服务项目 |
| WHX社会工作服务社（WHX） | 安徽芜湖 | 民办非企业 | 2010年1月 | 弱势群体 | 3名工作人员全部为兼职（1人为高校老师，1人为本科社工专业学生，1人为研究生） | 向政府申请项目 |

续表

| 机构名称 | 所在地 | 性质 | 注册时间 | 服务人群 | 机构人员 | 机构资金来源 |
|---|---|---|---|---|---|---|
| XW社会工作服务中心（XW） | 江苏南京 | 民办非企业 | 2011年4月 | 社区社会工作者的职业素质、职业技能提升 | 6名工作人员，其中3名是专职人员，且都没有社工专业背景 | 政府购买服务项目、项目申请 |
| AD慈幼院（AD） | 江苏南京 | 民办非企业 | 2002年1月 | 江苏、安徽地区的智力障碍和精神障碍的儿童和青少年 | 5名工作人员，包括1名社工、3名专职老师和1名生活老师 | 政府补贴、基金会补贴、提供服务收入（包括学费等）、社会捐助 |
| HR社工服务中心（HR） | 江苏南京 | 民办非企业 | 2013年12月 | 承接社区睦邻中心项目 | 专职社工5人、全部有社工专业背景 | 政府购买服务项目 |
| SYC社会工作服务中心（SYC） | 湖北荆州 | 民办非企业 | 2013年5月 | 立足社区，主要为社区单亲母亲、贫困母亲服务 | 全职社工7人，其中4人有社工背景，兼职15人 | 政府购买岗位和服务项目 |
| XHX社会工作师事务中心（XHX） | 厦门 | 民办非企业 | 2010年10月 | 残疾人、社区矫正 | 5名专职社工，其中4人有社工背景，1名专职行政人员 | 政府购买服务项目或岗位 |
| HM社会工作服务中心（HM） | 惠州 | 民办非企业 | 2011年10月 | 青少年综合服务、长者服务、农村社工服务 | 32名工作人员，其中专职社工30人，行政人员2人 | 政府购买 |

需要说明的是社会工作机构处于不断发展中，机构服务对象、工作人员、机构资金来源等机构基本情况也是不断变化的。表3－3中有关调研机构的基本情况仅是对某个时间节点上情况的一种展示。

（二）资料收集方法

为了获取由研究目的和研究对象所决定的一切有关现象和行为的初级信息与原始资料，本研究主要采用了深入研究对象生活背景中的实地研究方法，具体而言，通过观察法、深度访谈法和文献法来收集资料，并通过对这些资料的定性分析来理解和解释现象。

1. 观察法

观察法包括参与式观察和非参与式观察两种，这两种方法在研究中都有使用。因为使用参与式观察要求研究者必须深入研究对象的生活，通过对其日常生活的观察获取资料，这种方法主要运用在安徽的四个社会工作机构（MS 社会工作服务社、JR 社会工作服务社、AL 社会工作服务社、WHX 社会工作服务社）、江西的三个社会工作机构（YJX 社会工作服务室、BH 社会工作服务社及 HY 社会工作服务社）以及山东的两个社会工作机构（JA 社会工作服务中心、SQ 社会工作服务社）的调查中。通过在每个机构近两周的观察（2013 年 5 月至 2014 年 7 月），研究者亲自参与到该机构的一些具体服务中去，通过实地参与，以"局内人"的身份收集关于该组织的资料，切身感受机构在日常运作过程中的困境、冲突，深刻洞察机构与相关政府部门、捐赠的企业、服务对象之间盘根错节的互动关系，这一部分的资料主要以组织资料、照片等形式呈现。作为实地研究方法之一的非参与式观察在研究中也有运用。在对其他社会工作机构的调研中应用到了非参与式观察，以一个"局外人"的身份收集与机构运作有关的资料。但是由于初期和各个机构负责人建立了比较良好的关系，后续资料收集过程中他们也联系和介绍了其他一些机构。

2. 深度访谈

作为一种定性研究方法，深度访谈在社会研究的资料收集方面具有非常重要的作用。在访谈过程中，通过对被访者话语以及访谈场景（如被访者的神情、行动）意义的探讨来发现问题和分析问题，进而归纳和总结个案的意义。因此，从这个角度讲，深度访谈进行的过程，同时也是被访者行动发生的一个过程。深度访谈不是一个简单搜集资料的过程，实际上已经成为研究中十分重要的环节（杨善华等，2005）。笔者在实施深度访谈的过程中主要是以半结构式访谈进行的，有具体访谈提纲和访谈问题的引导，但提纲只起到某种引导和提示作用，访谈的实际开展具有相当大的灵活性和变化性，以便于获得更加具体和详细、更加深入和细致的定性资料。在访谈过程中，还不断注意发现新线索，及时补充新的内容，并竭力分析机构与不同互动主体互动背后所潜含的动机、影响因素及实际互动的状况。笔者选择半结构式访谈，一是考虑到无结构式访谈的费时、费力、容易离题的缺陷，二是想在参与观察的同时能相对独立、客观地给这些被访谈者留出较大的表达想法和意见的余地。访谈多以面对面的个案访谈为主，也辅以座谈会的方式。访谈全在对方熟悉的环境下进行，一般两个人，一个人负责记录，另一个人负责对话。后续在资料的整合中对部分细节又通过电话进行了确认。

3. 文献法

除了通过参与式观察等实地方法获取资料外，本研究还使用了文献法收集资料，作为研究的重要参考。随着社会工作机构的发展，各地政府出台了一些支持其发展的政策、意见和办法，同时为了提高机构自身的社会知晓度和社会公信力，扩大机构的社会影响，很多机构都制作了用于宣传的手册、宣传活页等，部分机构还有自己专门的网站。因此，本研究中文献资料主要通过三个渠道获得：一是在各机构中直接获得的宣传资料、机构内部文本资料，包括总结、项目实施计划；二是通过政府网站和组织网站收集来的相关资料；三是在数据库中通过检索收集到的相关资料。以上这些都为本研究提供了重要的信息和文献资料，使笔者能够及时把握机构产生、运作及发展方面的动态。此外，这些文献资料对笔者通过观察、访谈方式获取的资料能起到有效补充作用，并与之相互佐证。

（三）访谈对象及调查过程

1. 访谈对象

在明确研究对象、研究问题和研究方法的基础上，在选择了民办社会工作机构作为研究案例之后，本研究还有一个重要的问题就是如何围绕这些主题对与民办社会工作机构生存发展相关的行为主体和客体开展深入的了解和访谈。可以说，本研究正是通过接触的访谈对象获得的实证材料，加上作者的逻辑推演与理论思考来描述、分析和提炼民办社会工作机构在当下实际情境中的生存逻辑和形塑机制的。被访者接受访谈的态度、他们回答提问的内容以及他们所述内容的真伪等因素成了制约本研究成功与否的关键。所以为了保证这些技术性问题的质量，一方面，笔者提前与所选择的机构取得了联系，并在相关负责人安排、帮助下确定调查的时间；另一方面，在调查前，在导师的指导和帮助下，修订了对机构负责人和机构社工具体的访谈提纲（见附录3）。其中机构负责人访谈提纲和机构社工访谈提纲中有部分内容是相同的，用以相互佐证机构与其他部门关系的客观性。深度访谈一共涉及了26位成员，其中机构总干事、理事长或副理事长19位，机构资深社工7位，有关访谈对象的基本情况见附录1。

从层次对象上来看，社会工作机构生存逻辑可以从行为主体、行为环境和行为客体三方面入手。其中行为环境是我国特定的社会背景环境、针对社会工作机构的政策以及NGO管理条例等。行为主体层面主要包括社会工作机构本身及其合作机构，因此访谈对象主要是社会工作机构和购买机构服务的相关政府部门以及捐赠的企业。综合来看，本研究的访谈对象主要有社会工作机构负责人、机构的社工，在可能的情况下还访谈了购买服务的部门官员、管理机构的行政部门人员。在这些机构相关人员访谈中，访谈内容涉及面较广，包括机构和人员概况、机构发展过程、机构开展的具体服务和项目、具体运作情况、发展过程中遇到的主要问题、与相关政府部门的互动和关系等。相关政府部门作为政府一方的主要代表，访谈对象主要涉及民政部门民间组织管理部门的领导和工作人员，其中一般访谈对象共有5位，还有1位与机构合作的企业代表，共6位，他们的基本情况见附录2。

2. 调查过程

调查的基础性资料来自2011年民政部救助司"拓展社会救助服务试点可行性研究"课题所搜集的基本资料，调查时间为2011年7~9月，主要调查了20个机构，资料整理时间为2011年10~11月。第一次调研通过两种方式进入机构，一是通过熟人介绍顺利采访了机构的相关人员；二是通过民政系统自上而下"打招呼"进入的方式。当时调研的主要目的是反映社会工作机构的发展状况、面临的困境及其与相关政府部门间的关系，基本涵盖了目前所需要的资料，但是对一些问题缺少深入的探究。基于此，2013 年 5 月～2014 年 7 月进行了第二次调研，此次调研总共有 11 个民办社会工作机构，其中包括第一次调研中的 6 个民办社会工作机构和新增加的 5 个民办社会工作机构。调研补充了相关资料并对反思过的关键问题进行了进一步的求证。在前期与被访者之间相互熟悉和了解后，笔者与主要被访人之间建立了良好的关系，这为第二次进入机构提供了可能和便利的条件，也为后续辅助性的采访提供了可能。随着研究的不断深入，后续笔者还经常以电话采访和网上交流的方式对相关资料进行了必要补充，这样不仅提高了访谈的效率，也节约了访谈的时间与成本。2014 年 8 月第三次调研增加了一个新的民办社会工作机构，即 HM 社会工作服务中心。

## 三、资料分析及整合方法

本研究搜集的资料主要以三种方式记录，即语音记录、访谈员备忘录和机构的各种宣传资料。访谈过程中使用录音设备进行录音都事先征求了对方的同意。如果当时无法录音，或者录音后发现录音效果不好的，则要有详细的访谈笔记。访谈结束后，主要访谈人要撰写备忘录，记录访谈中观察和发现的有趣的现象、对关键性问题的评论和思考。因此，本研究的资料形式和内容多样。第一种资料是用档案法收集到的有关社会工作机构发展、政府购买社会工作机构服务的政策文件及机构相关发展材料，这种资料一般以文字的形式呈现；第二种资料是一般性访谈资料，资料以录音转化成文字的形式呈现；第三种是深度访谈获得的资料，也以录音转化成文字的形式呈现；第四种是主要负责人撰写的备忘录及参与式观察后的反思，以文字形式呈现。将多种资料形式整合到一起深入透彻地解释研究问题是资料分析与整合的关键。

1. 访谈资料的分析

访谈资料的分析使用的是内容分析法，它在近些年被广泛应用于传播学、教育学、心理学和人类学研究领域（Neuendorf K. A., 2002）。本研究的访谈资料分析是一种定性的内容分析，对访谈资料的分析分为以下几个步骤：

第一步，由访谈人员将访谈资料从录音形式转化成文字，整理每个个案的访谈时间、访谈地点以及访谈者的性别、年龄、职位等背景资料，按类别将资料进行归类。资料转换以"谁访谈谁整理"的原则进行。

第二步，研究者对从录音转成文字后的访谈资料进行复核，以提高文字资料的可靠性。转录中对声音模糊、语焉不详的地方适当进行了删减，但是删减的内容则用注释的方式概括出所删减的内容，以备将来查证之用。

第三步，研究者仔细、反复地收听访谈录音并阅读转换成文字的资料，对访谈资料进行深层次的理解。

第四步，根据内容分析法，按照研究框架中第一个问题和第二个问题的三个分析层面对文字资料进行归类整理，分别将访谈资料放在不同的主题下面，以便形成研究问题与深度访谈问题及资料形式间的对应关系。

第五步，结合相关理论，将归类后的资料之间的关系进行逻辑推演，以支持民办社会工作机构资源导向生存逻辑的研究发现。此外，负责人撰写的备忘录及参与式观察后的反思也按照内容分析法进行归类，与访谈资料进行对比，尽量排除研究结果的偶然性。

2. 文献资料的分析

有学者指出，内容分析法也可以用在二次资料的分析中（Harris H.，2001）。本研究搜集的政策资料、政府统计资料以及相关文献资料也按照与深度访谈资料类似的方法进行了相关主题归类工作。

3. 资料的整合方法

本研究分析主要依据质性的资料。整合的原则是将资料按照具体的研究问题和分析层面归类，进行互相支持和验证，最终得出结论。如果发现不同方法得来的资料之间有相互矛盾和冲突之处，研究者都会仔细地探求原因，如果不能找出原因，在文章中也会进行相应的说明。

根据研究的问题和分析层面，对资料的整合分析步骤如下：

第一步，分析政策文献和统计资料，发现对社会工作机构发展有利或不利的制度背景。

第二步，分析深度访谈资料和档案资料，发现社工机构获得资源时与这些主体间的互动及构建的关系。

第三步，分析深度访谈资料，结合政策文献和一般访谈，提出本研究的发现、需要进一步讨论的问题、政策建议以及未来研究议题等。

综合来看，本研究问题与深度访谈中的问题及各种资料形式间的关系如表 3-4 所示。

表 3-4　研究的问题与深度访谈问题及资料形式间的对应关系

| 深度访谈对应问题 | 资料形式 | 研究的问题 |
|---|---|---|
| 问题 1~3 | 档案，深度访谈 | 机构基本概况，包括机构成立的背景，是否得到政府的支持等 |
| 问题 4 | 深度访谈，档案资料 | 机构在生存发展过程中遇到的困难、应对策略 |
| 问题 5~8 | 深度访谈，政策文献 | 机构在资源互动过程中与政府、社会、市场的关系 |
| 问题 9~12 | 深度访谈，一般访谈，档案资料 | 机构在这种关系结构中的生存逻辑及形塑生存逻辑的力量 |
| 问题 13、14 | 深度访谈，政策文献 | 理想的生存逻辑 |

为了保证研究的信度，笔者在资料收集和资料分析过程中做了大量的工作，包括：

（1）在资料收集和整理过程中使用了多种方法。多种研究方法获得的资料在支持某一研究发现上具有高度的一致性，就说明研究信度较高。

（2）为提高访谈资料的质量，研究者对参与访谈的人员进行了培训，对调查的目的、访谈过程中可能出现的问题、访谈资料的转换等做了详尽的说明。

（3）访谈员在访谈后对资料提出了自己的看法，研究者把自己的相关看法与访谈员的看法进行比较，二者在观点上具有一致性，也说明了研究的信度较高。

（4）研究中还使用了复证来提高研究信度。在访谈员对访谈资料进行文字转化后，研究者对录音和文字进行了再次整理，考察二者之间的一致性，提高文字资料的真实性。

为了尽量保证研究的有效性，有很多问题值得注意，其中特别是要注意"调查对象对研究的反应"和"避免研究者的偏向"。被调查对象的反应是无法完全消除的，这与调查对象对研究的认识，特别是调查对象的角色和地位有很大关系。在本研究中，2011 年的第一次调查是通过各地民政局的渠道进入的，在社会工作机构相关负责人看来，研究者身份上带有业务主管部门的影子，对此被调查者可能会有不同的反应。一种反应是极大地夸大本机构生存发展中遇到的困境，希望能得到政府更好的支持，因为"会哭的孩子有奶喝"；另一种反应是"机制合理性倾向"，即极力夸耀机构的能力和服务项目的实际效果，而不对政府进行任何负面的评价。如果在这样的情况下，机构仍对政府有所抱怨，说明实际问题比所反映的更严重。此外，在研究的一系列过程中，研究者尽量保持客观、中立，注意一些技巧的运用，以期尽最大努力降低偏向产生的可能。

### 四、研究伦理

在社会科学研究中，研究伦理是一个十分重要的问题。洛弗兰德（Lofland，1995）曾经提出在社会研究中应该注意的几方面的伦理问题：访谈录音时是否征得了被访对象的同意？是否通过金钱或者其他方式进入他认识生活的世界？在一个具体的情景中有没有让自己全身心地去投入？

根据洛弗兰德等人提出的研究伦理，本研究在资料收集、整理和分析的过程中遵循了以下几个伦理原则：

（1）被调查者自愿参与的原则。在进行半结构式访谈和参与式观察之前，研究者都会向访谈对象及观察对象说明自己的研究内容、研究目的以及获取的资料未来可能使用的方向。在取得被调研者同意之后，才进入观察和访谈，或者使用录音笔等工具进行录音。

（2）对被调查对象匿名处理原则。对于研究中涉及的被调查机构和被调查者，都做了匿名处理，尽量不使用他们的真实姓名，用象征性的符号来代替被调查者的真实姓名。避免给他们造成麻烦和负面影响。

（3）对被调查对象保密原则。在研究过程中，研究者严格遵守保密原则，不向他人透露被调查对象的相关资料。

（4）对于研究中涉及的被调查机构以及被调查者，尤其是被调查对象，研究者都留下了本人的联系方式，以便向被调查者反馈研究者所进行的研究。

## 第三节　章节安排

本研究以国家与社会的现实关系为背景，以资源理论为分析视角，以福利多元主义理论建立研究框架，紧密围绕民办社会工作机构生存逻辑问题展开。全书结构严谨，共八章，分为三大部分。第一部分为文献回顾与研究设计，包括第一章、第二章和第三章；第二部分为主体，分析了民办社会工作机构的生存困境、困境下的策略行为以及策略行为生成的结构因素，剖析了民办社会工作机构生存逻辑形塑的机制，包括第四章到第七章；第三部分为结论与讨论部分，展望了未来并指出了研究中的不足。

第一章是导论部分，指出民办社会工作机构生存逻辑问题的研究背景，包括中国社会发展与福利转型、政府机构改革与职能转变、中国社会工作教育与职业化推进三个宏观背景，并结合笔者的工作和生活经历提出了本研究要解决的基本问题，指出了本研究所具有的理论意义和实践意义。

第二章是文献综述。结合本研究的基本问题，首先，对本研究的宏观背景、国家与社会关系理论作了表述，同时对该项研究的分析视角——资源理论和研究框架建立的基础——福利多元主义理论进行了回顾；其次，对社会组织生存策略的相关研究文献进行了梳理，指出目前的研究多以个案为对象，疏于对社会工作机构整体发展格局的考量且缺少从时间维度的动态性考察，尚未完全弄清楚民办社会工作机构生存逻辑问题的形塑机制，这是本书着重探讨的。

第三章是研究设计。首先对本研究涉及的民办社会工作机构、社会需要、资源、权力等核心概念进行界定和操作化；阐述了本研究的基本思路，以资源为中心，从机构与政府、市场、社会的资源交换层面建立本书的研究框架；对于资料收集方法、资料分析整合技术以及研究伦理做了详细的说明；最后对文章结构安排做了简要陈述。

第四章首先从政策梳理入手，展示了内地社会工作机构发展的基本历程，试图通过一定的制度背景和政策空间的描述直接或间接反映政府对社会组织的态度。纵向梳理社会工作机构发展的历史脉络，也能更清楚地把握未来社会组织及社会工作机构的发展趋势和走向。在清晰的发展脉络之后，描述了内地社会工作机构的多种类型，再从调查资料中呈现出民办社会工作机构发展中的种种困难。通过机构生存现状的呈现，一方面表明现有环境对机构发展的影响，另一方面也是机构后续策略行为的起因。

第五章以深度访谈为主，一般性访谈为辅，试图回答面对环境的约束，作为行动主体的民办社会工作机构采取何种策略来对环境进行管理和控制，从而减少来自外部环境的制约，适应既有的生存环境，保证能够生存下去。种种策略行为对民办社会工作机构的生存逻辑产生了什么样的影响。

第六章分析机构策略行为生成生存的结构因素。各种策略行为虽然在一定程度上缓解了机构的困难，但是并没有从根本上解决问题，保障机构获得充足的资源。这时就需要深入到由市场、社会和政府构成的机构生存的组织场域中，从机构与各个结构主体资源互动的角度出发详细说明：到底什么原因阻碍了机构与他们顺利进行资源交换？或者说，是哪些因素妨碍了资源交换的实现？

第七章是本书的理论提升部分。首先，着力分析了机构在三元互动中从需要导向向资源导向转变的动态过程以及促使机构生存逻辑发生转变的力量；其次，从福利哲学入手，分析了从根本上改变机构畸形生存逻辑，实现理想生存逻辑的可能路径。

第八章是总结部分，对主要研究结果进行了归纳提升，对政府、市场和社会在福利服务供给中的责任定位，以及机构生存逻辑从资源导向向有限需要导向转变等相关问题进行了探讨，提出相应的政策建议，并指出未来研究议题和本研究中存在的不足。

# 本章小结

本章在界定了民办社会工作机构、社会需要、资源和权力等核心概念的基础之上，提出了本研究的构想：从社会工作机构生存的逻辑起点满足需要开始，基于资源依赖理论和动态资源理论，围绕机构与政府、市场、社会的资源互动，考察影响机构生存的结构性因素，揭示机构生存逻辑从需要导向发生改变的作用机制，在福利多元主义理论之上建立了研究框架。在研究方法上选择了定性研究方法，在资料收集上则采用了观察法、访谈法和文献法，而在资料分析上采用了内容分析法，多元资料按照研究框架和具体研究问题以及资料形式进行了整合。最后，提出了全书的结构安排。

# 第四章　社会工作机构的发展与样态

本书的主要目的是围绕民办社会工作机构"做什么"和"怎么做"来呈现民办社会工作机构生存逻辑的变化，从民办社会工作机构与政府、社会、市场三个层面的资源交换入手来分析影响其生存逻辑转变的因素。由于社会工作机构特别是民办社会工作机构的出现和发展深深植根于一定的社会环境中，因此，中国社会工作机构的发展历程是其当下发展的历史根基。此外，由于中国社会工作机构发展处于初期，生成路径存在很大不同，成立动机也值得揣摩。因此，有必要对中国社会工作机构的多元面向做一个描述和整体把握。基于此，本章是本书实证资料分析的第一部分，主要以对社会工作机构负责人、机构社工及相关部门官员的深度访谈为主，并辅以其他统计性资料，首先对中国社会工作机构发展历程进行梳理，然后描述中国社会工作机构发展的多样化以及民办社会工作机构的生存现状。通过机构生存现状的梳理，一方面表明现有环境对机构发展的影响，另一方面也是机构后续策略行为的起因。

## 第一节　社会工作机构的发展历程

社会工作机构作为一种社会组织，其产生和发展离不开中国具体的经济环境、政策环境和文化环境。同时，也受到社会组织发展大环境的影响。因此，梳理和回顾中国内地社会工作机构的发展历程，不能完全撇开关于社会组织的政策法规，但重点应放在与民办非企业特别是社会工作机构相关的政策法规上。政府对社会组织和民办非企业的引导和管理必须在一定的制度背景和政策空间中进行，因此，政府制定的政策法规直接影响着社会组织的生存、发展和壮大，也表明某个特定阶段政府对社会组织的态度，直接或间接地反映了二者的关系。通过纵向梳理社会工作机构发展的历史脉络，能更清楚地把握未来社会组织及社会工作机构的发展趋势和走向。

改革开放以来，中国内地社会组织发展迅猛，根据2015年《中国慈善发展报告》的数据分析，截至2014年年底，全国共有正式登记的社会组织60万个，比2013年度增长9.7%，且全国直接登记的社会组织超过3万个。社会团体30.7万个，民办非企业单位28.9万个，基金会4044个，分别比2013年增长了6.2%、13.3%和13.9%（杨团，2015）。而社会工作机构获得快速发展也仅是近十年的事情，发展时间比较短，整体处在发展初期阶段。其发展进程可以分为三个基本阶段，即社会工作机构萌芽阶段、社会工作机构初步发展阶段和社会工作机构快速发展阶段。在这三个阶段，社会工作机构的发展进程受到了中国经济体制改革、政治环境以及社会福利意识转变的深刻影响，可以说，它的出现是中国制度环境变迁、政府福利供给需要及社会工作专业教育发展共同作用的结果，在这个背景下，中国社会工作机构呈现出一种自上而下的政府主导的特征，而在这一特征之下深藏着的是中国社会主要矛盾的转变，以及阶级、阶层、人口结构的变动。

## 一、萌芽阶段（1996~2003年）

20世纪90年代，中国进入了改革开放的决定性阶段，正是在这一时期，随着单位制的逐步解体和社会福利社会化的逐步推进，"民办非企业单位"作为一种新组织形式开始出现，国家从行政层面加强了相关管理。80年代以前，事业单位主要由国家举办，实行全额拨款。80年代以后，在经济体制改革的推动下，事业单位改革被提上了日程。中国的事业单位形式多样，有集体举办、联营合资等类型，也有非营利、营利和二者兼而有之的复杂情况。1996年，国务院把管理"民办事业单位"的不同部门整合归到民政部门，由此出现管理社会团体和民办非企业单位的专门部门——民办非企业单位管理司。1998年，中央机关进行机构改革时，设立了民间组织管理局，统一管理包括社会团体、基金会和民办非企业在内的民间组织。除了管理部门上的整合统一，关于民间组织管理的法规和管理也逐渐走向规范化。例如，1998年10月，国务院修订了《社会团体登记管理条例》，并颁布了《民办非企业单位登记管理暂行条例》，这一阶段民办非企业以爆炸性的速度增长（见图4-1）。

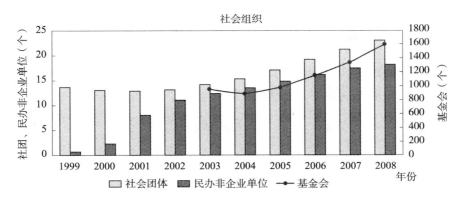

**图4-1  1999~2008年中国民间组织的数量和年增长率❶**

　　当民办非企业迅猛发展之时，社会工作机构还只是个概念，助推其变成现实的是中国社会工作专业教育的兴起。20世纪90年代，中国经济体制改革的目标是确立市场经济体制，而由改革不充分带来的一系列问题也逐渐凸显。贫富差距拉大、医疗保障、住房、教育、养老等问题一夜之间摆到了人们的面前。"中国社会转型中两个主题间的张力不断凸显，这两个主题就是建立一个自由的市场经济体制与实现社会公平的基本准则"（孙立平，2004）。在人们对福利需求高涨的时候，社会福利社会化的改革使原来完全由政府承担的福利责任变成了由国家、集体、个人共同承担，原有的社会保障制度功能衰退。此时，源于西方发达国家、作为社会福利制度重要组成部分的社会工作被引入中国，被政府赋予有效解决社会问题、承担福利服务传递者的重任。20世纪90年代初，国内只有北京大学等几所高校开设社会工作专业，政府解决社会问题的迫切性推动了大学社会工作教育的迅猛发展，教育部多批次批准了250多家大学建立社会工作专业。

　　社会工作专业注重实务，强调专业课程的实习，这些新的理念首先在大城市得到了初步认可。成立于2003年2月的上海乐群社工服务社被誉为中国大陆第一家社会工作专业服务机构，它的诞生开启了社会工作机构的"破冰"之旅。2004年2月，上海成立了自强服务总社、新航服务总站、

---

　　❶　图表来自于2008年社会服务发展统计公报（http：//cws.mca.gov.cn/article/tjbg/200906/20090600031762.shtml），2002年以前的基金会含在社会团体内，2003年开始基金会单独列项。

上海阳光青少年事务中心三家具有官方背景的民办社会工作机构，通过政府购买服务的方式分别在社区矫治、社区青少年犯罪预防以及药物滥用人员矫治方面提供专业社工服务。

## 二、初步发展阶段（2004～2008 年）

21 世纪初，中国内地社会工作机构获得了初步发展，这与人口变迁、政府管理体制创新和社会工作人才队伍建设不断推进密切相关，而高校教师创办的社会工作机构成为国内社会工作机构发展初期独有的景象，也为国际社会工作发展历史增添了色彩。

社会发展带来的人口变迁成为拉动社会工作机构发展的强大力量。中国家庭小型化、人口老化、流动人口急增是改革开放后中国人口变化的总体趋势。中国内地 31 个省、自治区、直辖市中 60 岁及以上人口占到比例的 13.26%，同 2000 年第五次全国人口普查相比，居住地与户口登记地不一致且离开户籍登记地半年以上的人口增长 81.03%（据 2010 年全国人口普查报告）。不仅儿童、老人、残疾人、流动人口等对社会服务的要求提高，一般人群对社会服务的要求也与日俱增。因此，全国多个城市建立了社会工作机构。

政府突破管理体制困境的购买服务行为推动了社会工作机构的发展。改革开放 30 多年来，与传统的管理体制相比，社会管理体制有了较大的改变，现代社会管理体制的框架已经初步建立（何增科，2009）。现代管理体制的发展改变了政府的角色，但仍是主体，且因体制惰性遗留下来的问题仍然存在，例如政府的缺位、错位。虽然其他社会主体参与了社会管理，但仅承担着被动合作的角色，现代治理期望的多方平等参与尚未实现。作为公共服务主要提供者的政府面临着公共服务均等化的重任，其在规模化公共服务供给上明显具有优势，但是在满足居民分散的、差异化的服务上力不从心。此时，政府购买服务提上日程，被视为治理公共服务供给严重不足、服务水平和效率低下问题的一剂良药。2004 年，党的十六届四中全会通过的《中共中央关于加强党的执政能力建设的决定》中首次提出了"加强社会建设和管理，推进社会管理体制创新""加强和改进对各类社会组织的管理和监督"。作为改革开放前沿和窗口的深圳、广州，相继出台了支持社会工作机构发展的系列政策。2007 年 10 月，深圳出台了

《关于加强社会工作人才队伍建设推进社会工作发展的意见》及 7 个配套文件，统称"1＋7"系列文件，从社会工作者职业化、教育培训、岗位设置开发、薪酬待遇、社工组织的扶持发展等方面初步建立了社工制度体系和管理的基本框架，明确了"民间化运作，政府购买服务"这一改革思路。该系列文件的出台为民办社会工作机构进一步发展奠定了基础。

社会工作人才队伍建设对社会工作机构的发展也有重大推动作用。2006 年十六届六中全会做出《中共中央关于构建社会主义和谐社会若干重大问题的决定》中指出要建设宏大的社会工作人才队伍。2007 年 2 月至 2009 年 3 月，民政部组织全国 29 个省（自治区、直辖市）的 75 个区（县、市）和 90 个单位开展了社会工作人才队伍建设试点工作。试点中的任务包括：促进民办社会工作机构发展、健全社会工作服务网络、提供就业岗位、发展组织活动载体。此外，为了推进社会工作人才队伍建设，规范社会工作人才管理，2008 年，人事部和民政部开始了社会工作者的职业水平考试，社会工作者开始纳入国家专业技术人员系列，社会工作者能力甄别开始进入制度化和规范化的阶段。

## 三、快速发展阶段（2009～2014 年）

21 世纪的第一个十年末，中国社会进入了快速发展的新时期，社会组织发展的大环境得到了优化，社会工作机构在这种大环境下进入了快速发展阶段。市场经济体制改革进一步深化，社会进入国家发展导向的新时期，构建社会主义和谐社会是党和政府在新时期的历史使命和工作重点。与此同时，政府也进入了职能重构的新阶段。在新的发展阶段，政府的定位从全能走向有限、职能从管理走向服务、治理理念从善治走向善政，推进以民生改善为重点的社会建设成为其重要目标。国家不仅从政策层面给予支持，更从顶层设计层面优化了社会组织特别是服务类社会组织的发展环境。

随着社会工作专业教育的系统化和科学化。教育部于 2009 年批准 30 多家大学开展社会工作硕士（MSW）专业学位教育试点，培养高级社会工作实务人才，2010 年第二批又增加了 25 所院校。这些专业人才为社会工作机构的良性发展和相关研究提供了理论支撑。此外，政府购买社会工作机构服务的良好效果进一步刺激了政府对社会工作机构的政策支持。2009

年 10 月，民政部出台了《关于促进民办社会工作机构发展的通知》，对于民办社会工作机构的发展来说具有里程碑意义。文件中强调要进一步规范民办社会工作机构的登记管理工作，各地要积极争取财政资金，制定出台专门的政策措施，以项目招标、委托等多种方式，逐步建立政府向民办社会工作机构购买服务的机制。2010 年 6 月，中共中央、国务院发布的《国家中长期人才发展规划纲要（2010—2020 年)》，将社会工作人才队伍列入国家重点发展的六大人才队伍之一。该纲要中较为明确地对组织建设、岗位开发、管理扶持和购买服务政策作了专门部署。这些政策对推动民办社会工作机构进一步发展起到了推动作用。

2008 年 "5·12" 汶川地震是社会工作机构发展的重要契机，在灾区对社会工作服务组织进行调研后，中国社会工作协会向国务院、民政部提交了《关于赴四川灾区进行社会工作服务组织调研情况的工作报告》，希望通过试点探索经验，总结模式，推动中国本土化社会工作服务网络的建立。因此，中国社会工作协会于 2009 年开展了 "社会工作服务组织试点工程"，试点工程的开展使社会工作机构的数量得到了一定增长。民政部等十九部委的设想是 "到 2020 年，建设 8 万家民办社会工作服务机构"。截至 2012 年 11 月底，我国拥有的民办社会工作机构达 1000 多所（黄小西，2012）。

2012 年 11 月，民政部和财务部联合下发了《关于政府购买社会工作服务的指导意见》，该意见除了从政策层面为社会工作机构发展提供了必要资金外，还从税收等方面为发展社会工作服务的载体做出了诸多规定。此外，该意见还指出，在切实推进政府购买社会工作服务时，一项重点的工作是加大力度培育发展社会工作服务载体，鼓励更多专业人才投身创办民办社会工作机构。同时，通过财政资助、税收优惠等给予有发展潜力的民办社会工作机构以支持。在新的发展阶段，政府除了在资金、培训等方面给予大力的扶持外，还从顶层设计层面为社会组织的发展松绑，优化其外部成长环境。长期以来，很多学者对社会组织 "双重管理" 的审批登记制度进行了批评。不可否认，通过双重负责、双重把关，严格了社会组织的登记注册，它在社会组织发展初期是政府谨慎态度的一种体现，但是随着社会管理体制的深化和公民社会的有序推进，政社分离、还社与民成为众望所归，改善社会组织成长的外部环境成为当务之急。党的 "十八大"

释放出政府改革双重管理体制的信号，也表现出政府改善社会组织成长环境的决心。2013 年 3 月，十八届二中全会和十二届全国人大一次会议通过了《国务院机构改革和职能转变方案》，该方案指出培育和发展四类社会组织（行业协会商会类、公益慈善类、科技类和城乡社区服务类）。为了促进这四类社会组织的发展，在登记管理上执行多年的"双重管理"开始松动，该方案的出台进一步优化了社会组织的成长环境。

如果 2012 年《关于政府购买社会工作服务的指导意见》的出台表明政府购买社会工作服务的决心，那么 2013 年 3 月民政部《中央财政支持社会组织参与社会服务项目》的启动则进一步明确了资金支持主体，使政府购买服务迈出了实质性的一步，也有效提升了社会服务组织的服务能力。2014 年 4 月，《民政部关于进一步加快推进民办社会工作机构发展的意见》的出台进一步表明政府加大对民办社会工作机构扶持力度的决心。2014 年 12 月，财政部印发《政府购买服务管理办法（暂行）》，第一次将社会工作服务纳入政府购买内容和指导目录的范围。这是继民政部、财政部联合印发《关于政府购买社会工作服务的指导意见》后，中央支持社会工作服务发展的又一重要举措。它对进一步拓宽政府购买社会工作服务范围、提升政府购买社会工作服务质量、促进民办社会工作服务机构发展具有重要意义。这一时期是社会组织和社会工作机构快速发展的新时期，这一阶段政府对社会组织的基本认识发生了变化，从限制、控制、排斥到支持、肯定和大力扶持，突出强调了社会服务组织在社会建设和社会管理中的积极作用。从顶层设计层面和政策层面对社会服务组织给予支持是政府对未来社会服务组织发展的基本态度。

通过描述、梳理和回顾中国社会工作机构发展三个不同时期，得出如下发现：20 世纪 90 年代末期的社会工作机构处于萌芽时期，数量极少，其作用无法显现出来；进入 21 世纪人口变迁、政府管理体制创新和社会工作人才队伍建设的推进为中国内地社会工作机构的发展夯实了基础，社会工作机构的作用在少数沿海发达地区得到了体现；新时期社会组织发展的整个环境得到了一定程度的优化，中央政府从政策和资金层面对社会工作服务机构给予支持，社会服务机构纳入整个社会建设的视野之中。在梳理完社会工作机构发展历程之后，我们有必要进一步理清这一发展过程中呈现的特点。

特点一：社会工作机构的发展与政府福利意识的转变密切相关。社会工作机构作为福利传递中的重要载体，它的发展轨迹受政府福利改革及福利意识的极大影响。新中国成立后中国社会福利制度发展大致经历了三个阶段：第一阶段是传统福利制度创建阶段（1949～1956年），这一阶段的显著特点是政府包办；第二阶段是传统福利制度的发展阶段（1957～1983年），板块分割的封闭体系（城市—农村）、"国家—单位"的运行模式、典型的补救式福利是其突出特点；第三阶段是传统福利制度向新型福利制度的过渡阶段（1984年至今）。社会福利社会化思路的提出标志着中国社会福利开始转型，这种转型不仅仅体现在福利主体的变化上，还包括福利目标变化、权利义务关系的变化以及福利价值取向的变化。但随着后工业社会的迅速发展，外部环境中生活方式的变化、人口的老龄化和少子化也在改变着社会福利制度的生存基础；城市化和后工业社会增加了人们的风险，这些都挑战和冲击着传统"残补型"的福利制度。2007年民政部在对中国福利发展进行规划时，第一次提出了"逐步拓展社会福利保障范围，推进社会福利制度由补缺型向适度普惠型转变"，标志着中国福利制度开始向一个全新的方向转变。构建适度普惠型社会福利必须以需要为导向，强调政府责任优先、企业社会责任的承担和社会福利机构的培育与发展（王思斌，2009）。作为专业服务提供和福利服务传递重要力量的社会工作机构开始受到重视并得以发展。

特点二：社会工作机构的发展与中国社会工作职业化推进密切相关。改革开放以来，中国经济在快速发展的同时各种社会问题也不断涌现。社会问题的凸显好像为专业社会工作开辟了广阔的发展空间，也为社会工作教育创造了最佳的发展机遇。转型期社会问题突显促使政府出于强烈的工具理性动机推动社会工作职业化，期望它能承担起解决全部或大部分社会问题的重任（行红芳，2010）。近十余年，从表面上看，中国社会工作发展迅速，市场社会迫切需要大量社会工作者，但是社会工作的职业化却尚未发展起来（彭云，周勇，2010）。中国的社会工作发展走的是一条不同于西方的道路，西方是专业化和职业化同步，而中国是先专业化后职业化的道路。由于社会认同度不高，职业声望较低和服务平台有限等多种因素，使很多社会工作毕业生无法就业，如何实现专业化和职业化的有效衔接成为政府迫切需要正视和解决的问题。王思斌（2006）提出通过身份转换型与专业支持型的方式来扩大社会工作者队伍，而孙莹（2006）则提出通过专业职业化和职业专业化两条道路来实现职业化。各级政府在构建和谐社会的现实需要下，通过既有福利机构社工岗位设置、购买服务等方式促进对社会工作职业化。有统计显示，截至2010年年底，全国开发社工岗位共4.5万个，其中0.7万个在事业单位，3.8万个在城乡社区（卫敏丽，2010），这一数字与政府的人才目标及毕业生需求相比还相差甚远。各种类型的社会组织是承载社会工作的主要载体，因此，培养的社会工作毕业生主要就业领域应是社会组织和政府社会福利部门。因此，鼓励和支持专业服务机构的发展成为政府推进社会工作职业化的一种重要手段。

特点三：社会工作机构发展中政府的主导性。社会工作机构是提供专业服务的一类社会组织，它的发展受社会组织发展整个大环境的影响，而中国社会组织的发展虽然有自下而上和自上而下两种，但国内社会组织的发展依托或镶嵌在国家体系中，民间组织的出现并非是完全自发、自下而上的社会运动，更多反映的是鲜明的国家色彩（范明林，程金，2007）。因此，从一开始中国社会组织的发展就是一个政府主导型的发展态势，相关政策的制定和执行体现了政府对社会组织发展的基本态度，而其发展方向也不得不受到政府工作重点、工作能力的影响。但从现实角度出发，中国很多政策又不得不由政府来制定。其原因有两个方面：一方面是政府掌握着最为丰富的资源；另一方面是中国公民社会仍处于发育初期，公民社会和志愿力量发展较为薄弱，人们对政府的信任远高于对其他社会组织的信任。所以，中国很多的改革包括社会组织的发展都是政府主导下的发展态势，政府不但发挥着设计、引导的功能，甚至实施都是以政府作为主体。政府采取多种方式支持满足自己的治理需要，优先发展并重点扶持能为自己分担责任的组织，社会工作机构就是其中之一。在社会工作机构最先发展的深圳，"政府推动，民间运作"的社工发展体系已初步形成，政府购买岗位和政府购买服务是很多机构资金来源的主要方式。

由以上分析可以看出，社会的发展在很大成程度上不以人的意志为转移，国家政策的变迁不单单是简单的意识形态作用的结果，是国家经济发展目标、社会发展等多方力量作用的结果。因此，回顾了社会工作机构发展相关政策和背景后，有必要通过生动的案例来展现内地社会工作机构的生成轨迹和发展样态。

# 第二节　社会工作机构的分化与多样化

中国现实社会的需要及一系列政策文件的出台，为社会工作机构的发展提供了广阔的舞台，特别是自 2008 年以来，随着政府购买服务的扩大，专业社会工作在福利服务领域中的地位日益得到政府的重视。从政府角度来看，专业社会工作不仅能填补政府的福利真空，还能通过服务解决社会问题和矛盾，从而保证社会秩序协调。一时间，政府倡导大力培育能提供专业服务的社会工作机构，在政策的推动和影响下，面向养老领域、青少年服务领域和残障康复领域的社会工作机构获得了快速发展。2003 年 2 月，上海乐群成为第一家专业社会工作机构。2004 年，在上海市政法委的推动下，上海分别以禁毒、社区矫正、青少年事务为主的自强社会服务总社、新航社区服务总站和阳光社区青少年事务中心相继成立。2007 年 5 月，深圳市首家为政府和社会提供社会工作服务的民间非营利专业机构"鹏星社会工作服务社"成立，首批以政府购买服务的方式参与公共服务提供。

社会服务组织在不同国家中面临的情境不同，因而会表现出不同的发展态势，其重要的情景变量包括公共政策的结构、生态环境、跨部门间的关系（Dimaggio&Anheier，1990），其中政府与政府间关系是最重要的关系之一（Najam，2000）。中国由于地方经济发展水平和区域性政策的不同，社会工作机构生长的外部环境异常复杂，发育形态也呈现出纷繁复杂的图景。中国社会工作机构的发展在很大程度上受地方政府态度和相关政策的影响，因此社会工作机构内部也存在一定程度的分化。基于笔者深度访谈的 19 个社会工作机构，以政府对社会工作机构成立的态度、社会工作机构业务主管单位确立的方式、社会工作机构资源来源结构三个指标从机构生成路径和运作轨迹来考察其生存样态，可以把社会工作机构分成三类，即政府主导内生型、政府支持合作型和准市场导向自发型。

## 一、政府主导内生型社会工作机构

政府主导内生型社会工作机构多脱胎或生成于原有的福利系统内部，从机构初期成立到后期的运行政府都发挥了重要作用，这些机构多由工会、残联、妇联、居委会、福利院等成立。政府购买社会工作服务为这些组织的转型和发展提供了契机，可以看作是官办社会组织的再次创业。政府购买服务除了机制完善外，还需要有足够的可以承接政府购买服务的社会工作机构，然而，在购买初期，作为福利提供体的社会工作机构数量显得不足。作为新公共管理改革的政府购买服务在基层政府公共产品供给中还处于尝试性阶段，因此，从购买方的政府考虑，总希望能最大限度地降低风险，加之部分地方政府对体制外社会组织还持有怀疑和不信任，或者在购买时就想找到日后既能方便管理还能为地方政府"创收"的承接主体。因此，政府主导型社会工作机构便在官办社会组织转型背景下应运而生。对应的机构包括 YJX 社会工作服务室、BH 社会工作服务社、JGSG 服务中心和 SZ12355 服务台、XW 社会工作服务中心、AYP 社会工作服务中心和 ZQ 服务总社。这类机构没有其他社会组织费力寻找业务主管单位的困境，主导成立的部门顺理成章地成了它们的业务主管单位。YJX 社会工作服务室生成于社区居委会，表现出"一套人员，两块牌子"的特征，工作室的总干事同时也是社区主任，社区工作人员就是机构名义上的社工。社区所在的区民政局理所当然地成为其业务主管单位。JGSG 服务中心是在一市级福利院内部成立的，名义上有 7 名专职社工，实际上所有的社工都是福利院的在编职工，福利院的专职社工同时也是机构的理事长，福利院的书记同时担任机构的监事。BH 社会工作服务社是在县社工协会和民政局支持下成立的，机构总干事是事业编制，属于财政全额拨款，其余 8 人均是招聘员工，工资由机构代发，资金还是来源于县民政局。SZ12355 服务台由团委主导成立，团市委权益部部长也是机构的法人。ZQ 服务总社是由市禁毒委禁毒办主导成立的，市公安局禁毒支队是其业务主管单位。

　　由于母体是体制内的组织，所以新的机构与原有体制存在着千丝万缕的联系。因此，这类机构在成立之初得到政府的大力支持，包括注册资金的解决。正如 YJX 社会工作服务室法人所说：

　　"按道理说我们是在区里注册的，需要 3 万元的注册资金，但我们实际上就出了 1.5 万元，因为区和市民政局都很支持，所以当时区里就给开了绿灯。让我们自己出这么多钱也不现实。"

　　与原有福利机构较强的关联性使得机构面对某些问题时易于解决，但是这种关联性也决定了他们在人事、决策等方面对政府有较强的依赖性，以及较弱的独立性和自主性。例如，BH 社会工作服务社总干事所说：

"机构资金来源主要依靠民政局，要搞活动就给民政局社工股打报告，等着他们批。但有时候领导外出开会不在，不能等着他回来再开展活动，就先和领导沟通一下，钱我们自己先垫上，等事后再去报销。"

再如，ZQ 服务总社总干事所说：

"我们的主要负责人由市公安局禁毒支队决定，机构人员聘用的数量也由市公安局禁毒支队确定，人员工资通过行政划拨手段划拨到服务总社。"

政府主导内生型社会工作机构虽然注册为民办非企业，称之为专业社会工作机构，但实际上拥有官办社会组织的很多弊端，例如机构决策权相对集中在母体手中，来自母体的员工虽然经过短期培训或者手中持有社工资格证书，但是受传统行政性工作方法的影响专业价值理念和工作方法仍显薄弱。

与其他机构相比，这类机构虽然存在一些弊端，但是也具有很多不容忽视的优势，例如，对政策敏感度高、强大的资源动员能力、丰富的群众工作经验等。这类社会工作机构背后一般都有庞大的组织支持，很多项目都可以与其母体以及政府部门开展合作。此外，机构在资金方面也较有保障，在运作初期，它所依赖的体制系统往往会给予多方面扶持以保证其生存，甚至有的机构在成立之初就不发愁资金，或者说就是为政府购买服务而存在的。例如，JGSG 服务中心总干事所说：

"我们成立社工服务中心一方面是为了推动社工的发展，另一方面也是为了承接政府购买的项目。从 2011 年 5 月机构成立开始，我们就进行了两期针对养老机构院长的辅导，就是把该市所有民办的、公办的养老机构的院长集合起来，由民政局出钱，购买我们的服务，机构对院长们进行社工理念和方法的传播推广、养老机构基础设施和规范的讲解，机构负责找专家。该项目由民政局买单，参加辅导者不必缴纳任何费用。目前是第一期，每期是 50~60 人，计划三期。除此之外，我们还与市社会事业局联系，在事业局支持下与社区建立联系，帮社区来做品牌。机构去社区帮助社区工作人员培养社工理念，建成一支社工队伍，费用由高新区事业局承担，也相当于购买我们的服务。"

由此可见，政府主导型社会工作机构有一部分是在政府购买政策导向下成立的，具有较强的功利主义色彩或者成立机构动机不纯，但是其工作人员多有长期基层工作的经验，这些经验积累使得他们在解决服务中的实际问题上更有效率，而社会工作专业性手法反而受到了较大的挑战。

## 二、政府支持合作型社会工作机构

政府支持合作型社会工作机构的主体力量多是高校与社会工作相关专业教师和专业毕业生在政府和高校推动社会工作专业化发展背景下兴起的一类，在原有福利部门之外产生。从机构最初成立到后期的运行，政府都给其一定的支持，表面上形成了社会工作机构与政府较好的伙伴或合作关系。对应机构包括 HY 社会工作服务社、SQ 社会工作服务社、MS 社会工作服务社、AL 社会工作服务社、WHX 社会工作服务社、SYC 社会工作服务中心、XHX 社会工作师事务中心。这类社会工作机构在调研资料中数量最多。由深度访谈中关于"机构成立背景"这一问题的回答可以看出这类机构是政府推动和高校老师合力的产物。

MS 社会工作服务社总干事说：

"当时学校已经有社工专业，可是社会上对社工根本就不了解，很多人都不知道社工是什么，大家就很想把这个专业办好。但是社工是要去做的，学生学的东西要拿到实际当中用，可是老师给学生联系去社区实习都很困难，因为社区以为是一般大学生的实习或者志愿者，让学生干的都是杂活，学生没有任何成长，回来抱怨也很大，对专业也不认同。所以，出于给学生一个实习平台的考虑，几个老师就成立了这样一个机构。机构成立过程中没有遇到什么困难，因为是区民政局当时很支持我们成立。S 区的社会工作当时在全国搞的都是比较好的，包括网格化管理在 HF 市都是比较早的，他们的领导也很想有点创新。"

SYC 社会工作服务中心副总干事说：

"最初考虑到当地能为学生提供实习的专业机构几乎没有，因此为了给学生提供一个实习的平台，系里有这个打算想成立个机构。后来，政府的推动也起了很大作用。因为我们市是全国社会工作人才队伍建设的试点地区，政府当时也不知道怎么做，后来知道我们学校有这个专业，就到学院来交流，最先是政策咨询，一起出台了市社会工作人才队伍建设的一系列文件，后来就鼓励我们成立机构。"

WHX 社会工作服务社理事长说：

"这个机构的成立在很大程度上是被动的，因为当时省会已经有社工机构，而我们这里还没有一家社工机构。就 WH 市的发展形势来说，民政局领导觉得需要成立一家社工机构。因为之前和民政局领导比较熟，做过几次项目，所以他们就鼓励我成立一家。加上我是师大社工专业的老师，也想给学生一个能实习的好一点的平台，而不是一实习就去社区打杂，这样机构就成立了。"

调查机构的法人或者相关负责人的表述可以让我们清楚地看到二者合力的过程。大学教师创办社会工作机构是国内社会工作发展过程中的特别景象，从以上访谈中可以看到高校教师创办社会工作机构的原因主要有两个：

首先，受社会工作人才队伍建设试点的推动。对于大多数基层政府来说，虽然被确定为社会工作试点单位，但大部分地方政府并不知道什么是社会工作，更不知道如何来推动和开展试点工作。高校社工教师是他们最先想到的人选，一方面社工教师最熟悉社会工作的专业知识和方法；另一方面大学教师在既有体制之内，依托他们创办的机构能降低未来可能存在的风险，确保试点的成功，提升地方政绩。

其次，部分高校教师在教学实践中也苦于没有实践平台积累实务经验，促进专业社会工作的更好发展。

因此，双方走到了一起。

由于成立初就得到政府的支持，因此这类机构在注册和寻找业务主管单位时几乎没有遇到什么障碍或者困难，政府的通融或者"开绿灯"在很大程度上使之在合法性方面没任何担忧。

例如，HY 社会工作服务社理事长说：

"因为是政府出面来找学院谈的，给了很多方便，还在区社工协会那里给机构提供了办公室。当时，按照要求在区级层面成立民办非企业需要3万元的注册资金，实际上我们并没有出这笔费用，只是学校出了个证明就给办了，其他倒是挺顺利的。区民政局就是我们的业务主管单位。"

再如，WHX社会工作服务社理事长说：

"成立过程中困难倒是没有什么，因为政府当时很支持嘛。当时我们机构注册的是市级层面的，按照规定需要3万元的注册资金。反正是在民政局注册，主管单位也是民政局，他们就给注册了，当时很快就弄好了，也就是三四天吧。"

因为是一种契约式的合同关系，形式上作为购买方的政府对机构内部治理和运行上干预应该相对较少，与政府主导内生型的机构比较起来，机构在负责人的更替、人员聘用、服务项目开发上拥有了稍微多一点的权力和自主性。

例如，SYC社会工作服务中心副总干事所说：

"虽然成立之初政府给了10万元的支持资金，但是对于项目他们介入得不多，一方面他们可能也不太懂，另一方面机构内部对项目也有自己一整套管理方法。"

这类社会工作机构大多数都没有什么原始的资金积累，虽然在注册资金上得到政府疏通的帮助，但是在后续发展中也未必能获得政府其他资金的支持。这类机构资金来源较为单一，多以政府购买社工岗位或者购买服务项目的方式实现。此外，政府还为这些机构提供了部分办公场所和服务场所。由于这类机构多是高校教师创办，比较强调所谓的专业性。加之，国内很多高校社会工作专业发展时间都不是很长，所以这一类机构负责人或者理事长虽然拥有社会工作的教育背景，但是相对而言都比较年轻，调查的机构中担任总干事的管理者最低年龄仅为24岁。

## 三、准市场导向自发型社会工作机构

准市场导向自发型社会工作机构一般自下而上成立，在现有福利输送系统之外根据市场导向自发形成，是与作为支持的政府保持相对独立的新机构。深度访谈中对应的机构包括JR社会工作服务社、JA社会工作服务中心、AD 慈幼院、HR 社会工作服务中心和 HM 社会工作服务中心，其中一部分机构在合法性身份获得方面颇费周折。

JR 社会工作服务社理事长说：

"我们一开始找业务主管单位很费劲，因为之前我们也没和民政局、妇联等相关部门有过接触，所以一开始想找区妇联作为业务主管单位没有成功。那就让学生帮着社区组织点活动，特别是小孩子的和家长的活动，比如亲子阅读技巧讲授等专题讲座，慢慢社区认可我们的活动了，我们才通过街道去找妇联，这样就方便多了。因为他们看到我们的确和一般社区做的工作不太一样。我们 2007 年 9 月就开始在社区开展活动了，注册是 2008 年 5 月的事情了"。

因为双重管理制度的长期存在，依赖市场自发形成的社会工作机构成立之初与政府就没有直接的关系，由于很多政府部门并不十分了解社会工作机构，因此，本着"多一事不如少一事"的原则，不情愿成为这类无任何政府背景组织的业务主管单位，更不愿意以业务主管单位的身份给他们带来麻烦和责任。他们本着实用主义的原则，看到机构服务的确对其政绩有帮助或有利时才逐渐改变态度。这类机构按照准市场化运作的方式生存，在成立之初没有或很少得到政府资金和其他支持。

例如，JR 社会工作服务社理事长所说：

"如果是论前期的资金来源，最早的一批是理事们个人出的，业务主管单位是没给什么支持的。还有就是香港陈一心家族基金会的项目申请，总共有两笔，一共有 21 万元或 22 万元"。（问：这个项目是通过什么渠道获得的呢？）"因为我们主要是做学龄前孩子的，帮我们义务开过讲座的一个老师告诉我们有一个项目可以申请试一试，当时我们也没其他的资金来源，只能尽力去试一试了。"

HM 社会工作服务中心则采取了更为主动的面向市场的方式。HM 社会工作服务中心总干事说：

"我大学毕业后一直在深圳做社工，对社工还是挺有感情的。深圳社工在当时发展很快，当时就有了自己成立一个机构的想法。最先考虑在深圳成立一个机构，但是深圳机构比较多了，竞争肯定就会激烈，后来就来了 HZ，因为 HZ 当时还没有这类机构。成立过程还是挺顺利的，市里面没有机构，很希望有人能成立一个，但是成立的时候市里就明确告诉我，现在市里面没有什么项目和经费可以给我支持，那就意味着所有的都是我自己去争取和寻找。我注册的是市级层面的，注册资金要 3 万元，这些费用全部是我一个人自己掏腰包的。机构成立后大半年都是没有项目的，但是房租、水电、物业等费用都是要交的。我在深圳的后两年一直在机构做管理工作，还有就是负责对外项目争取的工作，所以对于争取项目还是有些经验的。我就把所有有可能需要接触社工的部门列一个名单，像民政、妇联、残联、司法所等，市里、各县区的都在里面，然后就每天按照名单去各个部门拜访，随身带点自己的名片和机构的宣传资料，去向别人推荐自己，让别人知道有我们这个机构。过程很复杂，就像搞推销一样，其实机构推销的就是服务，中间也碰到很多问题。懂的就聊，不理我的，丢下材料就走，也少说废话，省得别人烦。"

由此可见，部分准市场导向自发型社会工作机构在成立之初就具有比较强的主动性，机构成立后运作资金来源稍微多元化一些，有从基金会申请的项目，有政府购买的服务项目，还有个人捐款。这类机构基本上是个人投资或社团主导成立的，如 AD 慈幼院就是由一基金会成立的。

通过以上对社会工作机构类型学的分析可以发现，中国社会工作机构由于产生渊源、生存环境、组织特征的差异在独立性上呈现出很大的不同。在这三种类型的社会工作机构中，后两种类型是纯粹意义上的民办社会工作机构，从理论上来说，属于"私部门"，因而通常注册为民办非企业，而政府主导成立的社会工作机构理论上属于"公部门"或者属于"从公到私"的过渡阶段，但注册仍然是民办非企业。从注册性质上来看，他们是一样的，表面上看只是管理上的区分，但是实践中这些差别却极大地影响了机构的未来发展，决定了他们是否能拥有持续的资金、较为正统且合法的地位。通过三种社会工作机构发展类型已经可以清楚地看到其不同的生成路径和运作轨迹，属于同种类型的机构有着相近的背景特征，但是"人们总是基于所察觉到的环境条件和组织目标采取行动的"（Hall，2002）。由于地域资源和地方政府理念的不同、地方经济发展水平与财政实力雄厚的不同，即使是同一类型的机构在发展样态上也会呈现出细微的差别。

例如，JGSG 服务中心和 BH 社会工作服务社都是政府主导内生型的机构，但是 JGSG 服务中心地处苏州，地方经济实力雄厚，所以政府行政拨款力度较大并且常规化，机构有能力聘用大学科班出身的社工人员，通过购买专职社工的方式来提高机构人员的专业化程度和技术性水平。

JGSG 服务中心理事长说：

"我们机构有 7 名专职社工，待遇与福利院现有事业编人员差不多，在我们这个地方算是好的。当时招聘时，很多社工专业的毕业生都来面试，可能就是冲着我们在市福利院内办公，感觉像政府的公务员。财务和行政上都靠福利院的既有资源。"

而在经济欠发达地区，机构或相关福利部门支付给社工的工资通常较低，专职社工在机构工作感觉无法找到自我价值的平衡点，想招到合适的社工很难，因而鼓励体制内人员通过考取社工资格证进入是这类机构采取的现实路径。

BH 社会工作服务社总干事说：

"机构里面共 9 个人，2 个男的，7 个女的。就我一个人是事业编制，其他的都是考取了社工资格证招聘进来的（没有专业社工背景，只是通过了资格考试），月工资 1000 元。我们机构很难招进来专业社工背景的人，即使是招聘进来，干了一段时间，人家觉得又累待遇又差，后来就不干了。在我们这个县，也差不多就是这个待遇。县民政局资金也有限，只能付得起这几个人这种水平的工资。"

通过以上分析可以看到，中国社会工作机构发展仍然处于初期，生成路径存在很大不同。同类型的机构在不同地域资源和地方政策影响下专业化程度也有差异。当下，中国社会工作机构类型上呈现出复杂性，是一个鱼龙混杂、良莠不齐的发展样态。由于官办社会工作机构在生成路径上与民办社会工作机构有很大不同，后期所能获得的资源等也不尽相同，所以本研究中以民办社会工作机构作为重点的研究对象，官办社会工作机构仅作为参考。

## 第三节 民办社会工作机构的生存困境

虽然，社会工作机构在中国的发展较为复杂，但是民间的力量是最活跃的，任何有发展空间的地方都有可能出现它的身影。在市场经济改革为各行各业带来发展机遇的同时，在国家福利理念从补缺向普惠转变的同时，民间力量开始在政府干预减弱、市场发展和民众需求高涨的条件下迅速成长，但作为提供专业服务的社会工作机构而言，它的发展却显得步履蹒跚。分类控制体系的提出改变了过去政府与社会组织关系一元化的论断，引导人们从动态视角出发来观察社会组织与政府间的关系。它认为政府根据民间组织的集体行动能力尤其是政治权威的挑战能力以及提供公共服务的性质、数量和质量来实行"分类控制"的管理方式（康晓光，席恒，2005）。按照这种观点，作为对政府挑战能力较弱，同时又提供社会发展所需公共物品、吸纳社工就业的社会工作机构，政府理应采取支持和扶持的策略，对其监管最松，因为有需求，市场份额应该也不小。与此同时，政府购买服务政策的出台与实践推进好像让人们看到社会组织有了越来越广阔的发展空间，在福利提供中二者平等伙伴关系的形成指日可待。然而现实真的如此乐观吗？深度访谈的资料向我们展示的是：社会工作机构特别是民办社会工作机构在总量不断上升的表面繁荣下掩盖的是其生存上的种种困境和发展中的步履维艰。因此，这一节就要进入实践，看看这些社会工作机构在发展过程中到底面临着怎样的困境。

### 一、民办社会工作机构困境类型

组织的行动能力与其资源动员能力关系密切。在其他条件相对稳定的情况下，组织获得的资源数量多少决定了其行动能力的大小（田凯，2004）。政府主导成立的或事业单位转制的社会工作机构在政府的母体内诞生或脱胎于政府，因此，发展过程中得到了政府的大力支持，很多问题相对来说比较容易解决。而政府支持合作型及准市场导向自发型的机构是纯粹意义上的民办社会工作机构，与政府主导内生型的社会工作机构相比，它们在生存发展中遇到了更多的不可回避的问题，发展步履维艰。

1. 有机构而无服务

虽然很多民办社会工作机构已经注册，甚至其中部分机构得益于社会工作人才建设试点的推进和地方社会组织培育项目的大力支持，初期得到相关部门的物质支持，包括为其提供部分办公场地，不需要交纳水费、电费、房租等；从组织结构层面看，调查的机构多是组织结构合理、内部治理严谨、秉承社会工作专业理念的机构，因为悬于墙上完整的组织架构图、服务项目、机构宗旨等象征性的文本似乎时刻在向我们说明这一点。然而机构宗旨的实现得益于服务项目的开展或服务项目的落实，实际调研中发现，很多机构很少开展专门的服务或者从来就没有开展过服务，多半是"空架子"，如 HY 社会工作服务社和 WHX 社会工作服务社。其中 HY 社会工作服务社注册成立于 2010 年 1 月，是该省首家民办社会工作服务机构。该机构名义上有 17 人组成的专业社工队伍，其中专职社工 1 人，社会工作本科学历，是区社会工作协会的工作人员，兼任机构的行政工作；其他的督导及社工共 16 人，以该省师大社工系的老师为主，均为兼职，同时该机构有一支由师范大学社会工作专业学生组成的志愿者队伍。

关于成立后为何没有开展服务或者开展服务很少，HY 社会工作服务社总干事做了这样的解释：

"我们这个地方经济发展水平一般，不像深圳、上海那边，所以政府购买服务还只是停留在宣传层面上，并没有真正进行。因为我们是依托 Y 区成立的，所以社区如果需要一些服务，我们还是尽量去做的。因为我们有学生，所以也不需要太多成本。机构成立最初没什么项目，都是在社区搞些活动。在社区也发现一些有需求的群体，想做方案设计和服务项目，可是没有钱根本没法做，学生做也是作为实习来要求的。如果真是在开展个案或小组活动过程中产生的费用基本由区社会工作协会支付，因为每年区社工协会在开展活动方面均有预算支持，预算一年大约 600 元，支持力度较小。面临大型活动组织资金短缺问题时，我们机构可以通过打报告的形式向区社工协会或区民政局额外申请经费，这些都具有很大的不确定性。如果有政府购买服务，服务社完全可以承担一些社会工作的专业服务项目。因为我们的很多兼职人员都是高校社工专业老师，有很丰富的专业知识。"

追问：为什么没想到向基金会等申请项目来获得资金呢？

HY 社会工作服务社总干事说：

"申请一些基金会的项目也不是那么容易，我们一方面不知道什么时候会有这个信息，还有就是机构成立时间不长，这样的项目申请对服务方案等要求、考核也是比较严格的，对于初创期的机构来说还是比较困难的。"

俗话说："巧妇难为无米之炊"，没有资源，组织无法开展任何活动，生存都成问题更谈不上发展。正如 HY 社会工作服务社总干事所述，阻碍机构无法开展服务的主要原因是缺少经费、无米下锅。按照总干事的陈述，原因是多方面的，包括机构缺乏项目申请的相关信息及平台、政府购买项目还停留在政策倡导等，使得机构的资金来源十分单一，从区社会工作协会获得资金支持是其唯一可靠的活动经费来源。在社会管理推动的大背景下，基层政府把社会组织数量纳入考评体系，在数量标杆的指引下，地方培训出现重数量而轻质量的培育态势，很多组织根本无法承担社会所赋予的职能，可持续发展更是无从谈起（许小玲，2013）。类似这样的空壳社会工作机构在中国并不是少数，WHX 社会工作服务社发展中遭遇的情况与之类似。

WHX 社会工作服务社成立于 2010 年 4 月，也是当地民政局推动由师范类高校社会工作专业的老师兴办的。机构一直秉持助人自助的社工理念，其宗旨是立足 W 市，探索民间社会工作服务机构的发展模式，为社会弱势群体提供专业的社工服务。以人为本、服务社会是机构的核心价值。机构名义上有社工及督导 9 人，可实际上能坚持工作和参与的就理事长一人，临时会有该专业的一个本科生和一个研究生来帮忙。机构从成立之初到 2013 年上半年，没有固定的办公场地，借用系里的办公室。直到 2013年下半年，Y 区成立社会组织培育中心，培育了几家公益组织，Y 区民政局给了一个大的办公室，几家机构共用一个办公室。

该服务社理事长描述道出了目前所谓的"半死不活"的境况：

"就拿我来说吧，我的职业是老师，平时还要做机构这里的工作，毕竟精力有限，一心不能多用，实在没精力，也想脱身出来，招聘一个专职的人员来做。若要是有一个专职人员全身心投入到机构上来，肯定要比我现在做得好，但是没钱呀，有谁愿意来呢？一开始系里很多老师还很热情，做兼职当督导，可是现在做这么多，学校一点都不承认。科研做得不好、文章发不出来，评职称的时候不还是一样的，慢慢地现在都没人愿意来做了。"

这和王思斌（2013）研究中所说"既是机会又是陷阱"这一世俗化的描述是一致的，"是机会"说明高校教师希望通过机构这个服务平台促进社会工作教学、发展社会工作专业、实现自己的抱负；"是陷阱"则表明对于高校教师而言创办机构可能带来的风险，包括受到大量繁杂琐碎事情的拖累而耽误了科研，付出在既有考聘体系中得不到认可和承认。

当被问及没有专职人员和兼职人员有项目怎么开展呢？WHX 社会工作服务社理事长说：

"哪里有什么项目。虽说机构成立时民政局给了些支持，可后续根本就没什么支持。实在没办法就是我们主动去找民政局。既然他们让我们成立了，总得给点支持，不能让我们死了，找多了总会给一点项目的，一般都是 3 万元、5 万元的，这个都是不确定的。如果有项目就带着学生做，因为我们有很多本科生还有研究生，让他们做项目就当实习了。到年底的时候买个小礼品什么的，没给过什么补贴，关键是也没有更多的钱专门用作补贴。"

从以上 WHX 社会工作服务社理事长的访谈中可以看到，虽然是政府支持成立的社会工作机构，可是后续的发展过程中仍然困难重重，机构人员的双重身份使之无法全身心投入到机构的运营中去，这或许在一定程度上影响了机构的发展。

HY 社会工作服务社和 WHX 社会工作服务社都是 2010 年成立，虽是专业性服务机构，但很少开展服务，可是至今仍然能够存在，这值得深思。而 HY 社会工作服务社所在省社会工作处处长给出这样的解释：

"HY 社会工作服务社主要以学校的老师为骨干、学校的学生为支援，还有就是依托我们作为 Q 区社会工作人才队伍建设示范点。它这里的社会工作氛围是他们自己打造出来的，也是他们自己建立起来的，应该说，宣传的力度以及老百姓对社会工作的知晓度和认可度基本形成了。现在缺少的就是政府购买服务，现在它为什么存在，一方面，是平时开销不大，场所设在我们这个地方，场所也是政府扶持的；另一方面，服务社和社会工作协会基本上是两个并一个，所以在业务上服务社也能转接一下，社工协会也可以转接给服务社。"

而 WHX 社会工作服务社理事长一直都想把这个机构给注销了，但是她发现现在想注销也很难。正如她说：

"干这个活现在是出力不讨好，我现在想把这个机构注销不干了也注销不了。政府也好，领导也好，只是从他们自身的需要出发，觉得要搞创新，感觉有个机构就是创新嘛。他们在写报告或者汇报的时候就可以说了，在政绩方面作用就达到了。至于机构后来发展得怎么样，他们根本就不关心，也没哪一个领导觉得这是他们的事情。"

由此可见，HY 社会工作服务社和 WHX 社会工作服务社的存在不在于为居民提供所需的专业化的服务，而在于它的象征意义。很大程度上它的存在是为了证明政府探索欠发达地区培育发展社会工作专业服务机构是卓有成效的。而机构"以人为本、助人自助；立足社会，发展专业；服务民生，促进和谐"的宗旨和为专业咨询、培训、评估、督导服务及运作社会服务项目等内容则成为一种摆设，成为机构"自娱自乐"的事情，他们存在的象征意义远远大于实际意义，可以说是地方政府政绩得以体现的一种道具。

2. 挨饿与青黄不接

与上述有机构而无服务的"空壳机构"比起来，能够承接政府购买服务项目的机构显然要幸运得多，生存状况也应该好很多，因为至少能够通过服务项目去践行机构的宗旨，提升社会对机构的认知度，也通过提供专业服务向政府证明自己的价值所在，得到政府的认可以便后续获得政府更多的支持。但是这些机构也面临挨饿的生存窘状，陷入发展的困局。调研中很多民办社会工作机构都存在挨饿的现象，温饱是他们期待的最好结果。

MS 社会工作服务社负责人在接受深度访谈时说：

"我自己有工作，不从机构拿一分钱工资，那些督导因为是兼职的，也几乎不拿钱，最多是每月报销20元的通信费，所有的经费都投入服务项目中。除了人工工资外，一个项目做完，经费也用得干干净净，有的项目做完还亏本。因为就是政府购买，在初期他们认为钱都是用来买服务的，所以项目经费中绝大部分都是用到具体服务上了。但是项目需要管理，管理就需要管理费，需要有人去做，有的项目也预留了管理费，但是太少了，根本不够。有时候一段时间没有项目，但是聘用的专职社工工资要发放，一个人的工资除了交各种保险之外，还得有将近2000元。不能说没项目就不要这些人了，等有项目再招聘吧，这显然是不可能的事情。仅这几个人每月的工资有时候都发不出来。"

由此可见，购买服务项目中存在管理费用比例偏低的情况，影响了机构的项目运作和总体资金的使用。有了政府的购买固然是好事情，但是由于政府购买资金迟迟不到位，民办社会工作机构也经常陷入青黄不接的困境。因为，通常购买合同正式审批通过，先拨付部分首批项目经费，余下经费要经过项目评估合格后分期拨付。即使是项目评估完成后，还要经历多个层级部门最后才能到机构，这是一个耗时极长的拨款过程，环环相扣的拨款程序使很多项目陷入"断粮"的困境。

JA社会工作服务中心助理总干事说：

"有时候项目做到了一半，政府的钱还没有到位。你不能说不做了，停下来吧，只能继续做，但是社工的工资要发吧，他们一直在干活。因此，只能把别的项目的钱先拿过来用，拆西墙补东墙。有时候连拆都没有地方，就得理事长自己掏腰包。"

民办社会工作机构购买中除了以项目的形式来购买外，还有购买机构的社会工作岗位，购买的岗位一般多是在社区或者指定的组织内部。与政府购买项目相比，政府购买岗位的情况是不是与此不同，会有更好的效果呢？

AL社会工作服务社总干事说：

"我们机构有政府购买项目的，也有政府购买岗位的。比如市民政局购买岗位的，钱是民政局按月拨付到机构的，由机构统一发放给工作人员。但这个钱也不是都能每月及时拨付到位的，因为民政局的钱也要市财政拨付。很多时候我们只能去找民政局协商沟通解决，也不能把机构社工都从岗位上调回来。先说好话，安抚社工，实在不行就把机构其他的钱先拿来用，毕竟，社工也要吃饭。也不能和民政局他们把关系搞僵了，否则以后怎么办。"

从以上访谈资料可以看到，在"政府主导，民间运作"这种工作思路的引导下，政府财力的投入理所应当地成为当下民办社会工作机构资金的重要来源，它成为限制民办社会工作机构发展的一种硬性约束。由于政府购买是诸多机构资金的主要或者唯一来源，因此，大多数民办社会工作机构处于"靠天吃饭"的生存状况，"靠天吃饭"则成为这一行业普遍的心理呈现。对于机构而言，与政府互动时保持一种低姿态是他们和相关政府部门维持和谐关系时唯一能做的。

### 3. 社工的守候与离开

社会工作机构与其他服务类社会组织的一个区别就是它的社工理念或者说专业服务方法，也就说用西方社会工作的理念、方法来进行本土化的尝试，解决中国的实际问题。因此，专业性是它存在的价值和意义，也是其安身立命的根本，而专业性的人才则是服务专业性的前提保证。虽然人员的专业性并不能与专业能力和专业技术相等同，但是从人力资源的角度考虑，"员工素质和认同是考核非营利组织的重要指标之一"（吕育一，1992）。但是，很多机构的社工经历了从热情高涨到热情消退再到迷茫的心理历程，他们在坚守与离开中徘徊和挣扎。

HM 社会工作服务中心社工说：

"我本科读的社工专业，当时被调剂到这个专业的时候还是有抵触情绪的，可经过一段时间的学习慢慢产生了热情。虽然毕业时班里很多同学都从事了和社工没有任何关系的工作，但我还是坚持下来了。工作后，就想把学到的东西都用出来。例如，在开展活动的过程中，发现了很多需求，就写了很多项目计划书，比如关于空巢老人、独居老人的项目，可是机构没有经费，外展支援项目审批很难，几乎没有可能，所以很多项目因此被搁置，觉得自己做的都是无用功。刚开始，还觉得倍受打击，现在已经习惯了，现实就是这样的。"

JA 社会工作服务中心社工说：

"对目前的工作感觉不是很满意。有一些跟自身能力有关，也是教育脱节等无法避免的。还有就是社工是个新兴行业，很多人都不了解，比如搞活动招募组员，需费好大劲给别人解释社工到底是什么，能做什么，不像医生、律师大家都知道是做什么的，现在社会对社工认知度还是很低的。社工工资也低，福利就更谈不上了，流失率很高，尤其是像我这样的男生做社工的更少。很多时候自己都迷茫，不知道要不要坚持下去。"

当问及什么促使你继续做下去呢？AL 社会工作服务中心社工说：

"怎么说呢。毕竟自己还年轻吧，感觉四年就学了这个专业，还是想做点事情的，也想证明自己学的东西是有用的。去年和我一起来的人，现在就只剩下我一个了。这个行业人员流动还是比较频繁的吧。因为你需要面对很现实的问题。一个人吃饱不饿，我可以坚持，我可以说我有理想，但是当有了家庭以后你就不是你自己了，一定要考虑家庭。以现在的水平，仅能养活自己，养活一个家庭很难。"

从以上机构社工的访谈中可以看到，较低的工资待遇、社会认同度低和不理想的成长环境使很多社工处在继续坚守还是默默离开的挣扎中。虽然从大的环境来看，2009 年 10 月发布的《民政部关于促进民办社会工作机构发展的通知》鼓励相关职能部门通过购买服务的方式让民办社会工作机构参与到福利服务提供中，也鼓励社会工作专业教师依托专业资源创办社工机构。但是政府政策的强烈倡导并没有引导更多的专业人才流向社会组织，很多社会组织面临的仍然是人才缺乏，许多精英仍然流向企业和政府，而留在社会组织工作的职员往往缺乏相应的能力建设。内部圈子经常流传的一句话道出了组织发展面临的人才困境，即一流人才去政府，二流人才去企业，三流人才到 NGO。虽然在实际工作中，社会工作机构的专职社工表现出比一般组织员工超常的热情和忍耐，但人们对其常见的批评与质疑仍然体现了整个职业群体的素质。在工资等物质方面无法保证的情况下，很多机构负责人为了留住人也花费了不少心思，正如 HM 社会工作服务中心总干事说：

"政府是机构目前唯一可能的资金来源，我们没什么钱，要想留住人只能用情了。平时多和机构里的社工谈心，用自己的心跟他们相处，这样也能起点作用吧，只要你愿意干，我们都希望能干下去，精神要保障，物质以后也要慢慢想办法保障，毕竟社工也要生活，租房、吃饭哪样不需要钱？"

还有些机构尽可能动用一切力量给机构社工提供培训和学习的机会，MS社工服务社理事长说：

"现在不是有MSW（社会工作硕士）嘛，我们也鼓励社工去考，想着如果考上能回来继续服务，就象征性地给出一部分学费。可前提是机构得有更多的资金，否则也没办法落实。"

也有机构负责人极力在为机构社工争取更好一点的福利待遇，如AL社会工作服务社总干事所说：

"人员不断更新这是事实。我们也在向政府说明每年在提高政府购买社工岗位的费用，把他们的待遇一点一点往上调。去年一个岗位才4万元，今年是5万元，希望明年能提高到6万元，包括所有的费用，其中5000元是机构的管理费。希望通过我们的努力，在街道购买岗位时能有所提高，给社工好一点的待遇。否则刚把一个社工培养好，马上就能独立负责一个项目了，人走了，重新再招一个员工，还需要一个很长的培养周期。钱比较少，就得让社工觉得有一个更快成长的空间，让他觉得自己虽然钱拿得不多，但是能学到些东西。"

## 二、民办社会工作机构生存之困的核心

从以上分析中可以看出，民办社会工作机构在生存中遇到了很多的问题，包括有机构而无服务、经常遭遇"青黄不接"以及机构专职社工流失率较大等问题，这些都是机构生存中的表象，而导致这些困难的根本在于机构的资源匮乏。俗话说"巧妇难为无米之炊"，资源是机构生存发展、实现其价值目标的基础。发展的不同导致了社会工作机构的分化与多样化，而这种发展的不同首先或者直接体现在经济实力上的差别，这种差别使民办社会工作机构比政府主导内生型的官办机构生存之路更加坎坷，正如很多民办机构负责人所说："出身不同的机构根本就不在同一条起跑线上"。

ZQ服务总社总干事说：

"我们服务社在市一级叫总社，区县一级叫分社，在街道社区成立工

作站。服务人员中80%以上在工作站，工作站是一线。共有12家分社，分在5个县和7个区，每个分社3~4个人。工作部门都是设在街道职能部门下，由街道提供办公场地。社工的编制不属于服务总社，而是在禁毒办。我们各区县的分社其实也是独立的法人，他们是在各自区县民政局注册的，工资走财政预算。工资属于中等偏低吧，虽然不是很高，但是很稳定。配套的东西都有，包括办公室、电脑等。这些都不用我们发愁。"

MS社会工作服务社社工说：

"我们服务社属于先开展活动后注册的。一开始是让学生实习的时候去社区收集老年人的社区需求，最后根据需求把服务定在居家养老服务。开始时特别困难，我们服务社没有固定的或总的办公的地方，只是在各个社区的服务点有一个很小的办公场所，这也是我们和社区争取很久才实现的。等我们开展服务有一定效果了，区民政局才答应作为我们的上级主管单位，才注册成功。机构开展服务的过程中，问题比较多。首先是资金的问题，因为没有钱，机构的人员工资、日常开销都成问题。政府项目给的钱远远不够，只能用来做项目，可是办公经费、管理费等也要钱呀！我们和那些政府办的社工服务机构是没法比的，我们买个什么东西都要钱。你和别人讲奉献、讲服务人家不理你。"

ZQ服务总社属于政府主导内生型的社会工作机构，在服务社总干事看来，政府的资金支持保障了其运行和发展。而与此相对照的是个人兴办的准市场导向自发型的MS社会工作服务社，它的境况就更差些，在机构社工看来，它与政府主导内生型的社会工作机构无法相提并论。

调查中发现，大多数政府主导内生型的社会工作机构表面上都是民办非企业，是独立的法人，但是因为脱胎或生成于原有的政府系统内部，业务主管单位就是原有的上级部门，所以实际上并没有与之完全脱钩，这使其在资源传递和信息递送方面存在千丝万缕的联系，调查中YJX社会工作服务室、BH社会工作服务社、SZ12355服务台、JGSG服务中心、ZQ服务总社都属于这种情况。SZ12355服务台最初属于团市委，后来独立出来注册成了民办非企业，团市委权益部理所当然地成为其业务主管部门。成立之初通过团市委向市信息办申请过两笔资金作为启动资金，开展活动主要依托团市委的资源，一个预防青少年违法犯罪的办公室设在团市委，还有未成年人保护办公室也是在团市委，后续的发展还是依托团市委向司法局甚至人大、政协去协调，800 平方米的办公场地就是通过司法局的渠道解决的。尽管该机构的发展没什么起色，不温不火，但是仍然在坚持，用机构社工的话来说："也不指望我们能赚钱，只要有几个人在这里坚持着工作就行了。"

而政府支持合作型和准市场导向自发型的社工机构大多属于个人投资兴办的，隶属于民办社会工作机构的类别，除了 AD 慈幼院是基金会组织兴办的之外，其余的都主要依靠自己筹措资金，基本上都属于孤军奋战，没有政府相关部门直接依靠，在经济实力上与"官办"政府主导内生型社会工作机构无法相比，在经济实力上就比他们差一大截，虽然资金来源相对多元，但政府购买服务仍然是最主要的，而项目申请和与企业合作都是辅助性的，这些项目的申请也很困难，有时候一年都没有一个。AD 慈幼院比较特殊，因为它隶属于一个基金会，且此基金会有宗教背景，在国内发展很好，影响力较强。基金会较强的资源筹措能力和外部良好的声誉使之资源比较充裕，智障儿童服务性收费并不是机构主要的收入来源。事实上，机构负责人也称，若是没有基金会的支持，仅靠 AD 慈幼院自己早就撑不下去了。

在实践中，出身上的差别带来的不仅仅是经济实力上的不同，更多的还是反映在"机构"与"政府"的关系中，这些进一步影响了机构的社会合法性和政治合法性。在中国这样权威型政府的社会中，政府掌握更多的资源，"出身"实质上决定了机构的社会信任度，进而与政府形成了亲疏远近的不同关系。这种先天赋予的"等级差别"很难通过后天努力去改变，除非政策环境有大的变动。

事实上，在社会工作机构发展初期，鱼龙混杂，"公"与"私"的差别明显存在着，更多也还是公私混杂。对于民办的社会工作机构而言，政府的政策虽然是倡导，但是却没有明确哪些部门有责任和义务扶持其发展，因此能否发展起来完全看机构自己。虽然政府购买服务是支持机构发展的重要举措，但是是否购买、购买什么样的服务、购买多少等则完全依赖政府的态度。总之，政府支持合作型和准市场导向自发型的社会工作机构实质都属于民办社会工作机构，它们由于出身的不同，与政府主导内生型的官办社会工作机构在资源上无法相比，遇到了更多的问题，而资源之困成为阻碍它们生存和进一步发展的核心问题。

# 本章小结

本章主要是对中国社会工作机构发展的多元面向做了一个描述。首先对中国社会工作机构发展历程进行梳理，然后描述中国社会工作机构发展的多样化以及民办社会工作机构的生存困境。

第一，中国社会工作机构的发展可以分为三个基本阶段，即萌芽阶段、初步发展发阶段和快速发展阶段。整个发展进程呈现出三个特点，即社会工作机构的发展与政府福利意识的转变密切相关、社会工作机构的发展与中国社会工作职业化推进密切相关以及社会工作机构发展中的政府主导性。

第二，在这种背景下，中国社会工作机构发展主要有政府主导内生型、政府支持合作型和准市场导向自发型三类。由于产生渊源、生存环境、组织特征的差异这三类机构体现出不同的独立性，而后两者就是本研究中的民办社会工作机构。中国社会工作机构类型上呈现出复杂性，是一个鱼龙混杂、良莠不齐的发展样态。

第三，民办社会工作机构在总量不断上升的表面繁荣下掩盖的是其生存的种种困境和发展中的步履艰难，具体表现在有机构而无服务、挨饿与青黄不接以及社工的守候与离开。这些是机构生存困境中的表象，而导致这些困难的根本在于机构的资源匮乏。

# 第五章 "开"源"节"流——资源匮乏下民办社会工作机构的策略行为

从第四章可以看到，民办社会工作机构发展过程中面临着多重困境，而资源匮乏是其核心之困。正如有研究观察到的那样，广东省民政厅内部统计资料显示，省内民办社会工作机构主要通过承接政府公共服务提供来获得资金支持，超过半数以上民办社会工作机构仅通过政府购买服务一种方式获得资金支持，90%以上机构没有自营收入，资金来源较为单一，生存较为困难（肖小霞等，2012）。而民办社会工作机构生存困境下的实际运作状态则较少进入研究者的视野。由资源依赖理论来看，面对环境的约束，作为行动主体的组织会主动采取各种战略来对环境进行管理和控制，从而减少来自外部环境的制约，民办社会工作机构亦如此。面对资源之困，民办社会工作机构在现实情境制约下会采取多种策略行为来应对无奈的现实，适应既有的生存环境，进而保证能有效生存并发展。在哈贝马斯看来，社会行为可以分为交往行为和策略行为，而策略行为是一种与交往行为相对应的，以达到理解为目的的行为衍生物，各种策略因素能够被使用的前提是它们是达到直接理解这一目的的手段（哈贝马斯，1989）。而民办社会工作机构的各种策略行为正是他们对现实情境理解后的一种结果。本章以深度访谈为主，以一般性访谈为辅，试图回答民办社会工作机构在资源匮乏的情况下维持生存的具体方式，以及这些策略行为对于民办社会工作机构的生存逻辑产生了怎样的影响。

面对资源之困，民办社会工作机构可以通过多种方式来增加机构资源总量。在使用的手段中既包括正式手段，也包括一些非正式手段。前者是依托正式的规章制度、程序来获得生存和发展的资源，如通过正常程序申请中央和地方的各种项目、国内外基金会的项目以及参与政府各种项目的购买和公益创投。而后者则是在正式的规章制度之外借助一些非正式的渠道来获取资源，从而维持日常的运作。但在深度访谈中，机构通过正式手段获得资源改变困境的实践并不理想。正如 JR 社会工作服务社理事长所说：

> "现在政府购买大多是委托而非招标，表面上程序很规范，实际上却不是那么回事，对于这些，圈子里的人都心知肚明。就是参与中央项目的申请也不完全是看机构的服务质量和专业性，还要靠和'上面'的关系，他们的推荐意见很重要的。"

由此可见，正式的手段在解决机构资源之困方面效果并不是很理想，这就为一些非正式手段提供了用武之地。民办社会工作机构在面对资源之困时的策略行为主要体现在两方面，一是开源，二是节流。关键的问题在于如何"开"和如何"节"。

# 第一节　争资跑项

面对资源紧张的局面，如何获得更多的资源成为摆在民办社会工作机构面前的难题。在缺乏制度性资金供给渠道的现实条件下，无论是从市场、社会还是政府渠道，只有能获得资金以维持生存才是最重要的，也是最现实的，因此，"找钱"而非"服务"就成为民办社会工作机构运作的主要内容之一。虽然准市场导向自发型的社会工作机构有部分资金来源于国际基金会项目的申请，但是国际基金会的项目申请一般都有十分严格的评估体系，在本土社会工作机构发展的初期，大部分社会工作机构距离这种标准相去甚远。因此，从国际基金会获得项目支持对于成长初期的社会工作机构而言是可望而不可即的。而民办社会工作机构是在政府购买下迅速成长起来的，因此，想办法从相关政府部门获得购买项目资金支持是民办社会工作机构在"开源"中的重要策略。

## 一、作为资源的私人关系

争资跑项的重点在于"争"与"跑"。从机构的实践看，机构的资源总量在很大程度上与机构负责人个体"争"与"跑"的能力有关。一般情况下，机构负责人个人能力越强，机构资源也会越多。在政府购买尚未规范化和制度化的条件下,很多时候政府对社会工作机构拨款或购买服务带有偶然性,能否获取政府的资金,更多依赖于社会工作机构的运作能力以及社会工作机构负责人与政府官员的私人关系,而不完全是社会工作机构提供服务的质量和能力。当问及机构项目是以何种方式获得的,大部分机构给出了如下的回答。

JR 社会工作服务社理事长说:

"都是以委托的形式进行的,在本地能做学龄前服务的社会工作机构不多,还达不到招投标要求的数量,而且不熟悉的机构他们也不放心。"

MS 社会工作服务社负责人说:

"大部分都是委托的形式。因为我们是在 S 区注册成立的机构,S 区民政局和各个街道的项目一般都是直接找我们,因为他们对我们比较熟悉,也比较信任我们。"

HM 社会工作服务中心总干事说:

"开始政府部门没有统一,都是委托,去年(2013 年)才开始有招标。其实招投标最害人。(问:为什么呢?)外表合法了,可是干的却是最不合法的事情。委托呢,委托人还是有责任的,还不敢乱来,通过招标呢,购买方涉及了很多部门,反倒是大家谁都没有责任了。(问:什么意思?)招投标的,定谁是采购中心说了算,采购中心对社工这个东西是一无所知的,它完全是按照工程类招标的方式进行的,表面上看好像程序合法了很多,可是很多时候违背了购买方的意愿。委托则是由民政局具体负责,他们好歹懂一点社工的东西,对相关机构也有一定的了解,从专业性来讲会好一些。"

XHX 社会工作师事务中心社工说:

"机构项目购买也是在 H 区民政局的牵头下发动起来的。多是以委托的形式开展的,民政局牵头,机构会先与社区协商,共同确定购买项目。"

通过以上访谈可以看出,以招投标方式购买社会工作服务的方式在中部很多地方尚未实施。虽然实行了购买的招投标制度,但由于中国社会工作机构的发展历史不长,政府从形式上给购买以合法化的身份,但真正的程序公平在机构发展不成熟、不稳定的情况下只能是个摆设。由于注重成本效益，政府购买的只是社工的劳动力而非真正的专业技术。在很多机构负责人看来，通过招投标机制来购买服务这本身就很难发挥择优筛选的功能。因为在实际操作中，作为购买方的政府部门和作为承接服务方的社会工作机构都心知肚明，大家将竞标过程视为一种"走过场"，都彼此明白对方"走过场"的隐含深意。对于购买方的政府而言，投标的关键不在于过程的表面合法性，而在于竞标前与购买方和承接方是否能够达成信任的共识，换句话说作为购买方的街道是否对承接服务的机构感到放心和满意，而这种"放心"和"满意"不是简单地通过一次招投标程序就能了解清楚和加以确认的。因此，重点不在于项目购买是以招投标方式进行还是以委托形式进行的，而在于购买前的彼此了解、熟悉和建立的信任关系。当前模糊发包的治理机制促使地方政府努力把政策执行控制在行政技术层面，避免涉及体制改革，凸显出明显的技术治理特征（黄晓春，2015）。对于奉行"不求无功，但求无过"的基层政府而言，这种购买前熟悉和信任在一定程度上可以降低日后合作的风险，也方便日后对项目的监督、管理和跟进抑或为寻租创造了条件。

在现实运作中，影响政府购买的真实逻辑不容易被外界所观察。因为政府购买在实际中往往呈现出"明"与"暗"两套运行规则。无论是以委托的形式进行，还是以招投标的形式进行，都是以官僚制的逻辑彰显出来的程序化、标准化的规则，也即以招标公告、投标人资格审查、评标等制度化的考核形式，这些彰显的是"公平、竞争、择优"的明规则；"暗"规则是与制度化规定相悖的非制度化、非正式的规则（吴思，2009）。在社会科学研究中，"关系"一词格外引起人们的注意。阎云翔（2000）在《礼物的流动》一书中描述到："搞关系"就是建立关系并维系关系。中国人之所以喜欢讲关系、重视关系是因为国家构成运作、家族的发展兴旺以及个人的改变和流动都与关系密不可分。黄光国（2006）根据人们关系亲疏及稳定程度，把社会中的关系分为情感性关系、工具性关系和混合性关系三种。情感性关系是最亲密和稳定的，一般形成于血缘和姻亲关系上；与之相对应的则是工具性关系，是个体间为了达到某个目标而刻意建立起的，其稳定性差很多；而混合性关系则是兼有情感和工具双重成分之间的一种关系，具有情感和工具的双重功能。在机构"争资跑项"的过程中，这种混合关系的工具性特征就发挥了重要作用。混合性关系大多不以血缘和比较亲近的关系为基础，因此，它不像情感性关系那样稳定，就需要通过不断往来互动加以维继。因此，机构在建立和维持这种关系的过程中也有各种策略和技巧。

JR 社会工作服务社理事长说：

"我们机构刚成立的时候政府部门的人都不认识，因为当时注册的时候 A 省一家社工机构都没有，社工机构只是在深圳有几家，所以在本地是个完全陌生的东西，成立的时候就费了不少周折。中间的手续办理很复杂，每一项都是自己亲自去跑，少什么材料再回来准备。那时候也不像现在和民政局的人那么熟，所以还是比较麻烦的。"（问：后来怎么熟悉起来的呢？）"关系也是一点点建立起来的。刚开始我们在社区搞阅读推广活动的时候他们什么都不提供，因为最初我们的启动经费来自香港陈一心家族基金会的项目，在做项目的过程中街道主任慢慢看出了我们活动的效果，因为我们做的东西不占用社区任何人力，可是有媒体来报道的时候他们都说是社区搞的活动，我们也尽量配合他们，我们的工作也就成为他们工作成绩的一部分。有时候街道领导搞个关于社区建设方面的材料，我也帮他看一看，改一改。这样一来二去就熟悉了，关系就这样建立起来了。后来街道或者区里有什么项目，他们也会事先和我们说，让我们早做准备。"

MS 社会工作服务社负责人说：

"当时创办这个机构是区级层面的，区里当时很支持的，刚注册的时候就有 10 万元的一个养老方面的项目，想把我们作为区政府购买社会工作专业服务创新试点的实验载体。随着项目的开展，和区里的领导都有一些接触，我现在都成了区里那几位领导的秘书了，一有材料就让人来找我写，说我是这方面的专家，推都推不掉。没办法，熬夜加班给他们写。"

AL 社会工作服务社总干事说：

"上次省社工协会申请到了中央财政的项目，可实际做的时候很多工作都是我们做的，他们那里才几个人，根本就做不了。我们这边人手也很紧张，没办法也得抽一部分社工过去帮他们做，因为会长是原来省民政厅退下来的，和周老师之前就认识，机构有些项目还是要靠她的，不情愿也得做呀。"

由以上访谈可以看出，为了让街道或者作为购买方的政府了解机构、信任机构，机构通常的策略都是委曲求全，包括配合政府需要搞一些活动，增加他们的工作政绩、免费或者无偿为街道社区或者关键领导做一些力所能及的工作，这些工作不仅使政府部门加深了对机构的了解，而且在服务的过程中建立起来一种混合性的关系。但是，混合性关系的运作中含有"情"和"义"的成分，并不是一般的赤裸裸的利益交换（翟学伟，2005）。因此，无偿为街道领导或者区领导做一些文字性的工作也不完全是为了哪一个项目去的，而是为后续的合作奠定了良好的基础。

在中国现行体制中，个人行政级别与资源获取之间的关系十分紧密，行政级别越高的人，获取更多资源的可能性也就越大（李路路等，2000）。这就表明，官僚制中的行政级别与对资源支配能力成正比，简言之，行政级别越高，对资源的掌控能力就越强。在实践中，具有一定行政级别的个体对资源的支配能力就是抽象的行政级别与资源控制间正比例关系的一种具体化。由此，我们可以看到机构在建立关系争取资源的时候，呈现出的主要是与拥有资源支配权的部门领导之间的互动，帮街道领导、区领导写材料就是争取建立私人关系的策略之一。

除了与街道、区级领导个人建立关系外，在"争资跑项"背景下，影响机构资源量的另一个因素是理事会中理事的构成情况。

AL 社会工作服务社总干事说：

"我们理事中有来自各界的人士，也包括很多政府体制内的，有省社工协会会长、市社工协会秘书长、B 区民政局局长等，还有媒体界的人士。"（问：理事这样设置有什么考虑吗？）"还是出于资源的考虑，因为这些人都有一定的影响力，后续机构的运行过程都少不了他们的支持，包括资源链接、与相关部门对接等。我们妇联的一个项目就是省社工协会会长出面协调而最终成功。"

SYC 社会工作服务中心副理事长说：

"机构理事中吸纳了政府部门的工作人员，主要是为了后期整合资源的需要，其中民政部门的人员有 3 个，是人事科、社会事务科等的领导。"（问：理事这样设置有什么考虑吗？）"就是争取资源拿项目的时候方便些呗。我们这里有 J 市救助管理站站长，他在 J 市民政及周边地区的影响很大。我们学院院长也是市里很多单位的法律顾问。如果单靠老师，政府资源很难整合。"（问：为什么呢？）"因为老师的社会关系网络毕竟比较薄弱，政府里面的资源整合力度较小。要是社工机构负责人本身资源整合能力很强的话，那么是否需要政府人员的加入另当别论；如果机构没有很强的整合资源能力的人，那么有在政府机构任职的人员且他具有资源整合能力的话，这对机构来说就很重要了。"

HM 社会工作服务中心总干事说：

"机构刚成立时理事会组成人员很不理想的，因为依据自己的经历和阅历，根本请不到合适的理事。我当时来 H 市，又没有什么认识的人，因此，我们机构主要是理事成员资历不高，对社会工作、社会服务概念相当陌生。经过几年，也认识了不少人，这些人也有些资源，或者说现在我自己也积累了很多的资源，对于理事会也该有规划了。"（问：你说的规划是指什么？）"要把那些原来在体制内的，现在退居二线的一些人纳入进来，特别是其中有很多热心社会服务的人，这对机构发展是很重要的。"

由于不健全的购买环境，很多机构在成立之初或者在发展过程中，考虑到日后资源来源情况，把一些潜在的关系通过理事会理事这一职位的设置巧妙吸纳进与机构有关的关系网络中，而这些理事有很多都是政府部门的人或者曾经是政府部门的人。这些人兼有国家和机构的双重身份。在中国的国家单位组织里，处于单位中的人们总与国家某些资源紧密相连，因其在单位组织中的某个重要位置而具有实际处置某种资源的权力（李路路，李汉林，2000）。由于机构的部分理事具有国家与机构的双重身份，在面对机构"争资跑项"请求时，具有资源支配和处置权的理事往往出于其个人的感情偏好，帮助机构将国家"公"的资源导入"私"的机构，或者在此过程中提供各种便利。虽然机构理事每个人手中掌握的资源有限，但是无论是体制内职位高的理事，还是原有体制退居二线的理事，在机构"争资跑项"时都是可以加以利用的宝贵资源。

## 二、以"万变"应"不变"

地方政府在购买社会工作服务时往往根据地方社会发展和政绩需要规定了具体的购买项目，这些项目涉及了社会工作服务的不同领域，而民办社会工作机构在成立时都有自己大致的服务领域或者自己相对比较擅长的领域，或者说有明确的边界，为了获得更多的项目资金支持，维持机构的发展，也为了能在购买中分得"一块蛋糕"，这些民办社会工作机构只能以自身的"万变"来应对政府的"不变"。边界存在于组织与环境之间，是组织生存的基础，它描述了不同组织间的关联，这种关联与其生长的土壤密不可分。

HM 社会工作服务中心总干事说：

"机构其实在成立之初都有自己的重点和领域，但是服务领域未必就是政府认为重要的服务领域，为了拿到更多的资源，很多机构都扩大或调整了自己的服务范围，这也是为了机构的生存，如果机构生存都成问题，还谈什么机构宗旨、价值理念呢。机构以后发展成熟了就会有所区分，形成自己的重点和品牌。"

SYC 社会工作服务中心副理事长说：

"我们机构有自己的服务领域，主要是居家养老，但是这也不是绝对的，因为这段时间没有这样的项目，有其他项目虽然不是机构很擅长的，但也不能不做。之前在做李嘉诚基金会的'唇腭裂家长社会心理支持'、'临终关怀'项目。"

机构以自身的"万变"应对政府的"不变"就是不断扩大或者调整机构主要的服务人群和服务领域。随着中国及世界老龄化的加速，中国适度普惠型社会福利的优先考虑对象就是老人，居家养老就是对养老福利模式的一种探索。各地政府也积极响应，在政府购买服务中加大了这部分服务的资金投入。机构纷纷进行服务领域拓展或者服务转向，进入这一服务领域。如 JR 社会工作服务社成立之初定位是学龄前儿童服务，正是因为机构的宗旨与前期较好的服务开展，后期才获得了香港陈一心家族基金会的项目资助。项目完成，后续没有经费支持，考虑到政府需要和组织长远发展，继而转向了老人服务及相关领域。类似的还有 AYP 社会工作服务中心，服务领域从最初的青少年服务到现在的老人、单亲家庭、失独家庭等。为获得政府资助，一些专项服务领域的社会工作机构做出放弃自己擅长领域的决定。机构的目标与使命是 NGO 的灵魂，也是 NGO 管理者决策过程中最为重要的影响因素（Bernstein，1991）。在面临生存危机之时，多数社会工作机构不得不"为五斗米而折腰"，投入自身并不擅长的其他服务领域，机构做出这样的决定是源于曲线救国的思想。"机构最起码要先拿到项目，活下来，这比什么都重要，没项目还谈价值、使命一点意义都没有。如果别人都是这样，你非要坚持不做，那迟早要被淘汰的，活都活不下来，还怎么谈去实现什么了！"❶

服务领域的拓展一方面是机构发展目标的一种体现，另一方面更是机构在资源这一指挥棒引导下实际运行的真实反映。而实际上，不同民办社会工作机构最擅长的服务或者主要的服务群体应该是相对固定的，不可能无所不包，无所不能。机构所聘用的社工其能力也是有限的，在某一群体服务上可能更擅长或者更专业，在其他群体上未必如此。在实践中很难找到能够包揽一切的非营利组织；相反，任何一个成功运作的非营利组织都会将自己的目标清晰地锁定在某一个领域或某一领域的特定方面。而机构为获得更多资源已不再考虑是否有能力提供专业服务、如何更好地提供专业服务上，而把重点放到先争取到资源维持机构的生存上来。民办社会工作机构"无所不能"的形象建构在一定程度上模糊了它的专业性，作为专业化区分的专业边界变得日益模糊。

# 第二节 厉行节约

## 一、行政管理中的节约

面对紧张的资源，民办社会工作机构尽力通过正式和非正式手段"开源"，但是"开源"的主动权并不完全掌握在机构手中，而且短期内的"开源"也并不能很快实现，因此，"节流"自然而然地成了民办社会工作

---

❶ 引自 HY 社会工作服务社理事长深度访谈资料。

机构面对资源之困的另一种策略行为。

"民办的都很会节约",这是访谈时最常听到的。民办社会工作机构的资金使用大概分三部分:一是日常行政经费;二是人员工资;三是具体服务费用。各地在政府委托的项目中,各项所占比例不尽相同,并没有一个统一规范的标准。访谈中,有的地方在承接政府委托项目时,经费比例是人员工资一般占到六成左右、实际服务费用一般占到三成,还有一成就是管理费。而有的地方的人员工资占比一般不超过35%,志愿者补贴是单独列的,不包括这里面,一般一天补贴50元。管理费一般占10%,剩下的就是直接服务经费。还有的政府委托项目经费比例大概是人工费用最多不能超过30%,服务费用60%,管理费一般不能超过10%。而部分省公益创投的项目中也明确规定不能有任何一部分用于专职人员的工资,都是用于实际服务的经费,只允许5%的项目管理费。而中央财政的很多项目在经费使用规定上更为严格,不允许有专职人员的工资,只允许有志愿者的补贴。由此可见,在政府购买或者委托的项目中,关于各项费用的比例并没有统一标准,但是日常管理费用一般控制在10%之内,包括机构日常运行中的所有费用,如办公费、水电费。在资源成为机构发展中无法逾越的障碍时,想办法从办公经费中尽量节约也是机构在现实中能想到的办法之一。

HR社会工作服务中心总干事说:

"民政局每年给机构30万元的费用,目前有四名专职社工,每年工资总额超过了24万元,外加水电费、办公费等,30万元中能够运用到服务对象身上的经费非常有限,服务数量、质量也受经费限制。我们机构社工平时出去办事,都是坐公交或者地铁,就算很赶时间也很少能打车,因为打车不能报销,只能自己掏腰包。除去人员工资,能用到办公中的日常管理费用少之又少。"

MS社会工作服务社社工说:

"你看这有个空调吧,这是区社工协会淘汰下来的,给我们用了。可是你看我们很少开,平时上班都不用,一般都是用风扇,费电呀!到时侯付起钱来领导又该说了。我们能省的都省了,政府给的钱都是用来买服务的,办公性经费很少的,几乎都没有。"

AL 社会工作服务社社工说：

"每次上级来检查都说我们个案的资料做得不好，文件归档一块弄得不好看。怎么好看呢，个案材料拿到外面做一份彩色封面得要不少钱，工作经费那么少，能省的都省了。我们办公用的纸都是正反面使用的，这面用过再用另一面。我们不比官办的社会工作机构，他们财大气粗，办公经费根本不用发愁。"

从以上社工和机构负责人的访谈中可以看出，与官方背景的社会工作机构相比，多数民办社会工作机构厉行节约是很自然的，因为资金紧张且来之不易，为了能让机构正常运行下去，必须优先保障社工的工资，因此，从日常办公经费中节省或许是最现实的方法之一。节约不仅体现在机构用水用电方面，也体现在办公用品方面。比如很多机构觉得上级部门让填的各种表格太多，浪费纸张。MS 社会工作服务社负责人觉得"上级部门来机构考察的次数太多，不说工作餐吧，来了总要买点好茶叶招待一下吧，这些礼节上的事情还是要做一下的，这些都需要钱，都是需要从办公经费中挤出来的"。

## 二、人员使用上的节约

因为缺乏稳定的资源来源，为了应对服务终止可能带来的风险，除了在日常管理方面节约，同时在人员成本上也进行了调整，使用低酬的工作人员递送服务。克雷默和格罗斯曼（Kramer&Grossman，1987）研究表明，为了在资金有限情况下保证生存，NGO 采取了雇用能够在一定程度上胜任工作的低酬兼职人员的策略来降低成本。节约固然是好事情，它是社会工作机构在资源紧张情况下适应市场生存的理性之举，可是过度的节约也会影响服务质量，有可能带来服务质量的下降，如机构工作人员的兼职化。

调查中，很多民办社会工作机构的负责人或总干事多是身兼数职，一方面表现在机构内部，他们既是总干事、负责人又是办公室行政工作人员；另一方面，在机构之外还有其他角色，有本职工作，做社会工作机构实际上是副业，高校老师成立的社会工作机构多半就是如此。为了节约开支和成本，很多民办社会工作机构没有专职会计，多是志愿者临时帮忙。表 5-1 展示的就是 12 家民办社会工作机构会计的情况。

表 5-1  12 家民办社会工作机构会计情况

| 机构 | AL社会工作服务社 | JR社会工作服务社 | MS社会工作服务社 | HM社会工作服务中心 | SYC社会工作服务中心 | HY社会工作服务社 | HR社会工作服务中心 | SQ社会工作服务中心 | WHX社会工作服务社 | XHX社会工作师事务中心 | JA社会工作服务中心 | AD慈幼院 |
|---|---|---|---|---|---|---|---|---|---|---|---|---|
| 专职会计 | 有 | 无 | 无 | 有 | 无 | 无 | 无 | 无 | 无 | 无 | 有 | 无 |

从表 5-1 可以看出，12 家民办社会工作机构中设有专职会计的仅有 3 家，占总数的 1/4，即 AL 社会工作服务社、HM 社会工作服务中心和 JA 社会工作服务中心。AL 社会工作服务社和 JR 社会工作服务社、MS 社会工作服务社共用一个会计，其中 AL 社会工作服务社有专职员工 27 人，HM 社会工作服务中心有 40 多个员工，而 JA 社会工作服务中心也有专职员工 26 人。其他没有专职会计的社会工作机构员工数量都比较少，如 SYC 社会工作服务中心有专职社工 7 人，兼职人员 15 人；HY 社会工作服务社没有一个专职人员，16 人全部是兼职；HR 社会工作服务中心有 6 人，专职人员 3 人；WHX 社会工作服务社无一个专职人员，仅 3 位工作人员且全部是兼职；XHX 社会工作师事务中心有 6 名专职人员，其中 5 人是专职社工，1 人是行政人员。由此可见，规模比较大的社会工作机构多半都有专职会计，而规模较小的社会工作机构多半没有专职会计。对于这种状况，机构负责人做了如下解释。

AL 社会工作服务社总干事说：

"机构从小到大，现在有 27 个专职社工。员工少的时候，就是专职行政人员兼着财务，人员多了，财务方面的事情也多了，不请一个专门的财务，有很多东西临时的人员搞不定。现在机构政府购买这一块虽然说不上资金多么充足，但断断续续还是能承接到一些项目的。没有一个专门的财务，拿不出像样的财务报表也不太好。"

而至于没有请专门的财务人员，大家的表述较为一致。如 HY 社会工作服务社理事长所言：

"我们社会工作服务社在财务方面倚靠的是 Y 区，由区财务室会计同时兼职我们机构和区社会工作协会的会计，否则我们自己肯定是请不起会计的，没经费呀，有经费也得先请专职社工，可现在连专职社工的资金都没有，还谈什么财务。"

而 SYC 社会工作服务中心副理事长给出了这样的解释：

"不可能单独请一个财务人员，给钱少了，人家不愿意干，给钱多了，机构又实在承担不了。兼职的话能省一点是一点。"

WHX 社会工作服务社理事长则这样解释：

"行政人员和财务都是兼职的。行政人员就我干着，财务有一个，也是通过私人关系来帮忙的，根本就请不起，哪有钱呢。我们没什么项目，所以账目比较简单，可是虽然简单，但是年底也要审计，所以还是专业的人员来做才行。但都是靠私人关系来帮忙的，到年底象征性地给一点奖金，很少的。否则这点钱，人家肯定不会做的。"

由此可见，大多数规模较小的机构没有专职会计多半是"没经费""请不起"或者"经费不充足"等原因。对于提供专业服务的社会工作机构而言，人力作为组织系统中一个极其重要的资源，它的资源素质有时候比财务状况更为重要。在既有资金紧张的情况下，尽量节约人力成本也是机构节流中的重要表现。社会服务组织强调基于技巧、知识边界的专业位置，寻求自我规范和管理，这是其专业权威的来源（Geoghegan&Powell，2006）。

在当下，表征中国社会工作机构专业化程度的除了组织结构上的规范外，给专职社工提供更多的培训和外出交流机会，提升社工实际业务水平和服务技能也是对机构专业化判断的另一个重要指标，多数民办社会工作机构在用人上面也坚持效益最大化。

HM 社会工作服务中心总干事说：

"现在社会工作机构人员流失是个比较大的问题。一线社工工作量还是比较大的，工资也不是很高，而且都是与社区或者街道的人打交道，很辛苦。我们也很想培养有能力的社工，可是社工流动比较大。有时候觉得一个社工比较有潜力，花大力气培养。马上就可以独当一面了，突然又不干了。机构经费本来就不是很充足，总是这样，更不敢在这方面投入了，感觉是一种比较矛盾的状况。"

由此可见，专职社工工资普遍不高，访谈中连机构负责人都说"自己是黑心老板"，因为一线社工付出实在是太多。此外，专职社工流动性较大，加之机构资金短缺，所以很多机构较少把钱花在既有工作人员后续培训和能力提升方面。这些反映出，由于资源匮乏、监管缺失等原因，部分民办社会工作机构服务确实存在一些问题，在承担公共服务提供责任时却存在着管理上的局限。这些问题表面上看好像直接与机构本身关系密切，但是实际上它的形成却是各种复杂因素交互作用的结果，是机构理性选择的结果。因为在资源缺乏而监管松懈情况下，机构肯定会采取一些变通的方法来维系自己的生存。

## 第三节　服务递送中的投机化

作为服务提供方的机构在资源紧张的情况下，采取节约管理费用、人力成本的策略既合乎机构宗旨，又符合服务契约，可以说厉行节约是一种合法的策略。可是违背机构宗旨或者服务契约的过度节约不仅是不合法的，还会影响机构服务质量，更有可能使机构出现名实分离的现象。从政府出发，政府之所以购买社会工作机构的专业服务，期望的是高效优质的服务，而达成这种契约的前提预设是社会工作机构自主灵活、服务高效、贴近居民等专业品质，这是作为一个服务传递者最能在竞争中胜出的地方。从专业角度出发，社会工作机构的服务与传统政府提供的服务相比更加着眼于服务使用者的需要，坚持平等的价值理念为有需要的人群提供更加多元化的服务，促使服务使用者在接受服务的过程中发挥自己的主动性并行使一定的选择权。然而，民办社会工作机构在承接政府购买服务的实践中出现一些异化，采取了一些相对来说较为投机的策略，包括服务中的数字游戏和案主"奶油化"。

### 一、服务中的数字游戏

尽管政府购买服务已成为一个全球化的现象，但是它也是一个备受争议和质疑的现象（敬乂嘉，2009）。在中国，政府购买社会工作服务使政府由福利服务生产者转到了契约管理者的角色。政府多采取公开招标方式，引入市场竞争机制，机构"平等"地参与竞标，在竞标中胜出的机构成为服务的承接商，得到政府的购买资金。但是，社会工作在中国发展时间较短，还是一种新生事物，公众对其知晓度较低，此外，一些地方政府在购买时对社会工作也知之甚少，加之制度建设也不完善。在竞标过程中，政府过去管理主义思维仍然在发挥作用，较多考虑量化指标而较少考虑专业品质（王思斌，2012）。按照类似工程招标的逻辑确定中标机构。而机构为了最后能获得政府资金的资助也采取"以量取胜"的策略，服务中的数字游戏由此开展。很多民办社会工作机构都表示政府购买中的评估和机构服务开展中的评估存在冲突和不一致的情况。

AL 社会工作服务社总干事说：

"政府考核比较注重覆盖人群的影响，但是在服务过程中，我们也不断和他们沟通，就是服务的效果不只是有多人接受了服务，而是这种服务在社工的努力下后续能够持续运行。你要去和他们讲，用你的专业知识去影响他们，所以沟通很重要。有时候也不可避免地为了完成他们的量化指标而做出一些妥协。"

SYC 社会工作服务中心副总干事说：

"政府在评估时更注重看到量上的效果，并不是很懂专业性，他们理解的专业性也就是个案、小组什么的。机构和他们讲专业性，政府又不懂，所以也不认可，这中间机构为了达到要求可能会在服务上做出一些变通，以牺牲部分专业性来满足政府的评估标准，这也是没办法的办法。"

HY 社会工作服务社理事长说：

"多数时候会有，因为政府可能比较重视量上的影响，对专业性这块要求不高。实际上，目前专业性也没办法去体现、去规范。毕竟政府也希望经费能更好地使用，更好地体现高效率，所以量上还是有要求的。但是因为每次在服务方案中我们都把量上写得比较多，所以大部分时候政府是满意的，不存在冲突。"

从以上访谈中可以看出，政府对于机构专业服务的考核更多是注重量化的具体指标，为了获得政府的项目支持，为了获得政府的资金支持，在制度环境的压力下，民办社会工作机构不得不"变通"。在经费有限的情况下，为了保证政府契约的实际履行，在各种约束中寻求平衡，以此来维持机构的生存。社会组织在驾驭自我边界、与政府互动中形成自己的话语体系，在进入街区治理体系后，组织间的边界是模糊不确定的。因此，机构也经常纠结，到底应该把政府的购买资金当作行动的风向标，还是把社工专业精神当作行动的风向标。

MS 社会工作服务社社工说：

"区民政局购买的是居家养老服务。我们社工按照个案工作的方法对高龄特困老人进行需求调查，根据需求制定服务方案，每周派社工上门进行跟进，而且上门的次数要达到 8 次。我们认为这是专业的服务方法，也是对案主负责。可是相关部门在评估时的看法和我们不一样。由于机构的社工有限，不能把所有社工都放到这一个项目上。他们就认为这种方法在量上看不到什么效果，在年底绩效考核时政绩上也不突出。多次和我们提出这个问题，后来机构不得不改变按照社工专业方法制定服务方案的方法，而把上门次数缩减为 4 次，以便能服务更多的老人，完成量上的考核。"

HR 社会工作服务中心总干事说：

"我们知道政府的评估更看重的是量化的指标，所以我们也量化呗，比如个案做多少个、小组开展多少次。至于每个个案做了多少次、小组活动开展多少次、每次活动的时间是多少等这些政府不会太关心的。实际上，如果严格按照专业方法来做的话，很难完成政府购买中量的要求。所以，有时候只能把小组活动时间缩短一些，次数减少一些。最后评估材料按照他的要求去准备，否则拿不到钱。因为政府是按照30%、40%和30%的比例分批进行资金拨付的。"

由此可见，作为服务购买方的政府，对社会工作机构和社会工作了解甚少，他们仍然按照一般的评估标准来要求和考核社会工作机构，这种重直观数据指标而轻实际的工作成效、重结果性评估而轻过程性评估和重非专业性工作考核而轻专业发展的思路，使得机构的评价标准和政府的评估标准间存在很大的出入，而机构为了保证服务契约的履行，在实际服务中做出了种种妥协，牺牲了部分专业性，最终导致机构在实际运作中不断偏离最初的宗旨和目标，而目标是组织的基本要素之一。一方面目标对组织方针和行动选择产生影响，另一方面它又作为象征性资产吸引外部拥护者的参与和认同（W. 理查德·斯科特，2001）。

尽管很多机构在自己的章程和宗旨中都明确规定，把维护服务对象利益，保障服务对象权益作为自己的目标。可是在政府政绩需要的强烈约束下，应以服务对象利益为根本目标和高效率服务对象为宗旨的机构不得不做出改变来迎合政府，尽量满足政府考核的需要而非服务对象的需要，机构开展的专业社会工作服务逐渐走向非专业化和表面化。这个过程也是组织边界遭受外界环境冲击的过程，组织作为一个开放的系统，与外界进行能量和资源交换，政府购买实际上在政府与居民中开辟了一个缓冲地带，而这正是社会服务组织生存的空间。服务递送中社会组织和街道、居委会等组织不断互动进行着动态的边界划分，社会服务组织紧守边界可能就无法生存，因此，与政府组织常常呈现出"你中有我，我中有你"的边界模糊性中。

## 二、案主"奶油化"

案主"奶油化"是民办社会工作机构在服务递送过程中投机化的另一个较为明显的表现，指作为服务提供方的 NGO 在确定案主时，利用他们拥有的信息优势，挑选那些服务成本相对较低或者比较容易治疗的服务对象，以证明机构的成本效益（Van Slyke，2002）。HR 社会工作服务中心是2013 年 12 月注册运营的，主要开展儿童青少年、妇女家庭、长者、社区等领域的服务，目标是促进社会福利共享，因此，涉及的服务对象主要是单亲母亲、贫困母亲，做的是亲子、家庭婚姻关系的调适。后来随着机构服务不断调整，目标变得更为具体，期望透过优质、综合的社区服务，巩固和强化家庭的支持功能。HM 社会工作服务中心正式注册是 2011 年 10月 12 日，该机构服务项目包括青少年综合服务、长者服务、农村社工服务、院舍服务并承接各种公益性项目。在实际服务递送过程中，为了完成政府购买合同的规定和指标要求，忽略了专业性和案主利益的情况时有发生。

HR 社会工作服务中心总干事说：

"我主要做青少年服务。有一次跟进一个青少年时发现他和父母之间也有一些需要处理的问题，但是按照规定，他父母的年龄已经超过青少年领域对服务对象年龄的规定，应该把他父母转介给服务中心的家庭服务部，但是做个案记录的时候写的是3个。"

由此可见，对社工而言，从专业上讲个体与家庭本身是个系统，所以从专业角度讲放在一起处理和解决应该是最好的一种选择。但是，社工在实际操作中却人为地将其分开，这种情况并非社工实务能力不够，用社工自己的话来说是"不得已而为之"。甚至在有些情况下，社工想当然地就将某个服务对象视为接受系统服务的个案，详细地做个案记录和服务的具体内容，可是作为接受服务的案主却可能没有意识到自己已经在不知不觉地被动成为服务对象。面对服务过程中投机的非专业做法，社工的解释多是要完成项目指标。社工自己都觉得经常在政府的量化指标与专业性之间进行挣扎和斗争。此外，为了配合政府的对外宣传，凸显地方政府购买服务上的卓越成效，同时也是为自己争取和营造专业形象和好的社会口碑，部分机构在具体的服务对象选择和开展形式上也做了一定甄别。

HM 社会工作服务中心社工说：

"机构有一块服务是做青少年成长发展的，这也是区妇联购买的服务。在服务对象选择上，一般是通过社工外展活动和社区宣传活动开展的，主动发现有需要的对象，还有街道、社区、有关部门转介过来的。在服务过程中，具体开展方式可以根据服务对象的需要灵活选择。我们更多地是以小组活动的形式开展，较少采用个案的工作方式，除非极个别很特殊的问题。因为小组活动成本相对低，活动规模可以搞得相对大一些。加上社区的宣传会有很多媒体来报道，这是社区、政府都很欢迎的。"

市政府购买了 JA 社会工作服务中心的岗位，但是在实际服务中，如社工所说：

"我觉得个案在专业上要求先要有个评估，然后再和服务对象协商，本着案主自决的原则把他发展成为个案。但我现在做的个案，可能方法离专业程序很远，很多时候都是接触一两次，就觉得可以让他填一张知情同意书，这样他就成为我的服务对象了。后面再经过三四次就结案了。根本没有很系统地去考虑服务对象的需要，觉得很失败，做的工作毫无意义。自己的工作对他们来说好像是可有可无的。"（问：为什么这么快结束呢？）"在每个服务点上，都给规定了每个月做个案的数目，不做这么多，考核是过不了的。"

由此可见，为了应对外界环境，机构发生了异化，服务递送过程中本应以服务使用者需要为本却在政府管理要求下变成了简单的指标导向，这导致民办社会工作机构在专业服务品质上很难提升，这与其说是满足政府契约化管理的需要，还不如说是帮助街道和机构自身营造更优的专业形象，更是为了能满足政府政绩评估的需要，机构在服务递送过程中有意忽视了服务对象的需要和服务质量。机构在组织边界与专业边界中徘徊、调适。不可否认，案主"奶油化"的策略因为能够较好地凸显政府购买服务的成效，因此在对外宣传中，较容易获得作为购买方政府的认可，或者说比较容易与购买方建立和维持良好的合作关系，使后续合作和获得项目成为可能。但是在契约管理过程中，这种策略却对民办社会工作机构自身以及服务使用者的利益产生严重的危害，增加了基层工作人员对专业社工的负面评价和有失偏颇的认知建构，而专业化又要求非营利组织与其他组织相区别开来（康保锐，2009）。

民办社会工作机构出于节约考虑而采取的变通策略在某种程度上使机构在有限的资金下达到了生存和履行服务契约间的平衡，可是这种不合法的变通策略最终会使机构在实际运行中出现名实分离的现象。因为在通常情况下，组织形式大体规定着组织具体运作的轨迹与方向，组织通常也会按照形式化的要求来选择自己的实际活动，但由于组织受到来自外部环境和内部因素的制约和影响，在实际运作中会出现与形式要求上不同的表现。组织外形化是对这种现象的凝练。组织外形化指的是组织的实际运作方式与组织形式不一致的现象（田凯，2004）。调研民办社会工作机构都是民办非企业，几乎每个机构都有机构理念、机构章程、服务流程等，通过这些机构理念、章程使机构从仪式上凸显了其专业性的特征，向外界宣称自身与一般服务机构或者政府部门（如事业单位）的根本不同。然而在实际运作过程中，机构作为行动者根据外在制度环境、资源状况等做出

"变通"手段，这些理念、工作方法被惯常的行政化方法所代替或淹没，社会工作机构的独立性与价值取向无从谈起，这些机构的章程、服务理念成为机构向社会展示时的一种道具。

综上所述，资源之困给民办社会工作机构的发展带来了现实问题，影响了他们的正常发展。作为开放系统中的行动主体，机构通过私人关系的运用和"以万变应不变"的策略来开源，通过日常管理经费和人员使用方面的策略来节流，通过服务递送过程中案主"奶油化"等策略来节流，机构的应对策略短期内缓解了机构的资源之困，给机构节约或者增加了一定资源，但是这些策略的使用也使机构在不知不觉中出现了性质变异和目标置换的倾向，从长远来看并不利于机构的未来发展，只是一种"头痛医头，脚痛医脚"的权宜之策。

# 本章小结

本章以深度访谈为主，以一般性访谈为辅，试图回答在资源匮乏的情况下民办社会工作机构维持生存的策略行为以及这些行为对机构生存逻辑的影响。

面对资源之困，作为行动主体的民办社会工作机构在现实情境制约下不得不做出种种变通，适应既有的生存环境。机构主要围绕两个方面来拓展和增加资源，一是开源，二是节流。首先，在争资跑项中，通过私人关系的运用和"以万变应不变"等策略来套取更多的资源；其次，通过行政管理和人力资本的节约来减少资源使用；再次，通过"服务中的数字游戏"和案主"奶油化"等服务递送中的投机化策略来节约资源。

这些生存策略有些虽然不具有合法性和正当性，但由于其能有效应对资源匮乏的困境，因此成为民办社会工作机构实际的运作逻辑。但是这些策略也使机构在不知不觉中出现了性质变异和目标置换的倾向，机构在实际运作中呈现出形式上的名实相符和实质上的名实分离的特征。民办社会工作机构的生存逻辑开始慢慢从需要导向转向资源导向。

# 第六章 三元互动——民办社会工作机构策略行为生成的结构因素

第五章描述了面对资源之困，作为开放系统中行动主体的民办社会工作机构通过开源节流策略维持生存。这些策略行为在短期内缓解了机构的资源之困，给机构节约或者增加了一定资源，但是这些策略行为的使用也使机构在不知不觉中出现了性质变异和目标置换的倾向，慢慢开始偏离机构的价值理念，可这些策略并没有从根本上解决机构的问题，保障机构获得充足的资源。这时就需要深入到由市场、社会和政府构成的机构生存的组织场域中，从机构与各个结构主体资源互动的角度出发详细说明，究竟是什么原因阻碍了机构与他们顺利进行资源交换？或者说，哪些因素妨碍了资源交换的实现？研究表明，资源匮乏的民办社会工作机构同时处于不成熟的服务市场、发育不良的市民社会和官僚服务型政府的三元互动中，三元互动中形成的结构是机构策略行为的根本，也是机构生存逻辑形塑的结构因素。

## 第一节 不成熟的服务市场与民办社会工作机构生存逻辑

在莱斯特·萨拉蒙看来，非营利组织并不是不能通过从事一定经营性活动获得利润，只不过它的组织目标不是营利。在莱斯特·萨拉蒙所说的"社团革命"之后，美国非营利组织的筹资机制就开始逐渐向商业化筹资模式转变（王洛忠，2012）。作为非营利组织重要组成部分的民办社会工作机构在面对资源之困的局面下，根据市场竞争和适者生存的原则，开发一些收费性服务，即经营性收入，这也是机构拓展资源的一条重要渠道。但是市场是否有这种旺盛的需求、机构的服务能否获得公众的认可，这些直接影响二者之间的互动，也进一步影响了机构的生存逻辑的转向。

面对资源之困，有少数民办社会工作机构的负责人接触到了社会企业，尝试用企业的经营理念和方式发展机构，面向市场，发现服务对象需要，根据服务对象需求开展了一些服务项目，如 JA 社会工作服务中心。由于其成立时间比较早，且理事长是香港注册的社工，也是香港立法会的顾问，所以机构运行也带有一些香港地区的特色。

JA 社会工作服务中心总干事说：

"……关于智障人士的，这也是我们从 2007 年建立机构以来坚持在做的一部分工作，主要是服务重度智障和多重残障人士，因为我们做服务定位的时候发现，现在对于智障人士的服务并不多，就算有也是集中在低龄阶段做一些康复性的训练，这个是越早介入越好的。我们发现很多的服务对象差不多 20 多年没有迈出家门一步，因为他们的父母有很大的社会压力，不敢带他们出去，他们生活也不能自理，所以他们没法出去。针对这种情况，我们就提供具有特色的外展服务，就是送服务到家。"

其服务具体的开展方式如下：机构的工作人员去服务对象家里跟他建立一个比较熟悉的关系，然后帮他做一些简单的康复训练——支持他的家庭怎么能够正确认识这样一个家庭成员，然后怎样可以去帮助他——把他带到机构里面，接受进一步的专业化的训练——根据不同情况制定一些个别化的辅导方案。对于重度的服务对象，机构就希望他能有一定的自己生活的能力，因为他的父母离开他，社会又不能完全保障他，他自己至少懂得吃饭，懂得表达自己的需要，这是最基本的。机构看到的有其他潜力的智障人士，就可能去挖掘他不同方面的东西。如果他可以去就业，机构也可以帮扶他，但这是一个长期的工作。如此看来，这个服务项目的理念以及出发点都是很好的，秉承了社会工作"助人自助"的核心理念，但是面向市场时很多意想不到的问题却出现了。

JA 社会工作服务中心总干事说：

"做服务需求调查的时候，发现这方面的需求还是很多的。一开始建立关系时，都是免费的，等进入机构，接受专业的个别化辅导时，则需要象征性地收取一定费用。可是接受服务的对象家庭大都比较困难，很多还是'吃低保'的，一听说后续是要收费的，积极性也就没那么高了。毕竟这样的人就算是介入也不能恢复到正常的状态，尤其是重度智障，他们康复的可能性很小。所以这个项目开始的最初几个月都没有什么服务对象，到后来也只有几个。虽然现在还在做，但在很大程度上都是免费的了，因为黄先生从香港那边筹集了部分资金，否则这块服务肯定没法继续。"

类似的情况也出现在 MS 社会工作服务社的送餐服务项目上，免费与收费时情况差别很大。

MS 社会工作服务社总干事说：

"2011 年区机构以政府购买服务的方式承接了一项送餐服务，主要是针对社区内 70 岁以上的孤寡特困老人的，由政府出钱。前期需求调查时，发现很多高龄老人也有这个服务需求。因此，送餐服务中又增加了部分有偿服务的，主要是针对 70 岁以上独居老人，送餐服务每餐是 6 元。其实成本价可能是 7 元。"

面向市场开发服务项目，以服务对象为本，保证效率和质量是赢得服务对象认可的关键。可是初期的社会工作机构规模都比较小，综合服务能力也不是很强，它能做的多是资源整合。

MS 社会工作服务社社工说：

"由于之前有部分政府购买，加之有偿送餐的，因此人数比较多，所以可以把成本降下来，有偿的只收 6 元。可是购买合同结束后，政府对这个项目不再投钱，原先享受免费的老人不愿意自己出钱，人数少了。人工还得请，所以每份饭的成本就上去了，只能定价 8 元，很多老人觉得贵就不让送了。其实就这样机构在这个项目上还贴了不少钱进去。"

与此类似，JR 社会工作服务社理事长说：

"借阅服务是收费的，但是运行得也不好。原因有很多方面，一方面机构资金有限，我们的专职人员 1 个人同时兼着两个馆，精力跟不上，除了阅读和经典诵读，无法开展丰富多彩的活动，如手工、泥巴、涂鸦、手指操等。开始我们所有的服务都是以图书、阅读为基础的，不能脱离阅读。可是平时孩子也很忙，只有周末能来。而且，社区图书更新的速度也比较慢。"

由此可见，虽然有些民办社会工作机构也积极尝试，希望通过服务性收费来弥补机构资金来源的单一性，摆脱资源之困。但是种种现实却摆在眼前，实际运行中并不顺利。还有部分民办社会工作机构连这种尝试都没有，问及原因，回答大多如下。

AL 社会工作服务社总干事说：

"目前还没有。一方面是有没有人来购买，另外一方面服务人群有没有针对性，现在服务都很散，没有一个体系。此外，人们的认知度还不高，比如婚姻家庭关系调适，他可能会去找社区，未必会去寻求机构的专业服务。很多项目在社区做，社区也不允许收费，因为社区就怕说这个钱是社区收的，也怕承担责任。"

HM 社会工作服务中心总干事说：

"目前还没有，以后或许会有。因为在 H 市，人们对社工知晓度并不是很高。即使是在深圳也没什么机构面向市场开发收费服务项目。因为很多人认为非营利机构就是公益机构，不要钱。这种观念虽然不对，但是短期内我们也无法改变，整个社会的认识现在就是这样，不是一朝一夕能改变的，需要一个过程。此外，我们的服务主要面向弱势群体，弱势群体恐怕也不一定有这个购买力。"

SYC 社会工作服务中心副总干事说：

"还没有，因为目前社工在 J 市仍处于初步发展的阶段，机构在开展项目服务的过程中多是弱势群体，这些项目多是政府出钱购买的，弱势群体没有经济能力支付收费项目，因此还没有开展收费性项目。此外，就是精力不够，人手不够也是主要原因。J 市是小城市，开发收费项目的市场空间很小，还有大众对社工的认知度也不是太高。目前开展的情况很好，居民都接受政府支持的服务，但要是居民自己花钱购买，个人认为还很困难。因为很多人不知道社工能做什么，能提供什么样的专业服务，整个市场服务体系都没有建立起来。"

HR 社会工作服务中心总干事说：

"很困难，因为人们现在对社工不是很了解，不像医生，大家都知道消费服务是要付钱的，社工的专业性大家还不认可，若是大家购买你的服务，就说明他觉得你的服务值得收费，但是这个现在好像很困难，虽然比起前几年社会上有的人已大概知道社工是怎么回事，但是整个社会对社工的认知度还是比较低的。"

从以上访谈可以看出，造成机构与市场资源互动不畅的原因是多方面的。既有市场环境的不成熟，也有机构自身专业性方面的诸多原因，这些是导致机构与市场资源互动不畅的根本。

## 一、潜在需要尚未变成现实需要

社会工作机构面向市场的发展一方面取决于市场对专业服务的供给状况，另一方面也取决于社会对专业服务的需求状况，只有二者之间达到平衡，机构在市场上才有空间。社会工作关注的很多问题在很大程度上由社会变迁所引起。正如威林斯基（Wilensky，1965）所说，城市化和工业化进程招致了人们对发展社会服务的需要。而中国社会改革和城市化快速推进以及传统家庭功能的弱化，新的情况迫切要求我们用新模式、新方法回应社会的服务需要。根据社会需要，发展社会工作机构或服务类社会组织就成为促进现代社会服务的方式。而且，很多研究在评估中国社会组织时得出的结论是：相对来说，社会组织总量偏少，结构也不尽合理，互益性的行业协会、商会偏多，公益性、慈善性、服务性组织偏少；强势群体的组织偏多，困难群体的组织偏少（李莹，2014）。这些结论或许是中国社会组织发展的实际写照，很多也是参照西方发达国家的情况进行估算的结果。例如，到 2004 年年底，美国社会工作专业人才占总人口的比例为2‰，而加拿大和日本则分别达到了 2.12‰和 5‰，那么按照这个标准，中国的确需要200 万～300 万专职社工（朱有志等，2007），专业化的社会工作机构是社会工作和社会服务的重要载体。因此，从表面看，社会发展对社会工作服务产生了强烈需求，但是这种需求只是一种表面上的"繁荣"，"没有人来购买"或许是潜在需要尚未变成现实需要的最好写照。当外部市场环境不健全时，极少数机构虽然绞尽脑汁面向市场开发出专业服务项目，却因为没有实际的需要而搁置或夭折。

## 二、较低的社会认可度

通过访谈可以看出，面向市场开发服务性收费项目受挫的另一原因是"大家对社工知晓度和认可度不高"，包括两个层面，一是较低的知晓度，二是对专业性的认可。

社会工作知晓度较低是我国社会工作发展过程中面临的一个现实问题。"很多人不知道社工能做什么，能提供什么样的专业服务"就是对这种现状的最好描述。由于我国社会工作发展尚处于起步阶段，发展尚不完善。社会上的普通百姓，甚至是部分相关政府官员，都不是很清楚专业社会工作是什么，到底能发挥什么作用。在很多居民的心中，社工就是居委会工作人员或者街道干部，此外，中国社会工作专业良好的从业环境也未形成，这也使社会工作专业学生产生对专业的怀疑和对未来就业的迷茫。虽然建立起了系统的教学体系，但由于职业化推进速度相对缓慢以及各级财政投入不足等原因，社会工作专业毕业生就业时困难很大，虽能就业但是进入的多是社区或福利机构，即使选择进入后期也因工资待遇偏低、作用得不到发挥而辞职或转行，社会工作专业人才流失现象严重。这些同样影响了普通百姓对社会工作的认可。

即使有少部分人知道社会工作专业，但是作为专业性的社会工作机构要想适应市场就必须得到社会承认和服务对象的信任，以高效的有质量的服务换取认同，正如访谈中所说"社工的专业性大家还不认可，若是大家购买你的服务，就说明他觉得你的服务是值得收费的"，可现实却不这么乐观。对于社会工作机构而言，为公众提供专业的社会工作服务满足服务对象的需要是其存在的价值和意义，也是政府购买的初衷。然而，这种"西学东渐"式的社会工作教育使赋予机构的重任成为一种可望而不可即的幻境。有学者指出：社会工作要放眼全球，但是更需要在本国独特的制度环境中找根基，只有这样才能真正走向成熟并具有独创性（Midgley，1990）。而西化的社会工作教育方法和本土化的现实情境，使很多社会工作专业的学生在整个教育过程中把更多的精力用在西方理论和方法的研习上，而很少通过实践去检验和提升技巧。即便找到服务机构让学生去实习，但他们中大多数做的仍然是和专业关系不大甚至毫不相关的文秘性工作。因此，就专业社工而言，部分年轻社工有知识却缺少能力，即使一些优秀社工掌握一定的专业方法和理论，懂得一定的技巧，但尚未发展出适合于本土情境的专业技术。因此，机构所称的"专业性"和实际上服务所呈现出的"专业性"尚存在一定差距，这在一定程度上也影响了市场上服务对象对社会工作的认可。

此外，在服务递送过程中，机构案主"奶油化"的策略行为也进一步弱化了社会工作机构在专业上优势，这种专业性的弱化和模糊使机构在面对市场竞争时处于极其不利的地位，被其他服务机构替代的可能性很大。例如，老人照护方面，因为与其他为老年人提供养老服务的机构相比，养老机构有专门的服务实体，而机构有的只是针对极个别老人的个案服务，由于社工机构规模都比较小，能做的只是个别化的服务和资源整合，因此，在市场上存在被其他服务机构代替的极大危险。

## 三、不健全的社会服务供给体系

在过去三十多年里，中国社会保障改革在取得巨大成就的同时，也存在"重保险、轻服务"的制度建设倾向（徐延辉，2012）。因此，我国社会保障的改革重点是现金给付和社会保险，个人社会服务尚没有提上重要政策议程（岳经纶，2010）。然而，目前经济发展模式、阶层结构重构以及家庭人口结构的变化对原有社会保障体系提出了巨大挑战，现实要求必须重视和加强社会服务供给体系建设。

社会政策与一个国家的文化、政治意识以及管理体制密切相关。由于各国在这些方面的差异，缺乏对社会服务的统一定义。北欧福利模式中社会服务等同于社会照顾。英国学者Sainsbury（1977）认为社会服务就是利用差异化服务来满足个体需要，从而促进个体社会功能最大化。对社会服务的界定不同，其包括的内容也相应存在很大差别。如美国的社会服务主要包括贫困者服务、儿童青少年及弱势成年人服务、老年及身心残障者服务等，承担福利提供的多是私营组织和第三部门（Kramer & Ralph，1987）。欧盟在社会经济发展中比较重视个人社会服务的作用，因而其服务项目是一个包括住房、援助、儿童、长期护理等服务项目的体系（岳经伦，2010）。在个人社会服务供给中，针对老年人的服务体系发展较好，初步形成了以居家养老为基础、社区服务为依托、机构养老为补充的老年人社会福利服务体系，而其他特殊群体的要求与之相比尚未得到很好满足。在社会服务供给中，社会工作机构是专业服务的提供者，也是政府福利服务的直接递送者，现阶段社会工作机构主要的服务对象是各类弱势群体，在制度化服务供给体系不完善的情况下，政府设置的专项补助并没有涵盖所有有特殊服务需要的群体，要想享受某种专项服务，就必须符合最低生活保障线的补助标准，可是城市低保的设计初衷是为了维持基本生活，因此，不可能也无法支付任何在此之外的物品和服务。即使机构开发出面向服务对象的服务，收取较低的费用，大部分弱势群体也仍然没有这种支付能力。因此，不健全的服务供给体系阻碍了需求市场的进一步激活。

## 第二节　发育不良的市民社会与民办社会工作机构生存逻辑

在西方话语体系中，以专业社会工作者为主的机构就是所谓的 NGO，他们是西方公民社会的重要组成部分。而社会工作受公民社会推动而发展，公民社会是社会工作得以发展的基础（朱健刚，陈安娜，2014）。由此可见，理论上社会通过捐赠等方式给予社会工作机构一定的资金支持，通过志愿者实际参与项目活动给予一定的人力支持，而机构通过良好的服务满足公众的福利需要，扩大自己的社会影响力，提升在公众中的信任度，从而增加社会认同，推动公民社会的发展，二者是相互建构的。正如陈涛（1998）所言，专业社会工作是在公民社会不断壮大的过程中形成的。而在实践中，来自专业社会工作的发展是否伴随着公民社会的不断发展，而公民社会的发展是否果真推动和支持了社会工作机构的发展，还只是一厢情愿的美好设想。访谈对象对"机构来自社会的支持主要包括哪些？"这个问题的回答向我们真实展现了民办社会工作机构与社会之间资源互动的情况。

AL 社会工作服务社总干事说：

"有一小部分社会或企业捐款，都是媒体呼吁的，因为我们的理事里面也有一些媒体界的。年底会搞全区联动，如暖冬行动，会和媒体合作，由机构策划一些服务方案，共同做一些活动。"（问：社会的资源投向机构靠的是私人关系的连接还是看中机构的专业服务？）"私人关系占很大程度吧，但是也有机构的声誉吧，毕竟机构在 H 市也做了很多年了，声誉上还是有一些吧。当然，也看重周老师个人的一些影响。"

JR 社会工作服务社理事长说：

"直接的捐款没有，合作倒是有，如果有的企业生产的产品主要面向孩子，就会找我们，但是很大程度上还是在和社区合作。因为离开我们机构企业一样是可以宣传的，很多活动都在社区进行，这些都需要经过社区居委会的同意。所以，很多企业后来都直接找社区了。"（问：这种企业多吗？他们愿意合作的意愿是什么呢？）"不是很多。现在哪有企业那么有社会责任，合作的目的还是以小的投入能换取大的回报。可能他们觉得和街道、社区合作更好，毕竟我们机构是私人的，也没什么名气。"

HM 社会工作服务中心总干事说：

"有一点，一年不到十万，一家商会捐赠的。"（问：怎么争取到的呢？）"还是政府介绍的，他们看重的是政府的资源，而不是机构本身。"（问：什么意思？）"主要是他们想和政府搞好关系，想从政府那里拿项目，看着政府的面子答应每年给我们捐一点钱，就是这样的。"（问：社会上的捐款会比较多吗？）"很少，我个人觉得整个社会发育不成熟，公众没有这个意识。还有就是机构服务能力还比较弱，大家可能不认可。"

SYC 社会工作服务中心副总干事说：

"没有同社会、企业的合作和捐款。如果尝试的话，估计不行，因为这个地方企业意识还比较落后吧，不可能给机构提供什么资金。如果能算得上社会的支持就是比较充足的志愿者资源，主要是大学生志愿者和一小部分社区志愿者。"

XW 社会工作服务中心理事长说：

"企业的捐款是很难的，因为我们没有捐赠收据。企业的合作目前我们尚未开展，但是今年的计划我们是有的。"（问：如果有捐赠收据，企业和社会的捐款会有吗？或者说现在主要是收据的问题阻碍了企业和社会向机构的捐款吗？）"是一方面原因吧，但是公民社会的不成熟也是重要的一方面，很多人和企业远没有这个意识吧。企业信任的是一些大的慈善基金会或者有名气的大机构，即使有的企业比较信任机构，但是一讨论发票就出问题。个人捐款类似于企业。"

从以上访谈中可以看出，来自社会的资金支持较少，而人力方面的志愿者支持较为充足，除了机构成立时间短、名气不大和自身服务能力弱等机构自身方面的因素，社会对民办社会工作机构的支持还受到捐助制度、对社会工作机构的信任、公民社会的发育程度等多种因素的影响。

## 一、获取捐赠的资格合法性

按照学者的界定，NGO 的合法性指作为一个组织，由于其行为符合法律、道义或者权威制定的标准而被人们、组织和政府接纳和认可而保持运作的状态（赵秀梅，2004）。由此可见，制度合法性只是 NGO 合法性的一个层面，它是机构得以生存的前提。民办社会工作机构的捐赠主要有两部分，一部分是少量的实物形式，另一部分则是数额上稍大的资金。对于数额稍大的资金来说，社会工作机构首先要解决的就是其接受捐赠资格合法性问题，也就是说是否有接受社会捐赠的资格。按照 1999 年 9 月 1 日开始执行的《中华人民共和国公益事业捐赠法》的规定：自然人、法人或者其他组织可以自由选择符合自己捐赠意愿的公益性社会团体和公益性非营利的事业单位进行捐赠。根据这个规定接受捐赠的只能是公益性社会团体和公益性非营利事业单位，而作为民办非企业性质的社会工作机构既不是社会团体，也不是非营利性事业单位，因此制度上就没有这个资格，限制了他们接受常规捐款的可能。在既有制度框架下，社会工作机构不能接受个人、企业捐款。因此，在实际运营中，想到了一些变通的策略来获得一些捐赠。正如 MS、AL 等机构所说："我们只好打擦边球，在开展活动整合资源时，有些企业会捐一些桌子、书本、礼品等，在开展青少年服务活动时，有少数做青少年产品的企业也会提供一些小礼品。"

另外，在社会工作机构发展初期，由于介入动机的多样性和复杂性无法明确加以区分，社会工作机构是否是"非营利组织"在实际运作中是很难加以认定的，而非营利组织的非营利、志愿性、自治性等方面的特征在实践中缺乏严格的可操作的条件，这也为获得国外捐款带来了很多困难。

正如 XW 社会工作中心理事长所说："企业的捐款是很难的，因为我们没有捐赠收据。企业的合作目前我们尚未开展，但是今年的计划我们是有的。这是未获得企业捐赠的一方面原因。即使有的企业比较信任机构，但是一讨论发票就出问题。"由此可见，民办社会工作机构即使能获得社会捐赠，但是也很难让捐赠方享受到税前扣除的优惠且民办社会工作机构因为无法为企业提供免税发票，也失去了一些获得资助及与企业合作的机会。

## 二、获得认同的社会合法性

如前所述，制度合法性只是机构合法性的一个层面。因为合法性是一个包含多维度的内容，它是由社会合法性、法律合法性、政治合法性和行政合法性构成的概念（高丙中，2000）。而对于非营利组织而言，它的存在很多时候并不是因为具备了完整的政治合法性、法律合法性和行政合法性，而在于它能够从自身活动的正当性和公共规则为标准的正确性中获得社会合法性。从终极层面的意义来看，非营利组织应该以社会为根本，其活动的目标就是通过吸纳社会资源来服务社会，因此，能否通过各种努力获得社会的支持和认可，最大限度地争取资源在很大程度上将左右非营利组织的发展（吴东民、董西明，2003）。例如，在美国和中国香港地区，社会工作发展历史比较长且较为成熟，所以，社会工作组织发展呈现出数量众多、类型多样、分工细致的特点，由于其富有成效的服务，使得政府和市民主动寻求社会工作组织及其工作人员的帮助成为一种共识。

由于公民社会理念还不为人们所熟悉，中国的传统文化及社会的整体观念影响了公众对社会工作机构的信任，这种信任首先是对机构的信任，其次是对机构本身的服务质量、社会声誉等的信任。中国是个熟人社会，人们在求助时首先是找熟人，不会轻易向陌生人求助，更倾向于相信政府。如社工在社区入户，提供服务时，公众持有疑虑，多数情况下必须要有街道或居委会人员的陪同，或者街道、居委会出具的身份牌，在这里专业社工的弱势却是传统社区工作者的优势，因为几十年的社区工作使他们对社区资源、关系动力、权力网络了如指掌，长期的工作使他们在居民中获得了信任并积累了威望。按照社工自己的话："以为我们是搞推销的，扭头就走或者根本就不给我们开门。"而在当前信任缺失的社会中，人们更倾向于向政府求助，因此，对民办社会工作机构往往还带有一定的怀疑，对于其是否值得捐赠也抱有不太肯定的态度。部分民办社会工作机构虽然做了一些服务项目，但是缺少品牌意识和社会影响力，很多都是资源累积型项目，缺乏核心技术支撑。这种现象使得一些所谓的品牌项目在推广方面也困难重重。同时，机构活动在效率、效果和透明度上也还存在一定的问题，机构的社会声誉也影响了公众对他的信任。

JR 社会工作服务社理事长说：

"在社会上没有什么声誉，别的企业为什么要给你投资或者捐钱呢。换作我是企业老总，我也得考虑考虑。"

HY 社会工作服务社理事长也有同感：

"也有朋友通过其他关系帮我介绍过企业，都去谈过，可是一个都没谈成。上来就问，你是政府什么部门的，等和别人解释过和政府没啥关系时，人家就不说什么了。最重要的原因是人家不相信你，再说你又没有什么知名度。"

由此可见，整个社会对社会工作机构尤其是民办社会工作机构这个"私"领域的信任较低。因为在教育导入下的中国民众对政府的信任远高于其他社会组织。这种对政府的"天然信任"和对社会自发行为"天然不信任"的观念反过来又制约社会的活跃与发展。这些问题不是很快能解决的，一方面有赖于机构不断努力，树立品牌效应；另一方面更依赖于政府政策的支持程度和社会整体观念的改变，因为后者直接影响机构资源获得，同时对社会整体观念的改变也有重要影响。JR 社会工作服务社理事长说："可能他们觉得和街道、社区合作更好，毕竟我们机构是私人的，也没什么名气。"

## 三、不成熟的公民责任意识

从表面上看，社会捐赠流向哪里，在很大程度上是个体或群体自主选择的结果，不受外部力量的控制，而现实中，它与公民责任意识的成熟度密切相关。强烈的公民权利意识、有序的公民政治参与和良好的社会法制秩序是公民社会成熟的政治标志（周书焕，2009）。而一个社会公民发育程度在很大程度上受制度环境的影响，这些制度包括法律、行政法规、党的政策各种正式或非正式的规则。由于中国公民社会制度环境呈现出宏观鼓励与微观约束、分级登记与双重管理、双重管理与多头管理、政府法规与党的政策、制度剩余与制度匮乏、现实空间与制度空间的共存的特征，因此，中国的社会民间组织也处于过渡期，自主性、志愿性和非政府性还不十分明显（俞可平，2006）。由此可见，由于中国民间组织发展的不成熟性，公民参与社会的热情和参与度不可能很高。因为个人价值的兴起尚未使社会成员达到用个人权益去与国家需求抗衡的程度（陈映芳，2010）。尽管社会组织在蓬勃发展，但是中国公众的公民意识尚徘徊于"公—私""契约—人情"双重法则之间（杨宜音，2008），社会参与并未形成一种积极的行动，更多的是一种消极观望。

随着中国社会组织不断发展并形成规模，它们越来越多地受到关注。志愿者参与的主体和参与方式也从单纯大学生的校园组织向参与主体多元化的自发方式发展。志愿队伍的成长、壮大、有效使用是公民社会发展的必要条件。因此，对于社会工作机构而言，公众志愿参与的热情在一定程度上为机构服务活动的开展提供了较为充足的人力资源。很多机构都表示，在机构具体服务开展方面，志愿者倒不是最紧缺的。XZZ 社工说："我们在开展服务时很多时候都需要招募志愿者。一般到学校、社区进行宣传后就有很多人来报名，现在大家的参与热情还是挺高的。"很多地方"社工＋志愿者"的联动模式在一定程度上也说明了这一点。

与人力资源相比，从社会获得个人和企业的捐款则要难得多。大多数访谈机构都表示，难以获得企业和社会捐款的主要原因是"整个社会发育不成熟，公众没有这个意识""地方企业意识还比较落后"。在调查的 12 个民办社会工作机构中，只有 MS 社会工作服务社这一个机构与企业有过合作❶。企业是推动公民社会形成和发展的重要载体，也是推动公民责任意识形成和巩固的重要力量。可是，MS 社会工作服务社负责人却道出了实际情况：

---

❶　2011 年 3 月，该服务社与北京 GK 一家专门做康复器材的企业合作，具体事项是由该企业安徽办事处负责。由企业给机构一笔钱并提供一套康复设备在机构服务点开展诊疗服务。康复专门人员由机构负责招聘和管理，工资由企业提供的资金支付，企业给机构的资金中包含了部分管理费用。

"因为我们机构是做老人服务的，那个企业觉得能为他们企业做宣传。当然，为企业做宣传是人家与我们合作的目标之一。但是不要把企业想得太好了，他们也很功利的，不像很多人说的那样高尚。现在很多人谈企业的社会责任我觉得不现实，因为企业捐钱给我们这样的民办机构，他觉得得不到什么好处"。

而与机构合作的企业代表的描述也印证了机构负责人表达的真实性。企业安徽办事处负责人说：

"合作的初衷是觉得他们是做老人服务的，与我们的产品契合度比较高。但是这个机构没什么名气，和政府也没有太大关系，就算我们捐钱了又能怎么样。政府也看不到我们对社会做的贡献，一方面不能为企业增加知名度，另一方面当地政府也不会少收我们的税，也不会给我们什么荣誉。"

理论上，作为一个独立自主的企业应该把社会责任作为企业文化的重要组成部分并体现在企业发展战略中，因为企业的公益性行为不仅仅起到广告效应，从长远来看，更是一种经济行为，社会对它公益行为的反馈是企业进一步发展的强大动力和保证。可是，是什么阻碍了企业的这种公益行为呢？

《2011年度中国慈善捐助报告》显示，2010年中国近六成捐款流入政府、慈善会及红十字会系统中，只有1.3%的捐款到了慈善会之外的社团、民办非企业单位和福利院，而即使是在1.3%的捐款接收部门中，仍不排除有政府背景的公益组织（孟志强等，2011）。结合数据，通过以上分析可以看出，影响机构与社会进行资源交换的种种障碍都与政府密切相关。在民办社会工作机构资源匮乏的情况下，通过制度来规范民办社会工作机构的非营利性，或者制定完备的税收优惠政策，有意识地搭建筹资平台吸引社会捐款流向民办社会工作机构，如果这样支持民办社会工作机构，那么民办社会工作的资源之匮在一定程度上能够得到缓解。而现实是中国公民社会发育不成熟，即使能获得一些来自社会的资金支持，看重的也不完全是机构的服务质量和服务能力，而是源于对政府资源的一种获得。诚如HM社会工作服务社总干事所言，机构之所以能拿到政府的捐赠，根本原因是捐赠方看重的是政府的资源，而不是机构本身。因为他们想和政府搞好关系，想从政府那里拿项目，看着政府的面子答应每年给机构捐一点钱。所以综合来看，与国外相比，中国企业的社会责任尚停留在政策倡导层面，整个社会发育不成熟，公众没有这个意识，很多企业也没这个意识，企业社会责任并未体现在企业实际行动中。很多企业还是很看重社会信誉，但是社会信誉在很大程度上是政府赋予的，因为政府是具有合法认证权力的主体，它可以通过公开评比活动、表彰形式、推荐、信息公开等方式影响社会对民间组织的信任。此外，政治合法性在很大程度上也影响着社会合法性。因为在中国，政府越信任和认可的机构往往会得到越多的社会信任，是公众认为更安全、更可靠的组织。所有这些，都导致部分民办社会工作机构得不到社会的认可，不仅没有社会资本，也没有经济资本。

## 第三节　官僚服务型政府与民办社工机构生存逻辑

从理论上讲，由于提供专业服务的社会工作机构拥有专业的方法和独特的助人理念，能弥补政府在公共服务方面的不足；同时它们在政府支持下，可调动社会各方力量参与社会管理和公共服务，促进社会资源整合，降低社会管理成本，提高社会治理水平和效率。因此，在很多地方二者之间存在某种资源的相互依赖，可以实现资源的合理交换。

一些地方经验显示，社会工作参与公共服务提供主要是以政府购买社会工作专业服务项目或者购买社会工作专业岗位的形式实现的，虽然各地具体采用的方式不同，但在本质上又有一致性，都是由政府作为购买方，机构作为承接方，二者之间是一种契约关系。实际上，来自政府购买的资金支持是否顺畅、是否能支持机构基本运行等是保证二者资源互动有效进行的关键。然而，访谈中机构与政府间的资源互动仍然受到诸多因素的困扰，呈现在眼前的是并不乐观的景象。当问及"政府的项目是否能满足机构基本运行以及运行中是否顺畅"等问题时，很多机构负责人表示出极大的无奈。

SYC 社会工作服务中心副总干事说：

"资金几乎全部都来自政府。2013 年还有一个李嘉诚基金会的项目，以及民政部'大爱之行'项目。之前李嘉诚在做'唇腭裂家长社会心理支持''临终关怀',现在是'大爱之行——老年人'项目,项目经费有10万元。需要地方民政局审核并配套资金10万元。"(问:地方民政局配套资金落实顺利吗?)"还算顺利,毕竟我们拿了中央的项目,对于政府而言,也算政绩的一部分,政府脸上也是有光的。我们毕竟是他们扶持成立的机构。"

HY社会工作服务社理事长说:

"虽然机构是在Q区政府支持下成立的,在当时算一个创新吧,我们的作用大概就在此吧。后来,政府从资金和项目上也没有给什么支持,所以2010年成立时是没什么项目的。我们在省市区的'防治艾滋病'项目上大约有3万元。但是这个项目不是机构申请下来的,而是区社工协会申请到了省疾病预防控制中心的项目,我们也就是参与其中。说白了,我们也就是做了具体的服务。虽然中央层面的力度很大,可是落到基层就不一样了,因为每个省情况都不一样,领导重视程度也不一样,我们和深圳、广东比差多了。"

AL社会工作服务社总干事说:

"政府的钱还不能保障机构的基本运行,因为有的项目只有服务经费而没有人员费用和管理费用。比如,中央财政的项目和公益创投的项目,这些项目要求经费都是直接用于服务的费用。就是政府购买的项目,有时候资金也迟迟不能到位,我们只能去催。例如,'大爱之行'的项目,需要省民政厅配套一半,我们还在和他们协商,他们说钱也不在他们手里,还要和财政厅协商,反正他们不给钱,我们肯定没办法做,必须盯紧他们。"

HR社会工作服务中心总干事说:

"大部分都是来自政府的资金支持,包括购买的项目和公益创投的项目。公益创投的项目比较少,因为每年一次,也不是每次都能中。"(问:公益创投中要求1:1配套资金,这个能落实到位吗?)"通过市民政局直接申请的就没有,如果是通过区民政局申请的就有。市民政局先把申请下放到区里,区里的社会组织先在区民政申请,然后他们初选后报市公益协会，再审批，最后确定。"（问：为什么在区里申请的就能得到配套资金？）"因为各个区里注册的社会组织都是在本辖区内开展服务的，就为他们区提供了社会服务，这样做出来的成果也是区民政局工作政绩的一部分，所以能给配套。反正最终钱还是花到本辖区居民服务中了，只是原来是政府自己花，现在通过机构的专业服务来进行。"

综合以上来看，很多机构从成立开始到现在，大部分资金都来源于政府，包括政府购买项目和公益创投项目，来自政府的购买项目是比较现实的资金来源，差别只是购买量上的多少。虽然政府购买和公益创投为民办社会工作机构的发展提供了现实的资金来源，但是在实际运行中各级政府不同的组织目标、相关政府部门资源组织能力和组织内部结构等都影响了二者资源的有效交换和互动。官僚服务型政府就是对处于过渡期政府组织类型的一种概述，服务型政府是学者、政策研究部门对政府职能转变后政府特权的一种建构或者概括。它是一种新的政治理念，其本质上是一种以民众为中心的政府，而不是以政府为中心的政府（陈云良，2010）。构建服务型政府不仅关系到"官"与"民"关系的调整，还涉及公民个体的利益代表问题（维伟，2010）。建设服务型政府是政府行政管理体制改革的根本要求，可在过渡阶段，各级政府服务型的特点表现得并不明显，只是一种被动型的服务。各级政府因执行某项政策而与机构间建立"服务"的关系，可是这种关系仍然是一种行政化的逻辑，其出发点仍然是政府本身，而不是社会需要。此外，既有官僚式政府依靠等级制度赋予权力滥用和低效率的影子仍然存在，这些都对机构与政府间资源互动产生了影响。

## 一、多层级政府不同的组织目标

改革开放三十多年来，我国经济得到了快速的发展，民生也得到了极大的改善。与此同时，政府的职能也随着社会的发展而变化。对于改革初期的政府，它是亲力亲为的角色，是宏观调控者和管理者，这对于经济发展的促进意义重大。然而，全能型政府的角色也使得社会问题和社会矛盾不断产生。黄宗智（2009）指出，国家体制既是中国三十年来经济发展"奇迹"的能动主体，也是同时期凸现的社会危机和环境危机的主要根源。因此，"小政府，大社会"成为政府管理体制改革的目标，政府也从直接的管理者向掌舵人的角色转变。政府让渡出部分权力给社会，相对应社会的权力就大了，这在一定程度上促进了社会的发展。而民办社会工作机构就是在"政社分离"体制改革背景下在社会管理和公共服务领域中出现的一种新型的社会组织，政府购买服务是其运作的基本形式。专业社会工作机构通过这一路径进入街区层面，参与基层社会治理。

随着政府组织目标的重新定位和管理体制改革的推进，政府从政策层面进一步支持社会工作机构的发展。2009 年，民政部出台了《关于进一步促进民办社会工作机构发展的通知》，其中明确指出"各级民政部门要认真履行登记管理职能，准确把握民办社会工作机构发展需求，坚持培育发展与监督管理并重，不断完善民办社会工作机构登记管理政策，切实加强对民办社会工作机构规范化建设的指导，为民办社会工作机构的登记成立和健康发展创造有利条件"。2014 年 4 月《民政部关于进一步加快推进民办社会工作机构发展的意见》的出台，再一次明确指出"加快政府购买，进一步贯彻落实《国务院办公厅关于政府向社会力量购买服务的指导意见》（国办发〔2013〕96 号）和《民政部、财政部关于政府购买社会工作服务的指导意见》（民发〔2012〕196 号），将社会工作专业人才配备、社会工作岗位设置、机构管理服务能力与成效等情况作为政府购买民办社会工作服务机构服务的重要依据"。虽然，在宏观层面上，这些政策要求地方政府在改进社会治理方式的同时要兼顾好社会服务组织发展活动、政府治理目标和社会服务组织融入既有治理体系等多个目标，预示着民办社会工作机构发展春天的到来，然而在市场经济的条件下，中央政府部门和地方政府部门都有自身的经济利益，地方政府在不违反中央政府法规前提下，有很大的自主权（谢识予，2002）。中央政府代表的是国家的公共利益，它的目标是追求利益最大化。而地方政府则具有双重性，一方面它需要与中央政府的目标保持一致，即实现公共利益最大化；另一方面地方政府还要着眼于地方经济发展，促进地方文化和福利提升。在计划经济时代，地方政府经济独立性的特征并不明显，因为那时中央政府严格掌握着资源，通过资源配置对地方进行管控，然而，市场化改革则加剧了二者利益目标差异的显现，在纵向行政体制结构中地方政府的地位日益突出。因此，就算中央政府发布了相关的规定，但这只是给地方政府的行为做出了大方向上的指引，至于地方政府是不是会去执行以及如何执行等细节并未做严格明确的规定。对于地方政府而言，在缺乏操作细则的情况下同时又要贯彻这些政策就面临一定的操作模糊性，因此，地方政府多以改革创新的"试验"态度发展社会服务组织，这就导致地方政府对社会工作机构发展采取了迥异的态度。

从访谈中可以看到，地方政府在一些具体项目上态度有很大差别。表现出两种态度，第一种是积极支持落实中央政策；第二种是表面上的支持和应付。虽然同是拿到了民政部、李嘉诚基金会"大爱之行"的项目，可在地方配套资金落实上各地就显示出极大的不同。在 SYC 社会工作服务中心所在的市，地方民政局配套资金落实就很顺利，按照机构副总干事所说，之所以地方政府配套资金落实比较顺利，是因为地方政府觉得自己扶持成立的机构能拿到中央的项目，也算是他们政绩的一部分，地方政府脸上也有光。而在 AL 社会工作服务社所在的市，地方配套资金的落实就比较困难。还在和省民政厅协商，虽然省民政厅也想把它作为自己年度工作成绩的一部分，可是自己并不直接掌握经费，他们也还要和财政厅协商，所以机构能做的就是盯紧他们。由此可见，虽然中央层面的力度很大，可是落到基层就不一样了，因为每个省情况都不一样，领导重视程度也不一样。在经济发展较好且社会管理体制改革较快的地区，支持社会工作机构发展的力度较大，如深圳、广州等；而经济发展处于中等发展水平的地区，促进经济发展仍是地方政府的首要任务，促进和支持社会工作机构的发展尚未列入日程，或者只是为了迎合上级政府而采取的口号式倡导，仍处于"自由发展"的状态。部分地方政府对民办社会工作机构发展的消极态度导致了政府与机构资源互动的不畅。

## 二、不同部门的资源动员能力

应该承认，中国政府部门的资源是极其丰富的，但是在行政管理部门内部，不同的部门实际掌握的资源却又存在很大的不同。作为社会工作机构行政主管单位的民政部门，在整个部门体系中占有的资源较为有限，素来被认为是"冷衙门"。改革开放前，它所主管的福利工作范围并不是很大，但是改革开放后，日益增多的社会问题促使民政部门工作范围和工作责任都增大了，面对日益增长的福利服务需求，在资源有限的情况下，很多工作不能面面俱到。

无实惠的优惠政策是相关政府部门资源能力较弱的表现之一。也就是说，在政策上有各种优惠的制度文本规定，但是在实践中却没有执行这些优惠政策的能力，表现出政策的文本规定与实际执行之间的一种脱节和错位。对于非营利性公益组织而言，按照2008年1月1日实施的企业所得税法及其实施条例的规定，符合条件的非营利组织的收入为免税收入，并且按照《社会团体等级管理办法》的规定：接受其他单位或个人捐赠的收入为免税收入。但是由于免税权并不是直接掌握在相关民政部门手里，并且自身也缺乏能力调控这些部门，所以在唯一获得企业捐赠的 MS 社会工作服务社中并没有享受到这种优惠。正如该机构负责人所说："和税务部门讲这些优惠，人家根本都不理你，说没这例子。你要想优惠就得自己单独去申请，一级一级地审批。"由于政府缺乏统一的免税资格认定的标准机制，所以每个机构得向税务部门单独申请，而地方税务部门对此也不知道如何进行标准化操作。对于一些刚成立的、没有知名度的小机构来说，要想获得这种优惠困难重重。

此外，监督管理上的欠缺是组织资源能力有限的另一表现。长期以来，我国对民间组织管理实行的是双重管理体制，也就是对民间组织的监督职能是由登记管理机关和业务主管单位共同承担的。这种管理体制在一定程度上降低了社会组织未来可能带来的政治风险，也规避了一些政府主管部门的管理责任风险，但是这种组织管理体制的有效执行需要一定的条件，其中必备条件之一就是相关管理部门必须有足够的人员配备。而实际上，各地社会工作机构的登记管理部门和业务主管部门都是民政系统的相关部门。一方面，双重管理造成监管主体虚化和监管责任推诿。无论是登记管理机关还是业务主管单位都是社会组织监督管理的主体，都应切实发挥好监督管理的职能。然而在实际监督中，"睁一只眼闭一只眼"则是这种监督的实然状态。多头管理实际上虚化了监督主体，各部门出于利益和工作量的考虑都避而远之。正如本书第四章所描述的那样，很多机构在成立之初，业务主管单位的寻找就没费什么劲，和机构负责人在私下里已经认识或者有往来。正如访谈中部分机构负责人所说："年底就是按照要求提交一些表格和材料供审查之用，其实也就是走个形式，因为很多东西比如机构实际运行状况等简单通过那些表格是反映不出来的。""这个机构运行一年多，业务主管单位哪里来机构看一看，不就是上面有领导来的时候来机构参观一下嘛"。

由此可见，相关组织部门对社会工作机构的监管主要体现在注册登记环节和年度检查环节。这些环节的工作往往流于形式，只是报表、提供材料等，内容也集中在注册性质、投入资金、服务内容等方面。对于社会工作机构的实际运作状况特别是代表机构公信力的财务状况并不十分了解，对于服务对象的满意度等调查也多由机构自行完成。因此，单靠登记部门和业务主管单位很难真正起到监管作用。实际上，调查中很多民办社会工作机构成立时间都不是很长，规模一般也较小，制度也不健全，很多财务报表不规范，有的甚至根本就没有。对于一些奉行"不求有功，但求无过"的基层政府而言，在不牵扯政府投入资金的情况下，是否熟知和掌握这些情况对于相关政府部门而言并不重要，因为和其切身利益并无太大关联。但是，如果涉及政府投入的话，对于这一情况的掌握则至关重要，因为它在一定程度上能增加政府对机构的信任度，促进二者间良性的资源互动。

### 三、组织内部结构和整合程度

对于民办社会工作机构来说，它与政府的关系虽然主要与民政部门相关，但也涉及其他部门，而民政部门和其他相关部门间的整合程度也会影响民政部门对民办社会工作机构的态度以及其行政能力的判断，从而进一步影响机构从政府获得资源的多少。

除民政部门外，与社会工作机构有关的其他机构包括财政部门、妇联、残联等，特别是财政部门。一项政策能否被很好地执行，与政府的内部整合程度密切相关。为支持社会工作机构的发展，加快社会工作人才职业化队伍建设，2012年民政部、财政部下发了《关于政府购买社会工作服务的指导意见》，其中明确指出："加大财政投入力度，逐步拓宽政府购买社会工作服务范围；同时，民政部门应根据地方经济社会发展水平和财力状况，做好编制预算，而财政也要将政府购买社会工作服务经费列入财政预算，加大财政投入力度。"由此可见，在"政府主导、民间运作"工作思路的指引下，中央政府从宏观层面为社会工作机构的发展给予了政策上的大力支持，但是购买的预算编制在民政部门，可实际拨付购买资金的权力则在财政部门。调查中，大多数民办社会工作机构或多或少地获得了政府购买，有的以项目形式购买而有的以岗位形式购买，但是在实际执行过程中，却多多少少地受到了来自其他各部门的刁难。

比如财政部门，由于它直接负责政府购买服务的资金拨付，所以它的态度直接影响了机构资源获得的多寡。

MS社会工作服务社所在市民政局社工处负责人说：

"虽然之前也有政府购买服务，但是还没有常规化，但2012年'意见'的出台则意味着能扩大购买的范围和内容。可是在实际执行过程中，我们都要找财政部门要钱呀！虽然购买了机构的专业服务，钱也不是一步到位的，一般是按照30%、40%和30%的比例分批到位。因为后续购买资金不到位，MS社会工作服务社也来过多次，虽然钱没到位，但是服务他们还是继续做的。我们也都为这个钱去协调过的，但有时候也解决不了，因为钱实际并不在我们手里呀！"

上述例子鲜明地反映出一项政策落到基层是变得如此复杂。而资金迟迟不能到位的解释多是：完成政府的财政程序需要一个时间、部门领导出差或者是财政现在没有经费等。

作为资源互动一方的民办社会工作机构面对这一状况表现得却是一种低姿态。如HM社会工作服务中心总干事所言：

"很多政府购买的项目，项目书上并没有明确标明资金确切到位的时间，一般都是按照购买后、中期评估和终期评估三个时间段来拨付资金的。有很多时候钱不到位都是财政拨款不到位，导致民政那边也没办法把钱打到各个社会工作机构的账户上。我们只能去催或者先从其他项目里面拿钱来做或者给社工发工资。"

可见，虽然资金迟迟不到位，民办社会工作机构并没有据理力争或者停止服务，能做的就是一遍一遍地去催，想办法东挪西挪，有的时候就"拆东墙补西墙"，还有的时候只能相关负责人自己垫资保证项目能继续进行下去。作为奉行平等、正义、公正，为弱势群体争取权益的专业社工而言，在既有行政架构下自身的权益在很多时候也难以主张和维护，可以说，机构对自己所处的复杂关系和困境也非常无可奈何。因为他们自己本身没有能力去和政府其他部门抗争，而民政部门由于能力所限也往往难以协调。

综上所述，多层级政府不同的组织目标、不同部门的资源动员能力以及组织内部的结构及整合度等因素都影响了政府对民办社会工作机构的态度，也影响了他们之间的资源互动。在政府管理体制的过渡期，政府必须让渡空间，机构才能获得发展的空间，而针对社会工作机构的发展，存在较多的是宏观的政策鼓励，缺少可操作化的实际执行。此外，政府的行为能力也受到了组织内部整合程度的影响。

由此可见，民办社会工作机构同时处于不成熟的服务市场、发育不良的市民社会和官僚服务型政府的多元互动中，三元互动所形成的结构对于机构的生存产生了重要的影响。机构资源匮乏的原因在于无法从政府、社会和市场外部环境的互动中获得生存发展所需的资源。按照资源依赖理论，任何一个组织都没办法掌握生存发展所需的所有资源，因此，它要获得生存就必须与外部环境进行交换，与外部环境的互动是其获得资源的途径，而为了能获得这些资源，组织必须以满足外部群体需要的方式去证明自己的有效性（杰弗里，2006）。对于民办社会工作机构而言，要想从外部环境中获得资源就是要向政府、社会和市场证明自己存在的价值和意义。因此，现实运作中，民办社会工作机构在不断地调整自己的策略来应对外部环境的变化，而这些变化的目标都是向外部环境证明自己存在的价值。当一种策略行不通时，机构便积极寻求其他的策略来应对外部环境的变化，正是在政府、市场和社会的三元互动中其生存逻辑悄然发生了改变。

从资源动态理论的视角出发，加入时间维度来分析民办社会工作机构遭遇的资源困境以及应对策略，可以发现，影响民办社会工作机构获得资源的因素都不是单一的和一成不变的，而是一个相互影响的动态过程。不仅外部环境主体间的政府、社会和市场会相互影响，民办社会工作机构采取的应对困境的策略也会影响他们之间的互动，同时通过影响社会工作机构的生存环境进一步影响了机构的发展，呈现出一种动态循环的关系。动态资源理论中的核心概念就是反馈环，它强调了既定时间内互动主体间相互的动态关系（Cho & Gillespie，2006）。民办社会工作机构策略行为结构性因素的探讨说明，机构的资源之困或者机构策略行为不是单方一己之力的后果，也不是简单的外部环境作用的结果，而是政府、市场和社会多方行动主体相互影响、共同形塑的结果。而且这种困境的存在也不是一朝一夕的静态格局，它随着各个行动主体行为方式的改变、时间的推移而发生变化。

# 本章小结

本章在民办社会工作机构既有策略行为的基础上，依据深度访谈资料从市场、社会、政府构成的机构生存的组织场域中，讨论了机构策略行为生成的结构因素以及他们对机构生存逻辑的影响。

第一，既有市场环境的不成熟、较低的社会认可度以及不健全的社会服务供给体系是机构与市场资源互动不畅的根本；第二，捐赠资格的合法性、社会认同的合法性以及不成熟的公民责任意识是机构与社会资源互动不畅的根本；第三，各级政府不同的组织目标、相关政府部门的资源能力及组织内部结构和整合度等因素都影响了政府对民办社会工作机构的态度，也影响了他们之间的资源互动。

民办社会工作机构策略行为生成的结构因素探讨说明，机构的资源之困或者机构策略行为不是单方一己之力的后果，也不是简单的外部环境作用的结果，而是政府、市场和社会结构性因素相互影响、共同形塑的结果。在政府、市场和社会的三元互动中其生存逻辑悄然发生改变。

# 第七章　资源导向——民办社会工作机构的生存逻辑

第六章分析了运作于三元结构中的民办社会工作机构因各种现实原因导致的资源交换不畅，不得不同时应对资源匮乏与机构价值目标的矛盾、资源匮乏与政府高指标之间的矛盾，在诸多的具体关系与矛盾中，机构生存逻辑开始发生改变。那么机构生存逻辑改变的动态过程是怎样的？是一种主动而为还是被迫接受？抑或二者兼而有之？何种力量最终形塑了机构的生存逻辑？对于这些问题的回答是本章需要解决的主要问题。同时，这一章也是本研究的理论提升部分。因此，基于深度访谈资料，本章深入分析了上述问题，同时从福利哲学入手，分析了从根本上改变机构畸形生存逻辑，实现理想生存逻辑的可能路径。

## 第一节　民办社会工作机构的二元生存逻辑

### 一、需要导向——机构生存的基础与价值所在

社会工作是以利他主义价值观为指导，以科学的知识为基础，运用科学的方法进行的职业性助人活动。从定义中可以看到，运用专业的助人方法满足服务对象的需要是社会工作专业的根本或者价值所在。正因为如此，社会工作与人的需要满足密切相关（万俊，费斌，2004）。在社会福利领域中关于需要的定义和需要的类型呈现出多元化。需要是动机的源泉，是人类各种实践活动的出发点和归宿，推动着人类社会的不断发展。它不仅是满足人的价值实现的重要途径，还是实现人的需要的重要手段和方式。从这个角度出发，需要体现了社会工作的价值和意义，或者涉及了社会工作的专业使命。与其他专业一样，社会工作作为一种专业也一定带

着自己的宣称而存在，这种宣称也就是它的使命，并且这种使命对于专业来说意义重大，是专业构成的前提和重要组成部分。社会工作的专业使命是什么呢？有学者认为社会工作专业自诞生以来，有关其使命的论述主要有三种，即慈善使命论述、科学使命论述、解放变革使命论述（陈涛，2011）。其中慈善使命的论述表明社会工作的专业使命是怀着慈爱帮助那些下层不幸的人；科学使命表明社会工作的专业使命是促进人与社会的良好秩序和状态；而解放变革的论述则指明社会工作专业者要去解放人们受到的压制和剥夺，不断创造出一个让更多人感到公平和满意的社会。无论社会工作的专业使命如何，必须通过实践来完成。

社会工作者是直接提供服务的主体，他通过各种各样的社会工作服务机构进入这一行业，机构赋予社会工作者合法的身份（Beulah Compton，2005），而社会工作的专业化表征之一是社会工作机构的专业化，因此，民办社会工作服务机构是传输社会工作服务的主要载体，这种服务是以践行人文道德价值和捍卫社会公义为使命的服务（肖小霞等，2013）。从这个角度来看，满足服务对象的需要是社会工作机构存在的理由或者是合理性，也是其生存的逻辑起点。从社会工作机构本身来看，其自身也有主体的价值需要，即为服务对象提供高质量的专业服务，实现机构倡导的价值理念。社会服务组织在提供服务的过程中十分强调价值伦理议题，它成为一个重要的边界符号，把社会服务类组织和其他组织区别开来。从这个意义上说，机构的价值目标与满足服务对象的需要具有高度的契合性，二者是统一的。因此，理想状态中，社会工作机构存在的价值和意义就是满足服务对象的需要，为其提供优质高效的专业服务。可以说，需要导向是社会工作机构理想的生存逻辑。

## 二、资源导向——机构需要导向实现的工具

俗话说"巧妇难为无米之炊"，组织的生存和发展也一样。任何一个组织都是为了特定目标而存在的，而能否达成既定目标，实现专业使命的关键是组织能否拥有足够的资源并且这些资源能否得到有效的整合和利用。组织资源不足，不仅会迫使其中途放弃所从事的有价值的事业，严重的时候，还可能导致整个组织的毁灭。因此，从这个意义上来讲，资源是组织生存发展的基础，也是其实现价值目标的工具和条件。组织生存发展

所需的资源具有多样性，不仅包括人力资源、物质资源、信息资源，还包括技术资源。对于社会工作机构这种非营利组织而言，由于它志愿性和非营利性的特点，注定了它对外界资源的依赖比企业和政府更为严重（Middleton，1987）。

社会工作机构作为一种非营利组织，它需要的资源大致可以分为以下几类。

第一类是政策法规。社会组织要获得生存和发展空间，必须依赖于国家和地方的政策法规，因为政策法规通过法律途径规定了社会组织的地位以及活动范围，这是其合法性的重要保障。这种"合法性"有两层含义，一种是"合法律性"，表明一个行为或者事物符合相关法律的规定；另一种是"正当性"，表示一个行为或者一个事物存在符合人们某种实体价值准则，人们进而自愿接受或服从（高丙中，2001）。通过各类税收优惠政策、政府购买、财政拨款、补助以及其他社会服务和公共服务政策，社会政策成为社会组织生存、发展的重要资源，但与此同时，社会政策所带来的身份限制和部门限制有时也约束了社会组织的生存与发展（肖小霞，2012）。

第二类是资金。有了合法性身份及活动空间，通过开展服务活动赢得公众的认可，建立组织声誉则是重要的一步。组织开展活动的基础与前提条件要求组织一定要掌握一定的资源。社会组织通过争取资源和参与服务实现其综合实力提升的目标。

第三类是人力资源，包括专业人才队伍和志愿者。前者是专业机构的安身立命之根本，而后者则是机构获得公众认可和社会支持的具体表现。社会工作机构区别于其他民办非企业的最大特点是其专业性，而且是借鉴西方社会工作的理念、价值和方法解决中国社会的实际问题。因此，专业人才队伍或技术是其提供专业服务的重要保障。这不仅要求有专业人才培育体系，还要有专业人才的职业化，只有职业化体系的成熟和完善，才能保证专业人才不流失，充分发挥其优势。而志愿者则是区域志愿精神的体现，它标志着组织社会心理空间的成熟。因此，在志愿精神越丰富的地区，非营利组织越兴盛。

综合来看，满足服务对象需要是民办社会工作机构的生存基础和价值所在，即机构所有的活动都是为了实现机构价值目标和满足服务对象需要，而这种价值目标的实现不是无条件的，获得足够的资源来开展专业服务是其价值目标实现的工具和保障。没有充足的资源，一切价值目标和专业使命只是停留在文本上的口头倡导。因此，资源导向也是机构需要导向中的一部分。换言之，资源导向是机构的需要，但不是最终需要和根本目标，只是实现服务对象需要的中间环节和重要工具。由此可见，需要导向和资源导向是机构运作中的二元生存逻辑。但是资源总是有限的，机构永远需要在需要导向和资源导向之间进行平衡和取舍，找到最恰当的结合点。资源应该是为满足服务对象需要服务的，这是机构理想的生存逻辑。

## 第二节　民办社会工作机构生存逻辑的
## 现实形塑——资源与权力

理想状态中，机构的生存逻辑应是坚持需要导向，即通过专业服务来满足服务对象的需要。然而这种理想的生存逻辑的实现需要一定的资源条件。在民办社会工作机构面临资源之困的生存环境下，运作于三元结构中的民办社会工作机构，由于各种现实原因导致的资源交换不畅，不得不同时应对资源匮乏与机构价值目标的矛盾、资源匮乏与政府高指标之间的矛盾，在诸多具体的关系与矛盾中，导致机构与政府修辞性伙伴关系的形成，也最终形塑了机构资源导向的生存逻辑。从三元结构的互动来看，当社会支持和不完善的市场在短期内无法改变的情况下，寻求与政府的合作和良性互动是打破资源困局的最直接和有效的途径。因此，与政府的互动关系如何影响了民办社会工作机构生存逻辑的形成是本节的重点。

### 一、政府与机构——一种修辞性伙伴关系的形成

社会组织与政府组织不同的组织优势为二者间的交换合作提供了条件，它们在混合福利服务中的不同纬度承担着不同的职能，应是一种合作关系，二者在职能上分工明确，相互依赖也相互支持。二者通过市场化的购买形成一种契约关系。社会工作机构在市场的不完善和社会环境短期无法改变的情况下，很难通过这些途径获得生存发展的资源。因此，与政府的交换合作就成为现实中唯一可行的选择。

赛德尔（Saidel，1991）认为，社会组织与政府之间的关系并不是哪

一方简单的顺从和服从，而是彼此相互依赖的关系，这是由于它们都掌握着某些重要的资源。虽然政府对社会工作机构有依赖，但是这种依赖仅仅是从服务使用角度来考察的。从公共服务的角度来看，社会工作机构能提供民众需要的多元化的专业服务，成为政府公共服务提供的有力帮手。从目标取向上来看，政府对社会工作机构有一定的依赖。然而，抛开宏观意义上政府对社会工作机构的依赖，考察具体的服务领域，展现出的则是另外一种景象，或者说这种依赖关系并不明显。贺立平（2002）分析中国社团经济与政治时使用了"边缘替代"的概念，认为政府与社团的关系是一种让渡下的拓展关系，社团替代只能是边缘职能的替代，这种替代实质上是一种依附性合作。借用这一概念来研究二者之间的合作，可以看出，政府对社会工作机构的依赖主要是在服务上。理论上，社会工作机构在某些专业服务的提供上具有政府无法比拟的某些优势，这使得政府选择社会工作机构来提供服务比选择政府组织更有效率。而事实上，中国现有社会工作机构虽然数量庞大，但是整体比较弱，还没有多少能真正成为政府的有力帮手，在承接政府公共服务时也表现出能力不足、效率低下的问题，而且在生存过程中为了适应生存环境，机构采取了多种策略行为，这些策略行为也进一步弱化了机构的专业性，以服务对象需要为本的目标也在艰难的生存中日渐改变。访谈中，大多数民办社会工作机构都有政府购买的经历，可在机构看来，政府在服务契约管理的过程中却显示出较强的干预性。当问及"在政府购买的项目中与政府关系怎样"时，大部分机构给出了如下的回答。

AL 社会工作服务社总干事说：

"理论上是平等的，实际上是不平等的。因为我们离了政府就没资源，就活不下去。"

MS 社会工作服务社总干事说：

"还是不完全平等的吧。因为我们的项目资金很多都来自政府，离开政府的钱，机构很难生存。很多时候机构为了保持和街道的良好关系，也没办法。例如，有的街道为了应对检查，要求社工或者机构必须在某个时间、某个地方开展一些活动，或者在你很忙的时候，民政局或者区里的领导让你帮着写份材料，这些都是经常的事。"

HM 社会工作服务中心总干事说：

"与政府实际上是一种伙计关系而非伙伴关系。"（问：怎么体现出来的呢？）"机构自主性较差，没有话语权。比如做什么项目、多少经费等实际上机构没有多少决定权。做什么项目都是政府确定好的，然后委托机构进行，而不是机构自己发现服务需求而由政府认可的。现在多是这样的，机构处在成长初期，资源依附于政府，还处在配合政府做事的状态下。"

HY 社会工作服务社理事长说：

"与政府的关系虽是购买形式，但实际上是不平等的，应该是依赖性关系更强的。因为机构离了政府是活不了的，就像我们机构这个样子，可是政府离开机构是能活的，因为不只你一家机构，还有很多。现在一些街道在社会组织培育的口号下也成立了一些机构，还有社区成立的。就是有区民政局的项目，你和街道或者社区成立的机构相比也是不占什么优势的。毕竟他们和民政局关系要更近一些吧，人家开展活动也是很有经验的。"

通过访谈可以看出，在日益兴起的外部购买中，政府购买要求政府要能成功扮演一位精明买家的角色，承担起经费筹措、业务监督和质量保证等重要责任（Van Slyke，2003），而这些责任的履行都以购买中的"契约"为核心，在此过程中，政府与购买方虽然各自承担的责任不同，但二者都应把提升公共服务质量和效率，满足公民的需要作为自己的组织目标来追求。因此，契约管理是保证实现这一目标的关键。以竞争和责任两个为指标，彼得·乔尔克特纳和劳伦斯·马蒂（Peter Kettner & Lawrence Marti，1990）将契约管理运作模式细分为市场竞争模式和伙伴关系模式。市场竞争模式鼓励更多的供应商参与竞争，提高公共服务的供给效率和质量，虽然它更符合民营化的初衷，但是这种模式对实现条件要求较为苛刻，包括被提供的公共服务须简单、明确，完全市场化的竞争环境，契约双方均拥有充足资源等。这只是一种完美的设想，现实中这些条件几乎不可能同时满足，这就为伙伴关系模式的出现创造了机会。伙伴关系模式把服务供给的持续性和稳定性当作管理目标，契约管理是通过双方协商实现的，因而管理的过程更加富有弹性。在这种伙伴关系模式中，政府和供应方共同确定出具体的契约内容，从而明确政府、中标者各自的义务和责任。然而，实践中政府在契约管理的过程中，过多地介入机构的事务，机构自主性较差，没有话语权。在具体的项目上，机构几乎没什么决定权。做什么项目都是政府确定好的，然后委托机构进行，而不是机构自己发现服务需求由政府认可的。对于政府要求的契约之外的很多任务，机构为了维持较好的关系，以便后续获得资源，保证生存下去，只能保持低姿态，虽有抱怨，但还是尽力配合，因此，名义上的伙伴关系在实际上呈现的更多是伙计关系，或者是一种停留在文本上的修辞性伙伴关系。伙伴关系理论的前提假设是独立性和非营利部门自身的壮大，这在中国目前的情境中或许并不存在（黄晓星，杨杰，2015）

虽然很多民办社会工作机构都有政府购买服务的经历，但是这种购买具有一定的偶然性，并不能保证持续性。政府购买的多是边缘性服务领域内的"软服务"，如居家养老服务、高龄老人送餐服务、流动儿童家庭支持服务等，这种"软服务"质量和效果不像"硬服务"那样容易测量，而且尚未涉及核心公共服务领域，如教育、医疗等。此外，在公共服务外包过程中，社会工作机构也面临着市场的竞争。因为当政府面向市场购买服务的时候，并非只有社会工作机构这种类型的组织能承接，其他社会服务组织一样可以参与竞争，甚至是一些市场组织。如养老服务项目，民办养老院或许在综合服务上比社会工作机构更具优势。除此之外，还有政府事业单位转化而来的社会工作机构参与竞争。正如机构访谈中所说："政府离了你一样可以购买，因为社会工作机构不只你一家，而机构离开了政府却活不了。"因为政府是其现实的资源来源渠道，或者说社会服务组织参与服务提供是基层治理体系中稳定的一部分，但是承接的社会服务组织却是不稳定的。这种非对等的依赖关系注定了政府与民办社会工作机构平等的资源互动关系在现实中难以实现。组织对外在组织的依赖性使得其他组织对其限制和行为控制成为可能，甚至是不可避免的。而这种控制或者依赖的程度取决于三个因素：①资源的重要性；②利益群体对这一资源的分配和使用的控制力；③替代资源存在的情况（Peefeer，1978）。由于政府手里掌握着社会工作机构生存和发展中至关重要的资金，而且机构也无法从其他途径寻找到可以替代的资源获取渠道，因而，这种非对等的依赖交换关系必然存在。

此外，在当前购买体系尚不完善的情境之下，通过市场竞争来获得契约似乎无法完全实现，在委托购买的形式下，与街道、社区成立的社会工作机构相比，民办社会工作机构在参与竞争时并不占明显优势，正如访谈中所说："这些机构和民政局关系要更近一些吧，人家开展活动也是很有经验的。"这种修辞性伙伴关系的形成是机构主动选择的结果还是极力挣扎后的无奈之举呢？

## 二、依附或自主——民办社会工作机构实践中的艰难争取

目前内地社会工作机构仍然处于不断发展中，机构生成路径有很大的不同，主要有政府主导内生型、政府支持合作型和准市场导向自发型三类。从生成路径比较来看，后两种类型的民办社会工作机构自主性稍强一点。但是，民办社会工作机构的自主性并非一成不变，它随着外在环境的变化而逐渐变化。也就是说，这种修辞性伙伴关系可能并非机构创办者的初衷。现实的政治环境和社会环境影响了其发展，其中的曲折反映了机构在自主与依附间徘徊挣扎抑或主动选择的历程。

1. 部分机构自主性的艰难争取（被动选择）

民办社会工作机构自主性的核心表现是经济上的独立性（彭善民，2010）。也就是说，民办社会工作机构的独立性与资金的主要来源有着天然密切的关系。换句话说，民办社会工作机构靠谁吃饭？机构的独立性通过很多方面的自主权得以表现，如人员招聘、日常管理、项目开发、外事活动等。在中国既有的民办社会工作机构中，不乏一批满怀热情和激情的开拓者。创办一个独立的民办社会工作机构可能是他们的理想和愿望，可当理想遭遇现实时，为了生存，他们不得不做出选择或妥协。MS 社会工作服务社和 JA 社会工作服务中心就是其中满怀理想和激情，为理想和事业而奋力争取的典型案例。MS 社会工作服务社是高校周老师一手创办的，于 2009 年进入积极筹备阶段。JA 社会工作服务中心则是 2007 年由香港的黄智雄先生一手创办的。作为民办社会工作机构创办人而言，当时创办机构他们并没有想到会有如此复杂的情况。

MS 社会工作服务社总干事说：

"当时创办这个机构，是区级层面的，区里当时很支持的，未注册的时候就有 10 万元的一个养老方面的项目。所以，注册后，就像深圳很多机

构一样，招聘专职社工，制定机构各项规章。当时我们是想让它成为一家社会信任的综合性的社会工作专业服务机构。现在想来，我们机构对于政府而言，还有另外一项功能，就是作为区政府购买社会工作专业服务创新试点的实验载体，在第一年发展还是很好的。可当机构真正开始运行，才发现其实比想象的复杂得多。第一笔经费到账后，后续经费迟迟不到。区政府经常来检查，对工作提各种意见，在我看来，他们已经过多干涉了机构的事务。可是如果不接受或者承认他们意见的正确性，那后续经费可能还要更迟。经费来源主要或者说完全靠政府，不服从他们管理想保持独立性是比较困难的。我现在都成了区里那几个领导的秘书了，一有材料就让人来找我写，说我是这方面的专家，推都推不掉。没办法，熬夜加班给他们写，谁让机构的钱主要是他们给呢。"

从上述访谈内容可以看出，MS 社会工作服务社在发展初期能得到较好的发展，呈现出强劲的发展势头得益于以下几个因素：①创办人良好的愿望；②区政府的大力支持。而机构蓬勃发展之势从 2012 年年初开始减弱，至 2013 年机构甚至出现了资金严重短缺、工资发不出来的状况，负责人不得不自己掏腰包来垫付工资。虽然作为准市场导向自发型的 MS 社会工作服务社、JA 社会工作服务中心有很少一部分资金来源于国际基金会项目的申请，但是国外基金会的项目申请一般都有十分严格的评估体系，在本土化社会工作机构发展初期，大部分社会工作机构距离这种标准差距甚远，如果运气好有可能申请到项目，但缺少连续性。因此，在机构创办初期，保持机构独立性的美好愿望在遭遇资金困境时被迫向现实妥协。它们在自主性和依附性之间游荡，最终越来越向依附性靠拢。这一点在后续两个机构董事会人选选择上得以体现。

JA 社会工作服务中心总干事说：

"机构的经费主要有两个来源，一个是创办人黄先生的个人捐赠，另一个是政府购买服务。黄先生一直在用他在香港的一些资源，包括香港中文大学的全程督导。社工的专业督导要花很多钱，我们邀请一个专家，往返飞机、食宿、人力花费很大，这一块由黄先生一手包办，所以我觉得一半一半吧。社会捐赠很少，之前很多想法如依靠一部分社会捐赠，现在看来很不现实。为了能获得政府的项目，必须和政府搞好关系。之前有个项目，做了一期，但是后来那个领导走了，换了领导，不重视这个项目，所以后续也没继续。但我们就有经验了，在机构理事会换届时就邀请了大学的知名教授、政府部门的负责人来担任理事，这样机构人脉资源就多了，以后申请项目也方便些。"

《组织的外部控制》一书中认为，资源交换是组织间关系的核心纽带，组织生存的关键是获得并保住资源的能力（Peefeer，1978）。JA 社会工作服务中心采取的就是"吸纳"策略，这是它获得并保住资源的一种表现，而这也并非一家机构的行动选择，MS 社会工作服务社也采取了类似的策略。

MS 社会工作服务社总干事说：

"平时我免费给他们写各种稿件，可到关键时候，他们多少还是会考虑这些的。我们后来也学聪明了，要多和领导搞好关系。如领导要来机构或者社区服务点参观考察，要求怎么配合我们就尽量满足。机构理事会换届选举时就把政府部门的领导邀请来，这样对机构申请项目有帮助。有时候我在想，发展社会工作是不是有点超前呢，政府的思路有点超前，学者们的观点有时也有点超前，可是现实的体制不可以变得那么快，往往总是滞后的，所以很多事情说起来容易，听着也不错，好似很多方面都在支持，但真正做起来，局限还是很多的。"

机构总干事表达了令人深思的见解，为了生存，他本人或者说机构不得不与关键的人物进行互动。这也正印证了资源交换的观点之一，即为了生存，组织必须与那些控制资源的外部行动者进行互动交往。资源交换中组织是理性行动体，它会根据某些条件来选择和联结对象（Lin N.，2001）。与机构有直接关系和掌握资金的领导就成为机构不得不连接的对象。MS 社会工作服务社负责人的话似乎可以引出如下的思考：虽然，现有政策环境下，中国社会工作服务机构的发展空间在不断扩大，但是这个空间有多大，最终都是政府定义的，主要还是看"政府的思路和想法"。在这种情形下，社会工作机构的自主性不得不受到影响，以服务对象需要为本的发展思路慢慢蜕变。由此可见，部分民办社会工作机构表现出对政府的依附并不是机构的初衷，而是现实情境下的无奈选择。

**2. 部分机构依附性的主动选择**

中国社会工作机构处于发展初期，鱼龙混杂，创办机构的初衷也具有多样性。部分机构是想保持独立性和自主性而不能，而有些机构似乎深知"背靠大树好乘凉"的道理，在成立之初就主动选择或者主动寻求"被保护"。AYP 社会工作服务中心就是其中之一。该中心负责人道出了机构成立的背景：

"大约是在 2008 年，QD 市成立一个推动社会工作发展的小组，由 QD 市委组织部牵头，以组织部部长为组长的社会工作小组，当时我是这个小组的专家组成员，这个小组当时由民政、教育、卫生等几大部门联合组成，该市民政局部长是领导小组的副组长。当时我们参与中央组织部关于社会工作的调研，在 QD 市开展调研，还要有到外省市考察学习经验，回来我们再一起讨论下一步推动社会工作的发展，除了民政系统体制内需要有自己的努力外，民间社会组织也应该有自己的机构来推动与发展社会工作。我正好在领导小组里面，他们说你成立一个机构吧，正好 QD 市也没有，在这样的背景下我就注册成立了一个。QD 市民政局就成为我们的业务主管单位。"

由此可见，这个机构在成立之初就得到了政府的大力支持。在机构发展过程中，机构的发展主要以满足政府需要为目标。

AYP 社会工作服务中心负责人说：

"机构成立之后去社区进行需求调查，确定开展的项目。恰巧这时妇联想为单亲家庭做些服务，但是不知道具体做什么，与我们讨论，最后确定做单亲贫困家庭子女方面的项目。由于投入比较好，加上宣传力度比较大，项目做下来获得了很多奖。这些奖有的是团市委颁发的，有的是 QD 市精神文明办颁发的，还有区里颁发的。除了颁奖之外，还有一部分奖金。"

机构按照政府的需要确定自己的服务项目，顺理成章地得到政府的支持和保护，并获得了很多荣誉，这些荣誉成为机构的另一种资本。与一些机构一开始苦苦追求自主性、四处碰壁，而后被动选择不同，机构负责人的理念和意识从一开始就深刻地影响了它对自主性的追求："我们的原则就是有多少钱办多少事情，没有钱我们想办事情也办不了啊，资金这块我们是很缺的。必须依靠政府，靠社会捐赠太不现实了。"从这番表述中，我们不难看出主动寻求被保护恐怕是机构应对生存困境的主要思路和策略。

综合来看，无论是艰难争取最终被动接受依附，还是明智之举主动选择依附，都是机构在现实制度环境中经过深思熟虑做出的理性选择。这是非对等的资源互动关系的必然结果。因为当民办社会工作机构的资源主要依赖政府时，政府在资源分配、选择组织和要求机构提供何种服务上就行使着绝对的权力。而民办社会工作机构如果必须提供政府资助的、完全由政府定义的服务，那么二者之间根本无法形成所谓的"合作关系"，充其量它只是政府的"代理人"。正所谓"在人矮檐下，怎敢不低头"，为了利益或者资源而"委曲求全"是一种再普遍不过的现象。在这种依附性关系形成的过程中，机构的生存理念发生着变化，与此同时，机构资源导向的生存逻辑也在悄然形成。

## 三、资源导向——民办社会工作机构生存逻辑的理性选择

作为一种社会组织类型，探究民办社会工作机构的生存逻辑还要考虑到组织与其相关的其他组织之间的关系网络，只有这样才能清晰地洞察到它生存逻辑的形成。法国社会学家布迪厄提出的"组织场域"恰好能作为分析社会工作机构生存逻辑的基础。布迪厄将"组织场域定义为位置间客观关系的一个网络或一个形构，这些位置是经过客观限定的"（转引自李全生，2002）。在社会工作机构的组织场域中，包括众多主体，如政府、社会、服务使用者、捐资者、同类型机构等。如本书第六章所述，民办社会工作机构现实的资源主要来自政府，因此与政府的关系是影响其生存逻辑的一个重要方面。此外，同类型机构构成的组织生存发展的生态关系在很大程度上也会影响组织生存逻辑的形成。

1. 组织生态关系的疏离与竞争

在社会工作机构的生存和发展中，同类型的其他社会工作机构间如果能实现资源共享或者合作，那么这也会对社会工作机构发展中的行动选择产生一定的影响。在资源较为短缺的情况下，政府主导内生型社会工作机构和政府支持合作型及准市场导向自发型的社会工作机构间会因为竞争资

源产生鸿沟。通过政府主导内生型的 JGSG 服务中心负责人的描述便可知他们与政府的关系：

"我们机构是一套班子，两块牌子。我这个理事长名义上是独立法人，实际上是市福利院的专职社工，机构其他人员都是市福利院人员兼职的。否则机构没有政府项目，岂不是都要饿死了。所以我的一切待遇都在福利院发。我们机构做得比较多的就是对 XZ 市福利院的院长、员工进行培训的项目。与其他民办社会工作机构相比，我们拿这种项目要容易得多。就算是要竞争，民办社会工作机构也不占什么优势。毕竟论组织构建、财务透明度等方面，他们不如我们规范，因为我们福利院有专职人员做这个。"（问：你们和地方民办社会工作机构有合作吗？）"接触的比较少，他们做他们的，我们做我们的，合作更谈不上。我们自己有优秀的社工，也有自己的队伍，做项目有自己的团队，不需要他们支持什么。"

由访谈可以看出，政府主导内生型的社会工作机构原有残存的体制内的资源使其在资源竞争时明显处于优势，而民办社会工作机构则处于劣势。如果说政府主导内生型社会工作机构与政府支持合作型及准市场导向自发型社会工作机构之间是"公"与"私"差别的反映，那么对于处于同样地位的、有着相似境遇的民办社会工作机构之间的关系应是团结、合作的态势。实际中二者关系又是怎样的呢？通过访谈可以看出组织间生态关系的不和睦。

JA 社会工作服务社总干事说：

"一开始我们和 SQ 接触并不多，虽然在同一个市，还算比较和睦吧。但是之间也有竞争，毕竟政府购买服务项目不一定总是面向本行政区域内的社工机构，我们很多时候是竞争对手。合作到目前还没有。不过，不是因为我们是竞争对手，我才在背后说他们的不好。SQ 服务做得好不好我们不知道，但是他们太注意表现自己了，一搞个什么活动就邀请媒体去报道，弄得好像要让所有人都知道似的。我们很低调，我们的态度是务实做事，少搞虚头。"

SQ 社会工作服务社助理总干事说：

"我们和 JA 的关系怎么说呢，说不上好与不好，联系不多，仅限于市社会工作协会搞的沙龙上有过几次接触。我们做的多是面向儿童、妇女的服务项目，也有老人的服务项目，和他们服务项目有重合的地方，合作项目还没有。我们是本土的机构，他们总是觉得负责人是香港的，好像他们机构更正规、更专业，其他机构都是非专业的，专业不专业也不是看负责人出身是怎样的。"

通过以上双方对对方的评价可以看出，民办社会工作机构之间也存在很多不合作、不团结的现象。他们不仅会在争取政府部门的项目时展开竞争，还会争夺媒体关注、政府给予的荣誉等。大家不仅没有相互间的协作、合作意识，更多的是对对方污名化的行为和在背后的相互"伤害"，这种状况很难让民办社会工作机构联合起来改变生存发展的困境，也不利于作为弱势群体的代表来行使利益倡导权，促进社会公平职责的履行。

总的来看，社会工作机构之间的生态环境不容乐观。虽然说，作为公民社会的核心组分的 NGO 被认为是促进公民社会发育的正向力量（陈福平，2009）。但是，却没有任何理论去证明 NGO 所持的价值理念就一定和公民社会的核心价值理念相一致。有学者把这种正向积极的价值观概括为自我超越型价值观，与之相对应的便是自我提升型价值观（Schwartz & Sagie，2000）。这种自我提升型价值观看重对他人的控制和统治，倾向于对个人地位、社会声望、权力和资源的追求（Sedikides & Rudich，2004）。访谈中对其他机构的评价似乎可以说明，从经验研究来看，目前中国并非所有的社会组织都秉承自我超越型价值观，这只是一种理想的设想，实际上更多的是被自我提升型价值观所主导。对权力、声望以及项目资金等资源的重视使其不可避免地与其他主体出现冲突，直接导致了组织间消极、互害的生态关系，这种消极的生态关系对社会工作机构的生存发展产生长远影响。这主要表现在两方面：一是当机构遇到生存困境时其他组织不能为其提供支持，形成大家共渡难关的局面；二是加剧了资源的竞争，恶化了组织的生存环境，使他们陷入更加不利的境地，扭曲了公民社会的发展方向。

2. 二元悖论——机构运行中的价值导向与资源导向

当同类型的机构之间无法形成良好的生态关系，依赖市场又无法获得资源时，政府的资源支持就是机构生存发展唯一的来源。从技术取向看，社会工作机构是"三位一体"特征的有机结合体，即与政府兼顾公平、与市场兼顾效率、与社会兼顾价值。社会工作是提供和传递福利资源的有效途径，而福利被认为是国民收入的二次分配。因此，它被赋予实现社会公平的重要责任。组织这一重任规范了机构实践中的原则和目标，即以社会公平为原则，以提升整体福利水平和促进社会进步为目标。因此，与政府相比，社会工作机构肩负着促进社会公平的使命。此外，除了这一目标以外，社会工作机构要生存，就要与市场上其他的组织一样，遵循市场优胜劣汰的原则，讲究组织的效率和经济存续性。讲究效率是社会工作机构在市场运行工具理性的充分体现，而价值理性也是社会工作机构的内在属性。社会工作机构是意识形态建构的组织，追求信仰效用最大化，扮演公共服务机制的角色（Maisonneuve，2000）。在众多的价值准则中，公益性是社会工作机构组织目标的根本准则，也是推动其发展的核心动力。社会工作机构的主要活动内容是为社会弱势群体提供服务，满足因各种制度排斥群体的需要。在服务的过程中，机构崇高神圣的价值使命、强烈的伦理特性得以体现，通过实践践行公平正义。因而，价值导向是机构行动选择的重要原则。这些体现在机构的宗旨、理念及组织目标上。

此外，按照新制度主义的观点，机构在发展的过程中还受到制度环境对它的影响。从组织的合法性而言，这种制度环境包括政府的政策、制度、社会风俗、文化期待、公众观念等因素。在这种环境下，社会工作机构一方面要尽量满足"双重管理""分级负责"体制下的条件对它的约束，具体表现为组织对相关监管单位、捐助者、社会公众和其他特定群体负责，通过问责来获得组织生存所必需的合法性认可。在社会工作机构主要资金来源中，出资者以政府为主，政府以购买服务的方式与机构之间形成契约关系，机构按照服务要求设计服务方案和具体的服务计划，按照契约承诺提供满足服务对象需要和高质量的服务。因此，理论上二者之间是一种强独立－弱控制的关系。

可具体到实践中，由于市场互动与社会互动的不畅，大部分民办社会工作机构的资源来源多依赖政府，这种资源来源的单一性导致了不平等的交换关系的形成，现实中显现的是政府过多干涉机构内部事务，实际上，二者表现的是一种弱独立－强控制的关系，组织的正式规则和悬于墙上的规章制度与组织的具体实践并不完全一致，呈现出非耦合状态。在运行过程中，机构为了生存不得不面对价值导向与资源导向的冲突和协调，尽可能地实现二者之间的平衡，并做出一定的牺牲。机构在发展过程中逐渐明白或掌握了生存之道，机构在做发展规划和服务项目时，不再把单一满足服务对象需要、实现机构价值目标作为主要原则，而转向更多地从政府的需要出发制定机构发展规划和服务项目，以获得更多的资金支持。

HM 社会工作服务中心总干事说：

"我们机构的经费主要来自政府购买，也有很少一部分福彩公益基金资助。最初的服务项目设计都是通过社区需求调查，发现哪一类人群的哪一种需求比较大，就设计服务项目，去政府相关部门争取资金支持。但是，你认为重要的、需要提供服务的项目，政府未必就认同你。没有其他的经费来源，政府又不认同，只能停留在口头上，无法操作。因此，要是能让政府购买你的服务，就必须熟悉政府的规划、需要和意图，你的服务项目设计必须是当前一段时期国家重视的，地方政府更重视的。"

SYC 社会工作服务中心副总干事说：

"政府购买的项目应该说都是政府确定好的，主要根据市领导的关注，市长关注哪块民生建设可能就会大力支持哪一块的发展。机构有时候发现需要支持的群体，但是没有列在机构的购买项目中，会去建议，但只是建议并不起主要作用，如果领导不重视还是没办法，领导重视是第一位的。"

由以上访谈可以看出，民办社会工作机构在发展过程中，根据外部环境的实际要求做了相应调整，价值目标引导下的满足服务对象的需要不再是指导机构行动选择的主要原则，而政府需要或者说在政府需要下开展服务则成为机构行动选择的主要原则。因此，民办社会工作机构从把资源作为实现价值目标的工具慢慢转向资源作为自己的唯一目标，手段最终成为目标，替代了原有在专业价值引领下的需要。政府需要只是引导社会工作机构做出行动选择的表面因素，资源的导向才是社会工作机构行动选择的真正意图所在。总之，对权力、社会声望及资金的追逐与占有，使得基于民间动力需要创办的、本应代表社会利益的民办社会工作机构不得不由满足民众需要导向的原初生存逻辑转向一切以资源为中心的发展道路上。需要说明的是，按照动态资源理论，加入时间维度后，政府与非营利组织间的互动以及由此形成的权力关系处在一个不断变化的动态过程中。因此，民办社会工作机构资源导向的生存逻辑仅仅是对它当下发展的即时呈现。随着外部生存环境的变化，其生存逻辑也会发生变化。

## 四、权力——民办社会工作机构生存逻辑形塑的力量

以资源为导向而非民众需要为导向的社会工作机构的生存逻辑，是目前中国大部分民办社会工作机构生存状态的现实凝练。是什么力量形塑了这种生存逻辑？很明显是资源，而拨开外层其背后却是权力在发挥着作用。资源和权力是何种关系？权力是如何影响资源配置，并最终形塑了社会工作机构资源导向的生存逻辑呢？

### 1. 资源——权力的载体

历史上，权力一直是人们关注和争夺的焦点之一。如同学术界其他颇具争议的问题一样，关于它的界定也呈现出繁复和驳杂的状态。在罗马人的眼里，权力是个体或者物体影响其他个体或物的能力大小，因此也被称为"能力说"。而在 Hobbes（转引自戴维·米勒，1992）那里，权力被发展成为"因果关系说"，在他看来不管原因是什么，只要行动者拥有对其行动者产生作用的条件，那就可以算是一种权力。在他之后，韦伯（Webber，1997）将其发展成了"可能说"，在他眼里"权力是处于一定社会关系中的，而且在有反抗情况下某一行动者贯彻他自己意志的概率。"韦伯的定义突出了权力与社会关系之间的可能性。也有学者强调了权力的不对称性，代表人物是罗素和唐尼。罗素（1991）在其著作《权力论——新社会分析中》表达了这样的观点：权力是个体或者群体贯彻自己的意志，达到自己目标的一种结果。因此，他的观点又被人们称为"结果说"。虽然，权力不是某个有形的物品，但是它和生活中的其他工具一样，都是达到某个目的的一种载体。唐尼（Towney，1931）把权力定义为"个人或群体按照他所愿意的方式改变他人或者群体的行为，同时，防止自己的行为被他人的方式所改变的能力。"布劳（2013）在其《社会生活中的交换与权力》一书中对权力的定义也侧重权力主体把个人意志强加于其他人的能力。在波朗查斯（1982）看来，"权力是一种利益关系，它指向一个社会阶级实现他特殊的客观利益的能力。"这个定义借鉴了马克思阶级分析的方法，更突出了权力的直接目的——实现权力主体的利益追求。

从以上多种定义的描述中可以看到，虽然观点各异，但仔细推敲，其中也有共识之处：权力基本上是一个行动者或者组织能对其他行动者或者组织态度和行为进行影响的某种能力。西方理论家的观点为我们的研究提供了宝贵的资料，开阔了我们的研究视野，发展了我们的研究思路，但是要研究中国的实际，还需要在他们构建的学术基础之上进行批判性地创新。既有研究虽然对权力的本质进行了分析，但却都没有直接点明权力与资源到底是何种关系。但只要深入地进行分析，就会发现权力与资源是密不可分的。因为，要使权力发挥作用就必须要有保障权力得以实现的条件，这个条件就是资源。因此，无论是"贯彻自己的意志"或者"把自己的意志强加给对方"，再或"否定性的制裁施加控制"都必须依赖稀缺性的资源才能实现，否则对方不可能按照你的意志去行事，也就不可能对其他人产生影响和控制。因此，观察国家生活和社会生活中权力的实际运作，需要把权力和资源结合起来对其进行界定，这样权力就是一种存在于社会关系中的资源。二者密切联系，资源是权力的载体。

2. 资源型权力支配——社会工作服务领域的基本规则

权力是一种资源，而且是一种很重要的资源，拥有了资源也就意味着拥有了权力。它在现代政治哲学的视野中得到很多学者的关注。如迈克尔·曼（2007）认为，权力有四个来源，与这四个来源相对应的形成了四种不同的权力，包括意识形态权力、经济权力、政治权力和军事权力。沿着这个分析思路可以看到，谁拥有了权力的来源，谁也就拥有了权力。在此，权力是一种很重要的资源。整个社会都是在这种权力支配下运行的，它是社会生活中关系产生、存在和延续的重要纽带，同时也是社会运行的基本规则。特别是在市场经济的环境中，权力应该是对资源的控制权、支配权和使用权，这应该是市场经济条件下权力的实质（卜谦，2002）。因为市场经济的本质就是如何最优地整合资源、配置资源和使用资源。因此，市场经济条件下权力的实现必须依赖资源的合理支配控制及高效率的使用。从这个角度来看，权力和资源是密切联系的，可以说资源型权力是支配现代社会运行的基本规则，可以从以下几个方面理解。

首先，权力是一种资源，它可以使拥有这种权力的人去实现他的意志，也可以用这种权力去影响或获得其他的资源。权力可以给人们带来各种各样的好处，这一点是大家有目共睹的。不同的资源为大家带来的利益是不同的。有的只能为人们带来单一的好处，如爱情、亲情，而有的则可以为人们带来多个方面的好处，如金钱。权力就属于后者。因为有了权力，特别是重要的权力，其转化成其他资源的机会就会有很多。权力本身就是一种稀缺的政治资源。比起手中没有权力的那些人，在现实生活中，手中有权力的人可以借助权力拥有更多的机会，更容易地实现自己的愿望和志向，而无权力的人则要困难得多，或者根本不可能实现。权力持有者利用手中的权力产生了对其他主体影响，使其服从于自己的"超能力"，也可以利用手中的权力影响其他重要资源的分配。权力持有者一般会根据它与附属主体的亲疏远近关系分配资源。个体如此，大部分的组织也是如此，在接受资源或权力影响的过程中参与社会活动。从这个意义上说，权力与其他资源最重要的一个区别在于它在很大程度上影响其他许多资源的配置，包括经济资源。

其次，权力是一种资源，产生或存在于人们的社会互动中，也随着社会互动关系的消失而消失。权力是社会关系中的权力，脱离交往关系讨论权力无疑是毫无意义的。世界上有两种资源，即自然资源和社会资源。权力无疑属于后者。社会中的交往可以是个体与个体间的，也可以是组织与组织间的，还可以是个体与组织间的，但是无论是哪一种类型，体现的都是二者之间的一种关系。但是需要注意的是，并非所有的社会关系中都体现资源型权力关系，如友情、爱情等，可反过来，资源型权力关系一定是存在于社会关系之中的。可以说，有社会生活的地方都有资源型权力。小到一个班组的负责人，大到处于领导地位的诸多领导，手中多少都有处于这个职位所赋予的权力。

最后，与其他资源相比，权力是一种处于支配性地位的资源。虽然它反映的是一种社会关系，但是却是一种人和人之间不平等的社会关系，是以某种潜在的强制力为后盾的特殊社会资源。它的特殊性在于能够把权力当作一种工具对相关主体和其他资源施加影响并左右其配置。这里的相关主体主要是权力资源所指向的对象，可以是个体，也可以是机构或组织，而其他资源包括的范围也很广泛，可以是某种经济资源，也可以是某种人力资源。在当今社会，权力主体的权力指向一般是个人或组织，权力会支配或者控制他们的行为，但是这种支配和控制一般应有法律作为根据。此外，权力的掌握者在话语上也构成一定优势，就是我们通常所称的话语权。因此，可以说正是由于权力资源带来的对其他资源的决定性配置，使权力本身就蕴含着一种强制力。

权力是一种特殊的资源，但反过来，并非所有的资源都能产生权力，否则就会陷入简单的"资源说"陷阱之中。权力的确与资源密切相关，但是如果把资源等同于权力那就还需要涉及其他一些条件，包括诸如"社会关系""支配性"等。因此，权力与资源不能混淆，但是如果一味否认或者轻视权力和资源之间难以割裂的亲密联系，把权力和资源完全等同起来这也是十分不妥当的，因为这两种做法都无法让我们清楚地认识和把握权力的真正面貌和独特特质。综上所述，人注定是社会的动物，一定要参与社会生活，因此不可避免地与权力产生千丝万缕的联系。一个人或者组织在大多数时候都处于权力的支配和包围之中。资源型权力是支配社会服务领域的基本规则。权力掌握在谁的手里，意味着与其相关的人和组织形成什么样的亲疏远近关系，也就进一步意味着什么人可以从他那里获取何种社会资源。

3. 资源型权力——社会工作机构生存逻辑形塑的力量

作为一种组织类型，社会工作机构在社会生活中生存、发展也不可避免地与其他组织、群体打交道，也就不可避免地与权力产生联系，它拥有的资源决定了它在社会交换中的地位以及对其他人或组织产生影响的力度大小。而在吉登斯的结构化理论中，资源的重要性主要是通过权力来表现的。在吉登斯看来，权力是行动者的一种能力，这种能力的大小与行动者所能动员的资源的多少成正比，资源在增强行动者行动能力的同时，也对行动产生了一定的制约，二者是一个互相建构的过程（转引自山小琪，2002）。换句话说，资源不仅仅是行动者权力互动的基础，而且也对行动者产生一种结构性的制约和支配。民办社会工作机构正是源于对资源的依赖，导致在和政府的互动中权力的不对等，这种不对等又进一步恶化其生存环境，最终形塑了其资源导向的生存逻辑。

首先，资源来源的单一性是民办社会工作机构生存逻辑形成的条件。社会工作机构作为社会组织中以专业服务著称的组织，其服务目标与政府公共服务目标具有更多的共同性，因而被政府寄予厚望，希望能承接政府转移出去的部分公共服务，所以各地社会工作机构获得了迅速发展，增量上升很快。理论上，社会工作机构与政府之间有资源交换的可能和需要，但是实践中现实条件的约束使这种关系只是一种可望而不可即的奢求。

　　社会组织涵盖的范围广泛，种类繁多，从狭义方面来看，具体包括社会团体、基金会和民办非企业，而社会工作机构就属于民办非企业中的重要一种。而社会团体中又包括学术性团体、行业性团体、专业性社团和联合性团体。基金会又分为公募基金会和非公募基金会。不同类型的社会组织其资金来源存在很大的不同。例如，社会团体主要是以会费作为主要资金来源，同时还可以通过服务性项目来收取一定的费用。公募基金会的资金来源具有多样性，面向大众；非公募基金会的资金只能来自私人。理论上，社会工作机构可以承接政府的项目或者岗位获得资源，还可以面向市场开发服务项目来收取一定的费用。而实际上，由于外部社会环境的不成熟，面向市场开发项目来收取费用在当下并不能实现，而没有得到社会的认同，所以捐款在民办社会工作机构的资金来源中数量也很少。一个人或者组织获得社会承认的方法可以有多种多样，其中尽力证明自己是很有吸引力的伙伴是最常用的方法。但是民办社会工作机构要想在社会上获得承认，必须有自己的品牌项目并且以服务赢得社会的认可，换句话说，依靠专业技术来获得市场、社会的认可。可访谈中问及机构安身立命根本的专业性如何体现时，很多机构给出了这样的回答。

　　HM 社会工作服务中心总干事说：

　　"服务的评估中专业性主要是看汇报的内容和汇报人的水平，没有一个比较规范和硬性的指标，全凭汇报人的汇报，再看一些文字性的东西，比如小组活动时的方案书等。"

　　SYC 社会工作服务中心副总干事说：

　　"中期评估主要以检查、直接询问服务对象和检查个案、小组活动计划书等方式进行，最后再出书面报告。末期评估是邀请第三方评估机构来评估服务质量和专业性，也主要是看一些书面材料、活动方案策划书等。所以，那些活动方案和计划书要做得很详细。"

　　XW 社会工作服务中心总干事说：

　　"服务的专业性主要看成果报告。但实际上，评估目前只能做到规范性评估。绝大多数还停留在规范性评估上，很难体现出专业质量。因为服务的专业质量是很难衡量的。例如，服务过程中是否遵循伦理守则、专业方法使用是否得当，这些都很难在最后的成果报告书中呈现。"

HY 社会工作服务社理事长说：

"我也说不好服务专业性或者效果。反正购买方主要看服务对象对我们服务的评价，因为服务结束后都要求服务对象填写反馈意见、媒体的相关报道、最后提交的项目结项报告，其他也没什么。专业性我个人觉得不好体现，现在能规范操作就很不错了，专业性可以说是谈不上的。"

由此可见，与一般服务机构相比，民办社会工作机构专业优势上的表现并不明显，大致只能做到规范性。评估主要看的还是文字性材料、汇报以及服务使用者的满意度。但在实际操作中，服务使用者多是老年人和特殊领域中的弱势群体，他们自身缺少对服务效果评估的能力。与此同时，政府购买的诸如教育、个人服务等领域的"软服务"因为服务不是实体性产品，虽然提供哪些服务在契约中表述得比较清楚，但提供到什么程度、如何去把握和衡量，标准和规范就不是那么容易操作了，存在着很多无法回避的问题，包括评估指标主观性，缺乏统一公认的标准，缺少客观的任务目标等。对于政府而言，将服务委托给民办社会工作机构递送只是改变了管理方式，并不意味着消除了政府的管理责任。政府的责任由直接管理责任变成对合同的管理。这些合同管理要求政府具备一定的政策专长，掌握谈判、讨价还价、调节的技能、监督项目审计能力（Kettl, 1993）。对于基层政府和官员而言，政府购买本来就是个新生事物，如何对合同进行管理对他们而言也是一项充满挑战的工作。虽然对专业知识评估不是很熟悉，又很难找到监控的适当的着力点，但是为了能在合同管理中掌握主动权，占据优势地位，作为购买方的政府采用了通用的评估方法，也就是书面报告和服务内容的指标量化。这些促使机构采取了迎合性的行为，在服务递送过程中较少从服务对象出发考虑他们的需要，更多地考虑如何去完成政府规定的指标和任务。因此，机构为了符合相关部门的评估要求主要靠制作材料的方式来进行，包括各种表格、服务记录、档案等，评估主要停留在文牍化的工作上。此外，由于不对等的交换关系，使得作为购买方的政府与承接服务的民办社会工作机构在无形中成为一个利益共同体，地方政府为了部门绩效和面子，在考核时避重就轻，评估过程中不同程度地出现造假的情况。由此来看，无法彰显专业性的民办社会工作机构不能获得社会的认可是合情合理的。

当民办社会工作机构把政府作为唯一的资源提供体时，双方的关系和地位不可避免地发生了变化。按照布劳（2013）的观点，在社会交换中获得独立的条件有四个：

（1）战略性资源可以增强独立性。也就是说，一个人如果拥有所有必要的资源，而这些资源又可以作为使其他人为其提供服务和利益的有效诱因时，就可以不需要依赖任何人。

（2）存在可以获得其他替代性来源。

（3）运用强制力量迫使别人给予需要的利益或者服务。

（4）减少需要。

对于民办社会工作机构而言，其自身并未拥有多少战略性的资源，因此无法诱使或者吸引其他人或者组织为其提供必要的利益，与此同时，没有其他替代性的来源可以满足其资源的需要，而减少需要就意味着组织的灭亡。因此，民办社会工作机构在与政府的社会交换中，不能满足获得独立性条件中的任何一个，那么在交换中政府就拥有了控制和影响民办社会工作机构的权力。对机构而言，政府给的资源就是一种恩惠，与此同时，政府手中的资源增强了其行动的能力。民办社会工作机构会接受政府的资源就有做出某种回报的义务，而其在回报义务方面主要是迎合政府的需要，这也进一步弱化了其专业性，因此不可避免地以丧失部分独立性为代价。可以说，民办社会工作机构资源来源的单一性是其资源导向生存逻辑得以形成的重要条件，而在不断削弱的生存自主性的同时进一步强化了其对政府的依赖。

其次，公权力在基层的实践是民办社会工作机构生存逻辑形成的加速剂。在福利多元主义和新公共管理运动的推进下，政府机构膨胀、公共物品供给的低效率以及蕴含于其中的寻租与腐败问题日益引起人们的关注，把一部分公共服务交由非营利组织来承担，以此提高公共服务供给效率和质量成为世界各国的政策工具。中国的政府部门和研究者极力推崇并开始尝试性地使用。而它恰恰与政府"加强社会建设，推进社会管理体制创新"的改革思路相契合。在这一思路的指引下，北京、上海、广州、深圳、东莞等地纷纷开始推行政府购买服务试点工作，并将其作为基层社会治理的重要举措。随着政府购买服务实践的不断推进，作为承接方的社会工作机构也经历了一次井喷式的发展，增长迅速。在增量迅速的情况下，各地纷纷出台支持和促进社会工作机构发展的政策。这些政策成为服务类社会组织特别是民办社会工作机构资源支持的合理的政策背景。

2012 年 11 月，民政部联合财政部印发了《关于政府购买社会工作服务的指导意见》。该意见对政府购买社会工作服务的主体、对象、范围、程序与监督管理等做了大致的规定。2013 年 9 月国务院办公厅也印发了《关于政府向社会力量购买服务的指导意见》。这两个指导意见中，明确了各级政府是购买的主体力量，其中对购买客体做了规定，但是规定比较宽泛。在实际购买中，可供选择的政府购买对象有很多，除了社会工作机构外，还有社会团体、基金会，甚至是企事业单位。至于购买范围，规定则更加宽泛，只要在"受益广泛、群众急需、服务专业"原则指导下进行就可，可以是个别化的服务需求，也可以是普遍性的服务需求。在经济发展的不同地区，在地域资源环境不同的地区之间，呈现出较大的差别。有的政府购买服务是满足基本的公共服务需要，而有的则是一种锦上添花式需求的满足。

在国家基本目标确定的大前提下，各地政府依据手中的公权力来确定购买的服务类型和购买的数量，同时他们手中也掌握着筛选确定购买对象的权力。在市场经济条件下，权力与职位和特权都不等同，而是对资源的控制、支配和使用（卞谦，2002）。而政府在购买服务过程中权力的合理使用就是要最优地配置资源并高效率地使用资源，为服务对象提供高质量的服务。这和政府购买服务的初衷是一致的。然而，在具体的购买过程中，展现的则是权力具体运作和行使的过程，这个过程也是各方资源交换达到利益均衡的过程。虽然指导意见对购买程序和购买机制做了相关规定，可是这些指导意见都属于纲领式的制度设计，缺少指导性的实施方案，也未对监督、考核和问责等方面做出具体规定，因此，在实际执行过程中操作起来并非易事。访谈中政府权力的随意性表现较为明显，与领导个人态度和意愿有很大的关系，正如机构所说"领导重视就能发展得好"。

SYC 社会工作服务中心副总干事说：

"我们机构和民政局能维持这种良好的关系主要是民政局的现任领导

想做事，想发展社会工作机构，所以很顺利。要是换领导了，换个不想发展的、不了解社会工作机构的，情况可能会完全不一样。毕竟现在这个东西在本地没有一个制度化的东西来保障，哪个领导在位，他个人意志或者说他说的话就管用，因此还是权力在作祟。领导重视，这个地方的社会工作机构发展得就好些，因为给的支持大，而不是停留在虚的口号支持层面。"

XW 社会工作服务中心总干事说：

"我们机构和民政局关系比较好。"（问：因为什么？）"这是建立在我个人和民政局之间的关系上，因为他们信任我。私下关系很好，所以很信任。我实习生时代就在那里了。可以说现在机构获得项目不但要看机构的资质，很大程度上还要靠关系。"

WHX 社会工作服务社理事长说：

"政府还没意识到社工的重要性，只是从他自身的需要出发，觉得要搞创新，有个机构就是创新嘛。他们在写报告或者汇报的时候就可以说了，在政绩方面作用就达到了。至于机构后来发展怎么样，他们根本就不关心，也没哪一个领导觉得这是他们的事情。"

从以上访谈可以看出，具体到实践中，政府购买在当下实际运作中呈现出制度化程度较低且缺少持续性的特点，这具体表现在两个方面，一方面制度化体现保证财政专项购买资金的明文规定。受经济发展水平的影响，大部分地区均没有形成政府明文规定以保证政府购买的专项财政支出。政府购买哪些类型的服务、购买多少，受领导态度影响较大，具有临时性的特点和很大的随意性，缺少长远规划，这和处于主要位置上的领导个人意图密切相关，职位赋予他的权力和领导的重视成为影响地方民办社会工作机构发展好坏的重要因素。另一方面制度化体现在健全的法规体系建设。只有依据法律法规才能减少合作过程中的随意性和不规范性，保证购买程序的规范化。而实践中，由于购买的非制度化，机构获得项目除了要看机构的资质，很大程度上还要靠关系。基于私人互动产生的信任关系在机构获得政府项目时发挥了至关重要的作用。因此，在社会服务组织领域，基层政府官员的行为特征表现出令人困惑的局面，因为有时他们被描述为积极扶持和鼓励社会服务组织发展的治理创新者（付建军，2013），有时又好像是设置"隐性壁垒",排斥社会服务组织的发展(敬又嘉,2011)。

综合来看,政府购买社会工作服务的最大优点在于通过竞争对服务提供主体施加压力,促进各方能动性的提升。然而实践却表明,这一条件在中国很多地方都难以实现。有两方面的原因:一方面二者具有不同的利益视角;另一方面二者无法实现平等的地位。因为社会工作机构在资源分配、制度供给以及规则制定上参与权限很小,占据绝对优势的仍然是政府的权力。在克弗列特(Kerkvliet,2009)看来,资源分配就是一个政治过程,这个过程充斥着相关利益主体围绕特定资源而展开的竞争,而主体间的关系决定着资源的最终分配方式。民办社会工作机构资源分配结构也是机构与政府之间利益博弈的结果。由于民办社会工作机构普遍缺乏主动开发市场和业务的能力,只有依托既有行政体制的资源网络在嵌入中维持生存,因此,在这种利益博弈过程中,民办社会工作机构明显处于劣势。在这种情境下,作为承包方的民办社会工作机构不得不依赖于政府,更确切地说是依赖于政府的资源配置。本应遵循市场基本原则配置资源的地方政府,在实际资源配置过程中并未达到最优和效益最大化。制度不健全是主要原因。在这种不健全的制度环境下,作为购买方的政府堂而皇之地以表面合法的形式支出公共财政经费,而作为购买方的社会工作机构由于进入门槛比较低,创办人也心怀各意,整个发展呈现出鱼龙混杂的局面。为了能从政府的手中拿到项目,获得资源,面对有限的政府招标项目和购买经费,民办社会工作机构之间为了得到项目也会出现恶性竞争。有的基层政府在招标时出现权力寻租,在市场上经常看到的"关系标"现象在公益服务领域开始出现,社会服务财富这块"蛋糕"的分配公平问题也随之显现。

权力掌握在谁的手里手,就意味着与他相关的人和组织形成什么样的亲疏远近关系,也就进一步意味着什么人可以从他那里获取何种社会资源。当政府成为民办社会工作机构生存资金的主要来源,就为二者之间不平等的交换关系埋下了伏笔。而当政府的公权力在配置资源的过程中没有完善的法律制度来监督,二者间本应的委托代理关系就进一步便成了附庸或依附型关系。无法获得社会认可的民办社会工作机构只能把政府当作可以获得资源的唯一希望。因此,权力是形塑社会工作机构生存逻辑的重要力量,而资源导向的发展则是它在现实环境中的真实选择,也是其生存逻辑的现实写照。

# 第三节 民办社会工作机构生存逻辑的理想形塑——权利、需要与资源

需要导向向资源导向转变的动态过程揭示了民办社会工作机构在需要与资源间挣扎的过程，也是权力介入后机构生存逻辑演变的结果。需要是多元的，而资源不可能是无限的，因此，机构永远是在需要导向和资源导向间平衡。要从根本上改变机构畸形的生存逻辑，必须以需要为导向，以服务质量的提升为目标，构建机构资源来源的理想结构，因为理想的生存逻辑依赖理想的资源交换结构，而理想的资源交换结构建构的前提是改变福利价值理念，使之实现从"权力观"到"权利观"的转变。

## 一、从"权力观"到"权利观"的转变

### 1. 社会工作服务的性质定位

如前文所述，社会工作机构存在的价值和意义就是满足服务对象的需要，为其提供优质、高效的专业服务。可以说，需要导向是社会工作机构理想的生存逻辑。但是，社会工作机构能与组织环境中其他主体交换的唯一资源就是专业服务或者是专业社会工作服务。对于政府和服务接受者而言，社会工作机构提供的服务对他们来说到底是什么？是一种政府给予的馈赠或施舍，还是自身应该享有的一种权利，抑或是一种购买的商品？对机构提供服务性质上的认定决定了政府、市场和社会在机构资源来源结构中所处的位置和承担的责任，也决定了资源分配的原则。

按照民政部等相关部门的解释，社会工作服务指的是社会工作专业人才运用专业的方法为有需要的人群提供的包括困难救助、矛盾调处、心理疏导、行为矫治、关系调适、资源协调、社会功能修复和促进个人与环境适应等在内的专业服务，是现代社会服务体系的重要组成部分（民政部，财政部，2012）。而将这一概念上升到学术词汇则得益于社会政策的创始人蒂特姆斯（Richard Titmuss）。他认为，社会服务是通过将创造国民收入的一部分人的收入分配给值得同情的另一部分人，而进行的对普遍福利有贡献的一系列集体的干预行为（潘岐，2008）。

　　根据既有文献，关于社会工作服务的性质有多种不同的观点。有研究者认为，作为一项福利，社会工作服务的性质可以概括为四类，即资源论、商品论、礼物论和权利论（藏其胜，2013）。资源论把社会工作服务视为一种资源。在这种观点的指引下，社会工作服务就会被认为是政府可以随时给予也可以任意剥夺的一种馈赠，它是否给予以及什么时候取消都具有很大的随意性。按照这个逻辑，当社会工作服务是一种政府可以随时给予也可以任意剥夺的一种有限资源时，政府手中就掌握着自由裁量权，在这种情形下，社会服务机构更希望嵌入到政府的权力体系中去获得这种有限资源，这就导致目前政府与机构资源依赖的状况。但是资源总是有限的，特别是在当下中国企业社会责任缺失、慈善事业整体发育不良的情况下，社会服务组织的资源主要由政府渠道获得。因此，社会工作机构与政府间不平衡的资源依赖关系最终导致社会服务机构的行动结果有可能偏离了最初的宗旨，有沦为"国家控制工具"的危险（陈涛，2011）。商品论认为社会工作服务是一种商品。在这种观点的指引下，社会工作服务在市场上通过购买途径来获得。这一假设隐含的是，个体作为理性的行动者可以根据需要通过购买手段来获得服务，满足自己的需要。这是一种理想性的构想，充分考虑了个体在市场上自由选择的权利，然而个体在进入市场前拥有的资源是不同的，因此，就有可能出现穷人因缺乏初始资源而无法支付市场设定的服务价格，无法获得自己需要的社会服务。为了保证人们更加平等地进入市场行使自由选择的权利，再分配就成为保障个体在市场上有效行动的能力，保障人们最基本需要的满足（Plant，1989）。这就为国家介入提供了机会和正当的理由。因此，《关于政府购买社会工作服务的指导意见》中提出了在购买中引入市场化、契约化的市场机制就成为一种最理想和期许的形式。在此，社会工作服务就成为一种去商品化程度的准商品，然而，个体的独特需要却有可能被政府与机构的契约所掩盖。礼物论认为社会工作服务的性质就应该由具有利他主义精神的志愿者或者公益组织提供。人们乐于去帮助他人，这是社会团结的一种表现。然而，随着政府福利的增加，一定程度上会降低个人捐赠的热情，产生"公共支出的挤出效应"。而当下的中国现实向我们展示的是：公益组织屡屡遭到公众的质疑，不存在强大的支撑福利发展的利他主义情感。社会工作机构对政府的依赖被迫强化，运行过程中自身的自主性和独立性无法保证。权利论认为社会工作服务是一项权利。如果把社会工作服务作为一项社会权利，那么政府就有责任通过法律法规来保障各类人群都能够获得，并且政府不能够随随便便地给予和剥夺，以最大限度地保障不同群体及个人的权利，维护公平正义。如何实现这种社会权利是社会成员需要满足的关键（彭华民，2008）。因为是一种权利，那么政府就无法单方面决定是否供给，也无法决定由谁来提供，而应由来自市场的服务接受者的选择而非政府单方面的行政权来确定由谁提供服务。社会工作服务机构也可以自由地选择服务的群体和确定服务的领域，这样才有可能解决机构对政府形成的单方面依赖。

在中国当前的现实环境下，志愿行为和慈善事业在人们的福利供给中发挥了越来越重要的作用。人类具有志愿行为的倾向，但是这种志愿行为的发挥不是无条件的，需要在一定的制度保证和条件下，包括相对公平的利益格局和社会公正的参与等。但是，当下的中国并不完全具备这样的条件。因此，有学者认为在操作层面，培育志愿机制还需要进一步理顺政府与社会的关系，发挥志愿机制在社会动员中的作用以及思想界对以利他主义为纽带的公共生活和社会秩序的意识自觉（丁元竹，2012）。由此可见，当下仅仅把社会工作服务看作是一种"礼物"，完全依赖慈善并将其当作经济和社会资源分配的工具显然是不可靠的，也是很不现实的。而完全依靠市场，则有可能带来更大的社会分化和更多的不公平。把社会工作服务当作一种资源，当下社会工作机构发展现状则是最真实的体现，它带来了机构组织目标的异化、服务递送中的各种投机行为以及畸形的生存逻辑。当社会工作服务被视为一种权利时，通过服务资格审查的个体有权利要求政府为其提供社会工作服务，而符合市场准入资格的社会工作机构也有权利要求政府来购买其提供的服务。只有当社会工作机构提供的服务被视为一种权利的时候，个人、机构和政府才有可能在同一舞台上平等地对话。所以，把机构提供的社会工作服务视为一种权利是构建社会工作机构理想资源交换结构的根本，或者说福利的权力观是构建社会工作机构理想资源来源结构的基础和前提，资源分配只有实现从"权力观"到"权利观"的转变，才能从根本上保证民办社会工作机构从资源导向转回需要导向的生存逻辑。

2. 福利权——基本需要满足的权利

当社会工作机构提供的服务对于服务对象而言是一种权利时，就表明个体为了自己的权利可以去争取，这种权利就是一种积极的福利权。在戈尔丁（Golding，1984）看来，福利权是一种对于个人需求的追求，是接受福利或援助的一种权利，包括住房的需要、医疗保健的需要、接受基本教育的需要，这就意味着这种权利与个人财产多少无关。麦克罗斯基（Mc-closkey）则认为福利权是一种通过他人的援助实现共同分享物品的权利。佩弗（Peffer）从更宽泛的角度加以界定，认为福利权是与需求有关的一切权利（转引自 See Carl Wellman，1982）。最终，有研究者将其定义为"与公共福利制度相联的权利"，它往往与特殊需求的社会物品相关联（胡敏杰，2008）。从这个意义来看，福利权就是基本需要满足的权利。在各国法律文本中可以看到，接受福利被看作是一项权利的支持证据。如《世界人权宣言》第 25 条赋予每个人都有权享受为维持他本人和家属的健康和福利所需的生活水准，涉及人们衣、食、住、医疗等必要的社会服务；特别是处于失业、疾病、残废、守寡、衰老且没有劳动能力的情况下，有权享受国家的各种保障。在中国，与《世界人权宣言》相对应的福利权益法律依据来源于《宪法》的第 45 条，其中规定：中华人民共和国公民在年老、疾病或者丧失劳动能力的情况下，有从国家和社会获得物质帮助的权利。然而，作为一种积极的权利，相应就施加了一定的积极义务，而这种义务更强调国家对个人应尽的义务（戴维·米勒，2001）。这种积极的义务不是出自某种自愿性行为，而是宪法所规定的一种强制义务。由此，也把福利权和一般的个人慈善行为区别开来。

需要的满足被视为社会服务存在的价值，也是合理界定政府与市场责任的基本原则。与市场、慈善选择机制的不确定性相比，国家是唯一能够保证所有需要得以平等满足的机构（Wetherly，Paul，1996）。因而政府购买社会服务成为一种理想的合法的形式。然而，个人的需要通过何种方式或者途径转化为权利仍是一个棘手的问题。同时，无论是否赋予社会成员某种福利权利，需要都是一种客观存在，但是在需要转化为权利的过程中它受到外界环境的影响可能会被异化或扭曲。因此，不要简单地认为只要确立了权利需要就能得到满足。事实上，任何权利的实现都不是空洞的，福利权也不例外，它的实现依赖于一定的资源配置。有学者认为福利权涉及国家对经济资源的分配、干涉和制约（弗利登，1998）。需要的满足与权利的实现受制于政府的资源分配和财政预算。因此，对需要的客观界定是实现福利权的基础，对社会工作服务性质的定位则是其顺利开展的保证，而对资源有限性的考量则是需要满足与权利实现的重要前提。如前所述，在当今的中国，志愿精神和市场都无法为福利权的实现提供条件，而国家是唯一能够提供可靠稳定权利保证的制度体系。因而，应该把需要作为行动的逻辑起点，以此为依据建构社会服务供给框架。在这个框架中，将市场与慈善作为辅助手段，而将社会工作服务视为权利，以此作为需要满足的主要途径。

## 二、民办社会工作机构资源交换结构的理想建构

只有当福利价值理念发生变化，从单纯的资源论转到权利论，才能从根本上改变民办社会工作机构畸形的生存逻辑和现状，才能阻止权力的滥用。当把民办社会工作机构提供的服务视为个人的一种权利，则公民就拥有福利权，同时也意味着政府必须提供该服务，但同时也离不开市场和社会的帮助。社会工作机构存在或者提供服务的根本落脚点是满足服务对象的需要，而要满足服务对象的需要，保障服务对象的福利权，则必须要有充足且稳定的资源来源。实现理想的生存逻辑依赖的是理想的资源交换结构。因而，社会工作机构理想的资源交换结构应以"需要"和"权利"为坐标来建构且要把服务接受者纳入其中。具体而言有两点：第一，要把满足服务对象的需要作为逻辑起点，把社会工作服务看作一种权利，并把这些作为满足服务对象需要的主要路径，同时，把市场和慈善作为辅助的路径；第二，在福利价值取向上，实现从资源观或者权力观到权利观的转变，从而保证服务接受者、机构和政府在互动中的自主性，在这一服务框架下来确定服务供给中不同主体的权利和责任边界。

既然社会工作服务是一种权利更是一种福利，那么就涉及福利究竟如何提供的问题。自由主义经济学倾向于市场提供公用物品，因为他们坚信个人是对自己利益最好的裁定者。政府供给的社会福利仅仅是市场生产福利的附属物（巴里，2005）。激进功利主义代表人物边沁（Bentham）则认为国家有一定的福利作用，它是理性主义和设计性的结合；而斯密（Smith）式的功利主义则说明市场的自发协调机制有利于鼓励自利动机从

事提供公共物品的服务，但这并不意味着社会就必然会有福利功能，因为自利动机提供公共物品只是一种偶然结果，它多数时候是非理性的。除了市场和国家之外，是否有其他方式可以提供福利呢？利他主义者蒂特马斯（Titmuss）提出大胆的构想，认为可以将捐赠当作一种较为理想的形式（巴里，2005）。在多种观点的探讨之上，出现了组合式的福利供给。罗斯（Rose）提出了福利多元组合的理论，认为社会中的福利可以由家庭、市场和国家三个部门共同来提供。在此基础上，约翰逊（Johnson）又加进了志愿机构，而伊瓦思（Evers）则将三个部门并称为"福利三角"。"福利三角"确定了国家、市场和社会力量三个供给主体。在"福利三角"中，社会成员是与市场、家庭和国家三种制度互动过程中的能动的行动者。

在理想状态中，社会工作机构的资源来源主体有三个，即政府、市场和社会。在民办社会工作机构服务供给的过程中，如何最优地在政府、市场和社会之间进行组合，从而保证民办社会工作机构的资源供给，最大限度地满足服务对象需要。也就是说，它们在民办社会工作机构服务供给中如何进行责任划分是核心，这种责任划分也对不同主体的权力和责任做出了限制和规定。由此可见，理想的资源来源结构，不仅要表明资源的提供主体，还要区分它们在整个资源提供中的责任。在社会福利服务提供方面，国家、市场和民间力量在承担福利责任时，都存在能力上的局限，这种局限是政府失灵、市场失灵和志愿失灵的表现，这为多主体共同参与福利供给提供了可能。

如图 7-1 所示，民办社会工作机构理想的资源交换结构应从两个基点出发，一是民办社会工作机构应以需要为根本立足点，二是服务对象从福利权出发，通过机构提供服务来实现其服务需要。政府、市场、社会与民办社会工作机构和服务对象围绕资源开展互动和交换，达成理想的交换结构。政府与民办社会工作机构之间是一种合作关系，通过委托代理的方式实现合作。机构通过服务向服务对象负责，而服务对象通过对机构的服务质量反馈来影响政府的合作选择。民办社会工作机构与市场进行交换时，应遵循效率原则，因为市场的游戏规则是适者生存。民办社会工作机构根据市场上服务对象的需要开发服务项目，服务对象将服务项目的质量反馈给机构，或者是认可支持机构，给予机构良好的组织声誉，或者否定不支持机构。社会通过为机构提供捐赠和志愿者来支持机构发展，而机构通过优质服务和价值倡导来反馈给社会，二者之间是基于互惠的原则。作为服务对象一部分的服务接受者，通过他们对服务质量的评价来影响社会。

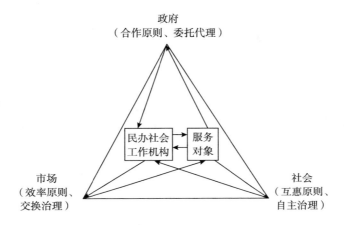

**图 7 - 1　民办社会工作机构理想的资源交换结构**

虽然，民办社会工作机构理想的资源交换结构中资源提供主体很多，但是社会对各个福利提供体的责任认知并不相同。从本质上来看，福利供给，体现的是政府主导下的利益配置过程，这也就意味着政府承担着具有直接助益性的积极义务，是一个体现责任主体、参与供给主体以及社会成员之间动态、复杂利益关系的过程（陈治，2007）。因此，国家负有的义务具有强制性，它在赋予社会工作机构合法性、资金和监督管理方面均承担着重要的责任。国家通过赋予相关政府部门的行政权力对社会工作服务机构进行准入资格审查和服务过程中的监督，使符合标准的服务机构能够进入市场并规范有效地提供服务，而社会对福利责任的认知与公民社会发育程度密切相关，但是在制度上并不负有强制性的福利义务。

社会工作机构为获得资源必须与政府、市场和社会进行互动，不同的资源提供主体、资源交换内容，遵循的交换原则也不相同。相异的交换原则对互动双方的权力、责任边界做了明确的限定。在社会工作机构理想的资源交换结构之上，具体来探讨资源交换内容和交换原则，而权利观是各方主体资源交换中应秉承的根本原则。

1. 机构与政府资源交换内容与原则

社会组织与政府相比拥有独特的组织优势，这种优势恰是它能与政府互补交换的基础，因此诸多理论认为它是对市场失灵与政府失灵的有效回应。非营利组织的独特优势正好可以弥补政府的部分不足（Salamon，1991）。两种组织的不同优势成就了二者的合作必要性，双方可以通过与对方合作，互为补充，更好地实现各自的组织目标。因此，社会工作机构与政府的互动实质就是资源的相互依赖（汪锦军，2008）。

对于民办社会工作机构而言，它需要与政府进行资源交换。政府制定的政策法规是其合法性的重要保证，此外，政府购买服务也是其资金获得的重要来源之一。政府购买民办社会工作机构的服务，只是政府公共服务外包的一种方式，是公共服务市场化的重要表现，也是政府提高公共服务水平和效率的一种方式。而直接的服务使用对象仍然是服务的接受者。因此，由于二者都对对方有某种资源的需要，在理想状态中，政府和民办社会工作机构作为两个独立的主体，应是一种合作关系，二者相互依赖也相互支持。由于公民服务的专业化及多元化的需求，政府对其做出回应，寻找能为其提供专业服务、满足公民基本需求的组织，而民办社会工作机构受制于资金约束，也无力充分满足公民的服务需要。因此，政府为民办社会工作机构提供运作所需资金，民办社会工作机构则通过服务承诺提供专业化服务，二者各取所需。

在此过程中，作为资金提供方的政府和作为具体的服务使用者则对社会工作机构提供的服务进行评价，承担监管职责，二者有独立、自主运作的空间。如图7-2所示，该图生动地展现了政府、民办社会工作机构、服务使用者之间的资源交换情况以及各主体的责任分工。可以说，政府与民办社会工作机构之间的合作关系是源于对彼此的依赖。政府依赖社会工作

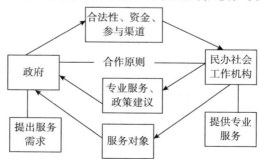

**图7-2 民办社会工作机构与政府理想的资源交换**

机构实际传递民办专业服务，而民办社会工作机构则依赖政府来获取一定的资源。

2. 机构与市场资源交换内容与原则

除了通过政府购买获得资金外，根据市场竞争和适者生存的原则，民办社会工作机构还应根据服务对象需要，开发一些收费性服务，即经营性收入。民办社会工作机构作为一种社会服务组织，是一种公益性社会组织。公益性社会组织在本质上属于非营利组织，这种非营利性体现在：第一，组织目标不以营利为根本目的；第二，不能向发起人、出资人、工作人员等来进行利润分配。所以长久以来人们产生这样的错误认识，认为非营利组织不能从事与营利有关的任何活动。因为，如果公益性社会组织从事营利活动看起来好像与组织追求的公益目标相违背，而且过度经营有可能给组织发展带来很多潜在的风险，例如，诱使公益性社会组织偏离组织特定的宗旨而沦为单纯谋取经济利益的工具，出现公益异化，严重的甚至会影响到组织的社会信任。此外，还有可能导致国家税收优惠政策滥用，导致营利组织与公益性社会组织之间产生不公平竞争，使营利组织在市场竞争中处于劣势地位。出于此种担忧和考虑，绝大多数国家对公益性社会组织的营利活动进行了不同程度的限制。综合来看，目前各国关于公益性社会组织从事营利活动的态度主要有三种：第一种是绝对禁止，即不允许公益性社会组织参与任何与商业目的相关的活动；第二种是一般禁止，即一般情况下禁止公益性社会组织从事经营活动，除非有特殊的情况；第三种是附条件允许，即原则上允许非营利组织从事经营活动，但由一系列附加条件加以约束（吕来明，2005）。

如上所述，公益性社会组织虽然不以营利为根本目的，但是并非公益性社会组织不能按照市场化原则进行一些经营性活动，经营性活动是手段，是辅助其从事的主要公共事业。虽然各国根据实际情况对此进行了限定，但总体上来看，依据对从事营利活动的态度，公益性社会组织与营利活动间的关系分为允许型和不允许型，绝对禁止公益性社会组织从事营利活动的国家在整体中所占比例较少，而把公益性社会组织从事营利活动视为服务其终极公益目标的国家则占大多数（杨道波，2011）。允许从事营利活动的国家把公益性社会组织的允许经营活动主要限定在与实现其公益目标相关的活动上。美国约翰霍普金斯非营利组织部门的比较研究显示：非营利部门的收入来源包括慈善事业、会费收入和公共部门的支持，仅会费和其他商业收入就占非营利部门总收入的近一半，接近49%（莱斯特·M.萨拉蒙，2001）。由此可见，除会费外，非营利部门的营利性商业收入在总收入中占相当比例。因此，民办社会工作机构应面向市场，争取更多的资源。

民办社会工作机构要生存，与市场上其他的组织一样，也要遵循市场优胜劣汰的原则，讲究效率和存续性。虽然社会工作机构是不以营利为目的非营利组织，但是并不意味着组织就不需要重视和强调效率。当然，作为以服务为主的组织来说，衡量效率有一定难度。如图7-3所示，按照市场交换的效率原则，一方面市场必须有这种需求，作为服务需求方的服务对象或政府根据机构服务能力和服务效率进行自由选择，民办社会工作机构必须根据市场需要，合理开发出适应市场和服务对象的专业服务项目并保证服务质量与服务效率；另一方面，服务需求方在服务使用过程中支付一定的资金作为报酬，同时也监督机构改进服务质量，提升服务效率。机构要在服务过程中，通过服务让公众认识、了解机构的使命和价值，树立品牌意识，在能力建设中培养良好的声誉，赢得公众认可。从理论层面上讲，民办社会工作机构只有有效实现公共利益，才能向市场和社会证明公益性和营利性间是可以找到平衡点的，改变市场经济对公益组织负面影响的片面观点，达到公益资源的合理配置。因此，要想并且能够在市场上生存，民办社会工作机构必须遵循市场效率交换的原则，责无旁贷地体现高效性。

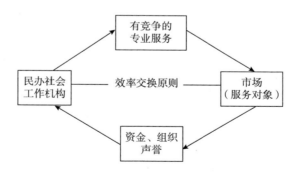

图7-3　民办社会工作机构与市场理想的资源交换

3. 机构与社会的资源交换内容与原则

作为公民社会重要主体的社会组织，它的发展壮大是公民社会发展壮大的一种表现。由于内地社会组织实行"属地管理"的原则，更强化了地方社会情境对其发展的影响。研究表明，城市政府结构、群体利益制度化对社会组织的发展都有十分显著的影响（管兵，2013）。政府行政能力受到的约束越多，也就意味着赋予社会的权力越多，这种空间的开放性促进了社会组织的良性发育，同时，地方群体利益程度越高，社会组织发育也就越好，因为成熟的利益群体是组织团结的基础。除地方性因素的影响外，总体而言，社会组织发展的社会空间可以分为实体空间、社会心理空间和虚拟网络三个层面。制度空间是其实体空间的重要一种，而公众对社会组织的接纳认可则是其心理空间成熟的重要表现（查立友，2012）。因此，一个良好的社会空间，需要合理调整国家与社会的关系，实现实体制度、社会心理和虚拟网络三个维度的对接与融合。这三者之间是互相影响、互相促进的。社会组织发展的良好社会空间，有益于公民意识及公民精神的培育，反过来，普通民众的公民意识也是民间组织和社会公益事业发展的必要条件。南兹和施特费克（Nanz&Steffek，2004）研究发现，有组织的公民社会将会促进新的公共空间的产生，同时，公众在政治生活领域的积极参与也将极大促进公共领域的发展。公民意识发育较好的社会，社会组织发展较快，因为公民意识为社会组织的茁壮成长提供了肥硕的土壤，他们还为组织发展提供了不可或缺的资金和人力支持。例如，美国非营利组织的收入主要来自三个方面，大体上20%来自社会捐赠；30%来自政府补贴；50%来自服务收入，比如私立大学的学费收入（李培林等，2006）。由此可见，发育较好的公民社会为社会组织的成长提供了动力。民办社会工作机构与社会理想的资源交换如图7-4所示。

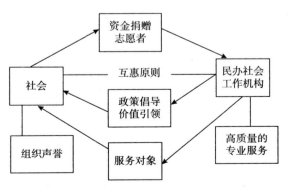

**图7-4 民办社会工作机构与社会理想的资源交换**

因此，理想状态下，作为民办非企业重要类型的社会工作机构与社会之间是种互惠关系。一方面社会工作机构应与公民需求高度匹配，即社会工作机构能根据居民的实际需求提供专业服务，同时，各类社会组织以尊重、平等、非评判的态度为各种受制度排斥或遭遇不公的群体平等地提供服务，在提供服务的过程中践行机构崇高神圣的价值使命，公益性组织强烈的伦理特质和价值关涉性通过实践向公众展示着社会正义。因此，社会工作机构有作为弱势群体的利益代表履行政策倡导功能和促进社会公平的职责。正如德国学者康保锐（Berthold Kuhn，2009）所说："公民社会的参与者是作为主要利益代言人和社会服务提供者进行活动的。"也就意味着，对于社会组织而言，它在公共空间中的功能主要是通过公共利益表达和公共服务提供来体现的，这是社会工作机构履行的两项职能：一方面通过职能履行社会赋予机构良好的组织声誉；另一方面企业、公众、社会团体等通过社会对机构的认定，通过资金捐赠并作为志愿者积极参与机构的服务，实现个体的社会责任及企业的社会责任。

# 本章小结

在前几章研究的基础上，本章主要讨论了机构在策略生存的过程中形成了怎样的生存逻辑以及形塑这种生存逻辑的力量，试图从福利权入手探讨理想资源交换结构的建构。

研究发现，理论上满足服务对象的需要是社会工作机构存在的理由或者是合理性，也是其生存的逻辑起点，机构的价值目标与满足服务对象的需要具有高度的契合性，二者是统一的。除此之外，资源又是组织生存发展的基础，也是其实现价值目标的工具和条件。任何一个社会工作机构都必须在需要导向和资源导向之间进行平衡，从而更好地实现组织的价值目标，这是机构的二元生存逻辑。

而实践中运作于三元结构中的民办社会工作机构，由于各种现实原因导致的资源交换不畅，不得不同时应对资源匮乏与机构价值目标的矛盾、资源匮乏与政府高指标之间的矛盾，在这些诸多具体的关系与矛盾中，加之组织生态关系的疏离与竞争，最终导致机构与政府间修辞性伙伴关系的形成，这种关系的形成过程也是机构资源导向生存逻辑形成的过程。在这种生存逻辑之下，民办社会工作机构从把资源作为实现价值目标的工具慢慢转向资源作为最终的目标。在机构生存逻辑形塑的过程中，资源来源的单一性是机构资源导向生存逻辑形成的条件，而公权力在基层的运作则是这种生存逻辑形成的加速剂。拨开资源表象背后真正发挥重要力量的是权力。

需要是多元的，而资源不可能是无限的，因此，机构永远在需要导向和资源导向间平衡去实现理想的生存逻辑，而理想的生存逻辑实现依赖的是理想的资源交换结构。因此，要从根本上改变机构畸形的生存逻辑，必须实现以下两点：第一，要以满足服务对象的需要为逻辑起点，把社会工作服务看作一种权利，并把这些作为满足服务对象需要的主要路径，同时，把市场和慈善作为辅助的路径；第二，在福利价值取向上，实现从资源观或者权力观到权利观的转变，从而保证服务接受者、机构和政府在互动中的自主性地位。在这一服务框架下来调整服务供给中不同主体的权利和责任。具体而言，民办社会工作机构与政府之间是一种合作关系，通过委托代理的方式实现合作；与市场之间应以效率原则，实现交换治理；与社会之间应以互惠为原则，实现自主治理。

# 第八章　结论、讨论与建议

前述三章按照研究框架，以国家与社会的现实关系为背景，以资源理论为分析视角，围绕机构与政府、市场、社会的资源互动关系，考察影响机构生存的结构环境，揭示机构生存逻辑从需要导向转向资源导向的作用机制。在批判现实的基础上，以需要为导向，以服务质量提升为目标，构建了资源交换的理想结构，以期改变机构畸形的生存逻辑。本章是该项研究的最后一章，首先是总结研究发现；其次对研究引出的相关问题进行进一步的讨论；最后提出相关的政策意见以及未来进一步研究的方向。

## 第一节　研究发现

在第一章提出了本研究的主要问题，即中国民办社会工作机构的生存逻辑是如何被塑造出来的。细化为三个具体的研究问题：中国社会工作机构的生存样态是怎样的？这一发展样态下民办社会工作机构的生存逻辑是怎样的？这种生存逻辑是如何被塑造出来的，其作用机制如何？依据研究的问题和研究的框架，前三章对实证资料进行了深入分析并进行了理论提升。本节将回应研究开始所提出的研究问题，具体而言，本研究的发现主要有以下几点。

### 一、社会工作机构的生存样态

中国内地，社会工作机构的发展与中国福利转型及中国社会工作职业化推进密切相关，呈现出政府主导的特点。由于区位经济发展水平和地方政治体制改革推进力度不同以及地方政府在具体政策执行上的差异，中国社会工作机构生长的外在环境和发育形态呈现出多样性。并且，同一类型的社会工作机构由于地方经济发展水平与财政实力的不同，在具体发展路径上也有很大差别，内部存在一定程度的分化。按照政府对社会工作机构成立的态度、社会工作机构业务主管单位确立的方式以及机构资源结构几个指标，国内目前社会工作机构基本上分为三类，即政府主导内生型社会工作机构、政府支持合作型社会工作机构、准市场导向自发型社会工作机构，而政府支持合作型社会工作机构、准市场导向自发型社会工作机构就是一般意义上的民办社会工作机构。理论上，满足服务对象的需要是社会工作机构存在的理由或者是合理性，也是其生存的逻辑起点，然而社会工作机构要实现价值目标，满足服务对象的需要还要有一定的资源，因此，资源需要是实现机构价值需要或者满足服务对象需要的工具。

## 二、民办社会工作机构资源匮乏的策略行为

民办社会工作机构在总量不断上升的表面繁荣之下掩盖的是其生存上的种种困境和发展中的步履艰难，其生存之困包括：①很多机构虽然名义上存在，却因为缺少资源而无法开展任何服务，成为"空壳机构"；②有的机构虽能承接政府购买服务的项目，但是由于政府购买资金不能及时到位，机构也经常陷入"青黄不接"的困境；③机构专职社工的流失。这些都是机构生存中的表象，而导致这些困难的根本原因在于机构的资源匮乏。

在资源匮乏的困境下，作为行动主体的民办社会工作机构主动采取各种策略行为来增加和拓展资源，减少来自外部环境的制约。这些策略行为主要围绕着"开"源"节"流而进行，具体包括以下策略行为：首先，在争资跑项中，通过私人关系的运用和"以万变应不变"等策略来套取更多的资源；其次，通过行政管理和人力资本的节约来减少资源使用；最后，通过服务中的数字游戏和案主"奶油化"等服务递送中投机化策略来节约资源，完成指标考核。这些生存策略有些虽然不具有合法性和正当性，但由于能有效应对资源匮乏的困境，因此成为民办社会工作机构实际的运作逻辑。这些策略使机构在不知不觉中出现了性质变异和目标置换的倾向，机构在实际运作中呈现出形式上的名实相符和实质上的名实分离的特征。机构的生存逻辑开始慢慢从需要导向转向资源导向。

## 三、民办社会工作机构策略行为的结构因素

资源匮乏下机构的各种策略行为并没有从根本上解决机构面临的问题

和保障机构获得充足的资源，深入由市场、社会和政府构成的机构生存的组织场域中，从机构与各个结构主体资源互动的角度出发，可以发现：第一，既有市场环境的不成熟、较低的社会认可度以及不健全的社会服务供给体系是机构与市场资源互动不畅的根本；第二，捐赠资格的合法性、社会认同的合法性以及不成熟的公民责任意识是机构与社会资源互动不畅的根本；第三，多层级不同的组织目标、不同部门的资源动员能力以及组织内部结构和整合度等因素都影响了政府对民办社会工作机构的态度，也影响了他们之间的资源互动。政府、市场和社会交织互动构成了机构生存的组织场域，它是机构策略行为生成的结构性因素。

民办社会工作机构策略行为生成的结构因素探讨说明，机构的资源之困或者机构策略行为不是单方一己之力的后果，也不是简单的外部环境作用的结果，而是政府、市场和社会结构性因素相互影响、共同形塑的结果，在政府、市场和社会的三元互动中其生存逻辑开始发生改变。

## 四、民办社会工作机构生存逻辑的多元形塑

从三元结构的互动来看，当社会支持和不完善的市场在短期内无法改变的情况下，寻求与政府的合作和良性互动是打破资源困局的最直接和有效的途径。运作于三元结构中的民办社会工作机构，不得不同时应对资源匮乏与机构价值目标的矛盾、资源匮乏与政府高指标之间的矛盾，在这些具体的关系与矛盾中，机构与政府间修辞性伙伴关系得以形成，机构与政府间表现出一种弱独立－强控制的关系。修辞性伙伴关系的形成过程也是民办社会工作机构在需要导向和资源导向中进行挣扎的过程，在依附或自主中进行艰难抉择的过程。在对权力、社会声望及资金的追逐与占有中，基于民间动力需要创办的、本应代表社会利益的民办社会工作机构不得不由满足民众的需要导向转向以资源为中心的发展道路上。可以说，资源导向的生存逻辑是机构在既有组织场域中理性选择的结果，在这种生存逻辑之下，资源从作为实现价值目标的工具变成机构的最终目标。

从表面看，形塑机构资源导向生存逻辑的重要力量是资源，然而市场经济条件下权力的实现必须依赖资源的合理支配控制及高效率的使用，从这个意义上说，权力和资源是密切联系的，可以说权力或者说资源型权力是支配社会服务领域的基本规则，也是形塑社会工作机构资源依附型生存

逻辑的重要力量。资源来源的单一性是民办社会工作机构生存逻辑得以形成的条件，而公权力在基层的实践和运作则是这种生存逻辑得以形成的加速剂。

从需要导向到资源导向转变的动态过程揭示了权力介入后机构生存逻辑演变的过程。需要是多元的，而资源不可能是无限的，因此，机构永远在需要导向和资源导向间平衡。理想生存逻辑的实现依赖于理想的资源交换结构。要从根本上改变机构畸形的生存逻辑，必须以需要为导向，以服务质量的提升为目标，构建机构理想的资源交换结构，而理想结构的前提是改变福利价值理念，使之实现从"权力"观到"权利"观的转变。因此，社会工作机构理想的资源交换结构应以"需要"和"权利"为坐标来建构且要把服务接受者纳入。具体而言有两点：第一，要以满足服务对象的需要为逻辑起点，把社会服务看作一种权利，并把这些作为满足服务对象需要的主要路径，同时，把市场和慈善作为辅助的路径；第二，在福利价值取向上，实现从资源观到权利观的转变，从而保证服务接受者、机构和政府能在同一舞台上平等地对话，在互动中保持各自的自主地位。在这一框架下来调整服务供给中不同主体的权利、责任及资源交换原则。

# 第二节　相关讨论

第一节根据研究问题和研究框架，探讨了中国社会工作机构资源导向生存逻辑的形成过程，分析了形塑这种生存逻辑的重要机制和力量。本节将针对研究过程中的一些问题，进行一个整合性的讨论，把社会工作机构的发展放到更大的背景中来探讨。

## 一、福利供给中的责任定位与责任边界

### 1. 责任定位与责任边界

从人类社会治理的角度来看，社会同国家、市场一样具有不可忽视的重要作用，有其自己的自主治理机制、资源配置机制和合作机制。他们在不同的空间内发挥着各自的作用，理想状态中三者是相互依存的，如图 8 – 1 所示（转引自林尚立，2006）。一般而言，国家在社会运行中的职能发挥可以体现为三种，即政治职能、经济职能和社会管理职能，任何发展良好

的社会都是政府这三方面职能的高效统一，在这种高效统一之上才能形成有效的运作逻辑。国家作为公共物品的主要提供者，承担着不可推卸的法律责任，因此，它提供的主要是公共物品，依靠法律的强制机制实现，显现出一种委托治理的关系，而市场作为自由竞争的主体能提供的主要是利益物品，这种提供责任不是法律强制性的规定，而是依靠市场自发的价格调节机制，显现出一种交换治理的关系，而社会作为治理主体中重要的一部分能提供的主要是集体物品，遵循的是互惠机制，在互动的过程中实现的是一种自主治理的功能。

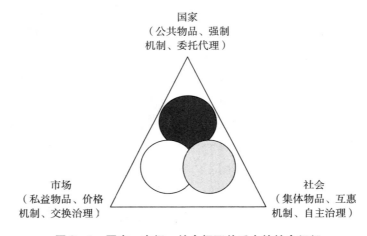

图 8-1 国家、市场、社会相互关系中的社会组织

不同的政府职能定位决定了其政府的建设取向。当前，中国政府的建设取向是从全能型政府向有限型政府转变，而建设服务型政府则是其目标。这种建设取向表明政府在两个层面承担国家赋予的职能：一个是经济层面上，政府对市场经济发挥着宏观调控的作用，制定市场政策并执行政策；另一个是社会层面上，政府是公共服务的规划者、组织者和执行者。从表面上看，政府建设取向的转变是国家发展战略转变的一种结果，而实际上是中国经济社会发展所带来的现实推动。可以说社会组织正是在这种背景下出现和成长起来的。如图 8-1 所示，国家、市场和社会在不同的空间内发挥作用，但是它们各自也有不可逾越的局限性。普遍性社会问题单靠一己之力无法解决，因此要诉诸制度来解决，政府是制度性解决普遍性社会问题、维护社会秩序的专门性机构，在解决普遍性社会问题方面具有

不可推卸的法定责任。但是，我们也应该注意到：一是制度并不是越复杂越精细就越好。因为制度越复杂，就意味着运行成本也越高，且执行也越困难。二是任何制度本身都或多或少地存在着某些缺陷，为了弥补这些缺陷，可能需要花费大量的成本去建构另一些制度，结果可能是得不偿失。因此，任何制度总有漏洞与不足，不可能完美无缺，也不可能解决所有问题。

社会则可以弥补制度之不足，解决某些特殊性社会问题，或政府一时无暇顾及的普遍性问题，因此政府与社会之间具有某种互补性。然而，社会组织理论功能的阐述和其实际发挥的作用二者实际上不是同一个问题，它受不同的历史背景、不同的文化环境以及不同发展阶段的影响。

此外，在政府失灵、市场失灵、社会失灵和志愿失灵基础之上形成的福利多元主义越来越强调福利供给提供主体的多元化，而随着公民社会的发展，志愿部门和非营利组织在福利领域中发挥的作用越来越得到学者们的肯定。中国社会组织的快速发展正是这种背景下的产物。中国从剩余型福利向普惠型福利转型也是当下中国的重大变化，这种新的组合式普惠型社会福利也要求充分发挥社会组织的作用，不断培养专业服务提供主体。

当前中国社会发育还不成熟，与政府、市场相比，它还十分弱小，尚不能独立承担起赋予的重大责任。理论上来看，发挥社会组织的有益功能为当下服务型政府的构建提供了一条可能的路径，也为普惠型社会福利的实现提供了可能。然而，这只是一种可能。它的实现还有赖于政府在公共服务供给中的规划、组织和引导。因此，在公共服务供给中三者合理的责任定位是保证各方能发挥各自优势，实现资源优化配置的重点。政府、市场与社会三者在社会服务供给中的责任定位应该是：政府提供资金、合法性支持和政策支持；市场提供人才、资金、项目管理经验等；由各类社会组织来实际运作。在现代社会，政府和市场作为第一部门和第二部门的代表是必须要有的，是第三部门社会发展的基础。离开第一部门或第二部门，也就不可能有第三部门的出现和发展。因此，只有第一部门与第二部门通力合作，才能为第三部门的发展创造必要的条件。离开第一部门的政策支持与第二部门的资金保障，第三部门将步履维艰，难以存续和发展。

作为第三部门的社会必须依赖于第一部门和第二部门，因为社会所能掌控的资源无法与政府和市场相比，虽然我们强调它的重要作用，但是也不能不切实际地夸大，实际上它所能发挥的作用无法与政府和市场相比，而只能作为政府和市场功能不足时的一种补充和辅助，更不能代替政府去尽责。社会组织在化解社会问题、增进民众福祉方面扮演的是补充型配角角色。理清政府、市场与社会三者间的关系并对各自责任进行合理的界定，是科学制定社会政策的基础与前提条件。在福利服务供给中，政府、市场、社会组织必须发挥各自优势，通力合作，才能促进公平、高效的和谐发展。

2. 责任边界的伸缩性

政府、市场与社会三者的责任定位与其占有的资源密切相关，占有资源越多，承担责任也应越多，反之亦然。由此可见，政府、市场与社会三者间各自承担责任的大小及承担的责任边界并非固定的，与各自的资源占有量相关。

政府责任的大小取决于政府从市场和社会上获得资源的多少。如果政府获得的资源多（如通过税收的方式），则应当承担更多的责任，留给企业与社会解决的问题就少，应承担的责任也少；反之亦然。权利与义务对等是处理政府、市场与社会三者间关系时应遵循的基本原则。例如，福利国家税赋普遍较重，政府承担的责任也相应较多，保持较高的福利水平，使得需要或者留待社会解决的问题较少，社会捐赠也相对较少。北欧诸国就是这方面的典型。再如，美国的税赋轻，政府承担的责任也相对较少。一方面，政府为国民提供的社会福利相对较少，因而未被满足的社会福利需求相对较多；另一方面，正是政府从市场与社会上攫取的资源相对较少，因而为市场与社会拥有更多的资源提供了可能，从而促使为企业与社会去承担更多的社会责任、化解更多的社会问题提供了必要的物质基础。因此，美国政府为国民提供的社会福利是世界同等发展水平国家中最低的有其客观合理性，其社会捐赠占 GDP 的比例远高于世界其他国家的水平。

当然，政府也是一个理性经济人，也有自利的一面，世界上可能找不到一个想主动承担责任特别是承担更多责任的政府，现实中我们能看到的多是想尽可能少承担责任，并制造各种借口推脱责任的政府。因此，公民与社会组织的责任之一就是监督政府、督促政府合理合法地履行其职能。

需要强调的一点是，社会资源大多数是政府让渡的结果。也就是说，政府收入与社会捐赠存在着不可避免的竞争关系，社会捐赠越少，税收减免就会越少，政府收入也就相应增加。一般说来，一个国家的税收政策和税收比例在很大程度上刺激和引导着民间对非营利部门的捐款，二者是一种此消彼长的关系。政府税收上的减补和政府直接的拨款都是政府支持非营利组织的重要形式，但二者最大的不同在于由谁来决定个人是否捐款。前者把权力留给了个人，允许个人自主选择，而后者则把权力留给了政府，政府成为民众选择权行使的代理人。政府对捐赠的态度和税收减免幅度是政府职能定位的一定体现。如果政府自己想多承担责任，通过自身努力解决更多的社会问题，相应地它从社会攫取的资源就越多，因而表现出较高的税赋水平并且税费减免幅度可能也会很小。如果政府希望社会承担起更多的责任，解决更多的社会问题，则必须给社会提供更多的资源，因而对税费的减免就该多一些。

3. 权责的边界——政府与机构权责关系的平衡

如前文所述，政府、市场和社会的责任边界和责任定位不是固定的，依据其占有资源的多少而定。但是在福利多元主义的背景下，政府与机构的关系实质上是福利供给责任在微观层面的具体展示。政府在福利服务具体实施环节的作用减弱了，同时随着经济社会的发展，人们的总体福利需求是不断增加的，导致更多民间力量的介入，这就要求政府和民间力量在多元福利供给中合理定位各自责任，共同承担起福利服务供给的责任。马丁·鲍威尔（2011）认为研究分析福利多元主义可以采取供给、融资和规制三个分析维度。供给就是福利服务的传递，融资就是资金方面的支持，规制则侧重管理规范。

通过表 8 - 1 可以清楚地看到，在倡导福利多元主义背景下，政府和民间力量在福利服务中的责任定位的变化。首先，政府在福利责任中服务传递层面作用下降，因为政府职能定位的转变使其从划桨的角色转变到掌舵的角色。它通过政府购买等多种方式引入专业服务机构参与，因而民间力量在福利服务传递中的作用日益增加。其次，政府在福利服务资金支持环节作用也应该加大。克雷默（Kramer，1994）的研究表明，通过政府购买服务的支持，很多 NGO 得以维持生存或扩大规模，这也使得 NGO 能提供更加多元化的常规服务。在管理规范上政府也应该承担更多的责任，而民间组织也是如此。因为管理规范在某种程度上是对相关群体或组织的约束控制，因此，它通常与某种权力联系在一起，而政府就成为管理规范制定的主要操作者和执行者。当然，除了政府，随着民间组织的不断成熟，基于专业性也会产生一定的自我规制，其组织自律性也会随着发展不断增强。而对于民间力量来说，理论上它可以通过捐款、捐物等方式募集资金来支持福利服务的供给，也可以通过组织联合的力量参与到相关规范管理的制定中，但实际目前他们在资金支持和管理规范层面无能为力或者较少有能力涉足，这主要是因为社会发育不成熟。

表 8 – 1　政府和民间组织在福利服务中的责任变化

| 责任分担 | 供给主体 | |
|---|---|---|
| | 政府 | 民间组织 |
| 服务传递 | ↓ | ↑ |
| 资金支持 | ↑ | …… |
| 管理规范 | ↑ | ↑ |

注："↑"表示作用上升，"↓"表示作用下降，"……"表示目前无能为力。

虽然，在福利多元主义背景下，福利责任承担的主体有很多，但是不同的承担主体所承担的强制责任是不同的。彭华民（2011）认为在组合普惠型社会福利构建中国家承担福利提供的主要责任，政府、市场、家庭等承担次要功能，它们之间相互支持补充，共同满足社会成员的需要。作为公共利益代表的国家，无论从维护社会公正和促进社会发展的角度来说，都应承担不可推卸的责任，因为这种义务和责任是通过法律的形式加以确定的，带有强制的约束力，不可更改。这与政府和国家所掌握的权力和资源是对等的。而对于提供专业服务的民办非企业而言，与营利性的市场组织相比，它对福利服务的责任承担显然要强于市场组织，但是二者在制度上都不负有法律规定的强制性义务。因此，政府希望其能承担更多的责任，就必须下放足够的权力给它，同时给予更多的资源支持，实现责权的平衡。此外，政府在民办非企业引导和监管上有责任，但是这种责任是从"管理型政府"的角色出发的，这种监管的目的是通过机构全面的信息公开，促进机构的社会合法性并获得更多的社会信任。因此，这种支持应该是一种引导而不应该是控制。政府希望通过扶持的方式来引导民间组织发展从而实现资源的优化整合，以满足社会民众的多元服务需要，但是也正是因为有了政府的资金支持，才有了政府对社会工作机构的控制，这一点很多社会工作机构也意识到了，它们离不开政府的资金支持，但是政府的资金支持无形中又给它们带来了很多的麻烦和烦恼。从未来发展的角度出发，必须警惕和改变这种过度的干预，否则，民间组织将最终失去自主性和独立性。

## 二、从资源导向到适度需要导向的转变

从社会工作专业角度出发比较，社会工作机构提供的专业服务与政府公共部门提供的服务的差别不仅是效率的问题，更大的问题在于服务提供理念的不同。因为，社会工作机构秉承助人自助的价值原则，遵循"平等、尊重、回应需要、注重参与、促进发展"的专业价值观。这些要求使得社会工作机构在提供服务时，把服务对象的需要作为设计和执行服务方案的出发点，最大限度地服务到有需要的对象，使他们能够有尊严地平等接受无差别的专业服务。同时，在服务过程中促使服务对象由被动的服务接受者转变为积极的服务参与者，增强他们的权能。从这个角度出发，以服务对象需要为导向是社会工作机构的行动准则，而面对现实的环境，社会工作机构做出了很多妥协。

节约带来了机构服务质量的下降，弱化了专业性，组织目标的置换和服务递送过程中的投机化，使公众对社会工作机构的性质产生怀疑。强大的生存压力促使不少社会工作机构迷失，为了争取资源维持机构发展而变成无所不能的服务提供者，为了保证组织资源的稳定和服务运营有序开展而调整服务领域和方法，舍本逐末。由此可见，虽然社会工作机构具有专业优势，但这种优势界限的模糊性在当下难以与强大的行政权力相抗衡。因此，从实用主义角度出发，机构更多时候只能采取"委曲求全"和"迎合"行动策略，各级政府的主观性偏好代替了本应对服务使用者需要的有效回应。

政府手中的权力直接掌握着机构生存发展所需的资源，而政府仍然把机构提供的服务当作是对服务对象的一种馈赠。针对政府在馈赠上的权力，赖克（Reich, 1964）认为可以从三个方面入手，尽量减少权力的负面影响：一是限制相关性，指当以某种方式进行限制时必须有某些合法的立法规定来支持；二是限制自由裁量权，指尽最大可能把授予的权力明确限制在一定的范围内，执行的机关使用该项权力时必须符合这项权利的设计

初衷；三是政策制定者不应成为实际上私人组织的代理。在未来发展中，政府观念需要进一步转变，政府权力既需要下放也需通过立法形式对下放的权力进行约束。与此同时，机构也要进行自我反思，明确社会服务的使命根本上是对人的需要满足和对社会价值的尊重。评价一个机构的成败，不仅仅要看它是否能有效地提供服务，还需要考量它在满足社会需要、获得民众信任方面的程度。从此出发，未来社会工作机构必须回归根本，在资源导向与需要导向间寻找平衡点，从完全的资源导向向适度的需要导向转变。

# 第三节　政策建议

前两节总结了社会工作机构的生存逻辑并进行了相关问题的讨论。根据对中国社会工作机构生存逻辑的深入分析，本节将提出促进和优化社会工作机构生存发展的政策建议，以期为我国政府构建和完善社会工作机构发展体系提供借鉴或参考经验，从而更好地实现将社会工作机构建设成具有专业服务能力的新的福利提供体的重任，推动适度普惠型社会福利的实现。

在社会福利领域，我们承认社会工作机构在提供具体服务和推动社会弱势群体利益获得方面存在着一些局限，但是这不等于否认了社会工作机构在满足特殊群体服务需求等方面做出的积极贡献。随着居民日益多元化的需要，在政府、市场、社会都有局限的背景下，任何一个福利提供主体都无法满足所有需要，因而福利多元主义是未来发展的趋势。本书中涉及的问题准确地说不全是社会工作机构的内部问题，也不是社会工作机构拒绝履行其应有的职责，而是不健全的外部环境。因此，社会工作机构要想突破这种生存困境可以从两方面努力，一是内部突破，依靠自己增强服务能力；二是外部突破，即寻求国家或其他力量的支持。现实情境中，任何组织的发展都是嵌入于一定的组织环境中的，与环境中的不同主体发生交换互动的关系，差别可能只是程度上的不同。在中国，社会工作机构要发展应寻求二者相结合的中间道路，既要使自己变得强大，也要政府从顶层设计层面改善社会工作机构的组织生态环境，拓展其发展空间。

## 一、培育扶持，增强社会工作机构服务能力

社会组织是构成现代公民社会的基础，同时在基层社会治理中，以服务促管理既是必要的方式，也是终极目标，而承担服务的关键载体是社会组织。因此，重视并完善各类社会组织的培育管理成为现代政府管理中面对的重要议题。《中共中央关于加强党的执政能力建设的决定》《中共中央关于构建社会主义和谐社会若干重大问题的决定》以及《十二五经济社会发展规划纲要》一系列政府重大决定中都强调应充分发挥社会组织在服务提供和反映诉求方面的功能。而对社会组织中提供专业社会工作服务的社会工作机构而言，在政府购买大背景下出现的，呈现出快速增长的势头。但是在培育和扶持过程中，不恰当的支持方式不仅不能达到增强社会工作机构能力和市场竞争力的目标，反而滋生了社会工作机构惰性和依赖性。因此，要想突破社会工作机构的生存困境，必须采取合理的扶持政策，增强其市场竞争力和服务能力。

首先，实行量质结合的政绩评估，防止片面性。在中央大力培育社会组织的政策引导下，培育社会组织在各地如火如荼地开展。为激发地方政府的培育热情和干劲，社会组织培育被纳入地方政绩考核体系中，通过对社会组织总量的考评，起到促进社会组织发展的目的。在数量标杆的指引下，各地采取"大跃进"的方式进行培育，而完不成考评任务的地方则开始在数字上造假，这样的做法背离了社会组织培育的初衷。虽然重视了培育的数量但是考评中却忽视了对质量的考核，至于培育出的社会组织机构内部治理是否规范、资金项目运作是否符合规定、专业人才队伍建设是否跟得上等一系列表征机构服务能力的方面却不在考评范围之内。因不在考评范围之内，部分机构也无暇投入过多精力去关注，导致社会工作机构较弱的服务能力和市场竞争力，造成社会组织表面繁荣的假象，实际却是一种无内涵式的发展。为了从根本上改变这种"重数量而轻质量"的考评机制，政府需要改变社会工作机构或者是社会组织培育方面的政绩评估标准，从片面重视数量到量质并重，从重视纵向评估到纵横评估的结合。可以学习国外及国内先发地区经验，围绕"组织可持续发展"这一核心来建构评估指标体系，防止更多畸形社会工作机构的出现，造成资源的巨大浪费。

其次，制定科学的后期扶持政策，防止社会工作机构惰性的养成。美国企业孵化器协会的研究显示，孵化出壳的企业如果不能获得后续支持，在5年内继续保持活跃状态的概率只有20%（程郁，2009）。同样，进行社会工作机构培育不仅要重视前期的投入，还要考虑到被培育出的社会工作机构可持续发展问题，不能培育出来就搁置在一边不管不问了。但是这种管理需要讲究方式，如果政府对自己培育出的社会工作机构过度地"溺爱"，就会使他们对政府产生依赖，加速其惰性的形成。出壳后的社会工作机构需要同时面对政府、市场和社会，在竞争的历练中学会争取多方资源并通过具体服务项目的实施提升能力。支持方式具体包括：健全政府购买机制和社会服务组织服务奖励机制，通过公益创投形式来支持；健全福利彩票公益基金建设，完善财政专项资金与福利彩票基金对接机制等，让社会工作机构在历练中获得成长和发展。

最后，政府应转变观念，接受市场竞争优胜劣汰的规则。对于市场经济而言，要想在市场上生存都必须遵循优胜劣汰的市场规则，社会工作机构也不例外。只有适应市场，才说明它有竞争的能力。政府也应该改变观念，现在各地社会工作机构的培育不是说很多，而是不够。在社会工作机构发展的初期，需要大量培育社会工作机构，这样才能创造出竞争的局面，而竞争是机构在市场经济生存中必须面对的事实，在竞争中仍然能够存活的机构一定是凭借自身过硬的服务而获胜的。此外，政府和大众对社会工作机构的发展要持一个宽容的心态，毕竟它处于发展的初期，还不成熟，存在这样或那样的问题不可避免。它的成长和规范化需要一个漫长的过程，对此我们要有心理准备。

## 二、优化环境，统筹立法监督管理体系

社会工作机构生存困境的破除除了通过练好"内功"来解决其先天能力不足的问题，还需要从顶层设计和制度层面完善社会工作机构的税收、监督制度体系，优化其生存发展的外在环境，让优化的发展环境为社会工作机构专业服务提供条件。

首先，完善税收优惠政策，形成社会资金的导入机制。社会工作机构的成长和发展离不开政府的支持，但是企业和社会力量也是其生存场域中不可小觑的支持主体。在强调企业社会责任的背景下，出于企业形象营造

的目的，少部分企业已经通过直接或间接的方式参与到公益慈善活动中，但是整体来看参与力度还比较小，显现出动力不足。据此，就需要增强其动力，而作为政策制定者的政府又身兼重任。政府应加快税收调整政策，完善并落实与企业社会责任承担相关的税收优惠政策，让企业在承担社会责任的过程中实现法律效果与社会效果的统一。此外，还应多部门协调，完善社会服务组织税收减免政策的操作细则，重点减少"无资源的优惠政策"，通过完善规定和实施细则保证优惠政策落到实处，真正还利于民。目前，在公益服务领域，依然存在着税费的二次征收的问题、政府购买服务项目款开票纳税等，且政府购买服务不允许设置管理费用，这就使得税收政策成了社会工作机构和公益组织发展的阻力而非正向的支持。因此，财政及税务部门应对社会服务组织降低征税门槛。

其次，完善监督机制，加快政社分开。当下社会工作机构出现异化，民主与法制不健全是其根源。就具体原因来说，一是监督机制不完善，造成社会工作机构成为权力寻租的载体。二是社会工作机构内部治理机制不完善，主要体现在理事会角色、权力、责任不到位，形同虚设（马洪波，2012）。因此，要从根本上改变这种局面，就必须通过法治政府的建设实现行政权力依法律来执行，保证公开透明，真正实现政府职能的转换，压缩权力寻租的空间。同时，明确界定不同类型社会组织的职责、活动边界，把他们与政府间的关系通过规章明确确定。四类社会组织（商会类、科技类、公益慈善类、城乡社区服务类）直接登记改变了长久以来被人们诟病的双重管理的局面，这是政社分开和政府放权的实际体现。它解决了原来多头管理带来的监管主体虚化和监管责任相互推诿的问题，是一种进步。但是直接注册的管理模式有效运行需要一定的条件，最主要的是对承接管理职能的部门提出了更高的能力要求，包括合理配备人力资源，充分发挥各职能部门在登记、备案、年检、监督、评估等环节的监管责任，使监督真正落到实处，形成社会参与、政府监督、媒体监督、多主体参与的监管模式。

### 三、强化市场，规范完善政府购买行为

当前，社会工作机构的主要资金来源于政府购买。而完善的政府购买体系则受到多方主体和因素的影响，包括买方的政府、卖方的社会工作机

构和公平有序的竞争环境。前述增强社会工作机构能力和营造良好的发展环境已经涉及卖方和竞争环境，还要从作为买方的政府入手，加强市场建设。

首先，作为买方的政府部门应实现职能转变。政府购买促使政府在公共服务中由执行者变成购买者和出资人，这种角色的变化要求政府更多地通过契约管理对机构的活动进行指导和监督，而不是直接干涉和插手社会服务组织的具体活动，越俎代庖，用行政命令去影响或左右组织的决策。为了避免政府的过度干预，就需要对政府购买制定详细的程序和规章制度，规范其各项行为，包括各地政府应根据地方社会发展的特点和需要，明确政府购买服务的目标，合理规划购买的范围和内容，确定合理的财务预算，制定科学的服务质量评估体系，明确采购方式和程序，保证招投标过程的透明、公开。以上各项工作的重点在于落实到位，避免用形式上的公平合理掩盖实质上的不公平，消除社会组织领域制度安排缺少长远性的"权宜性"特征。

其次，政府部门还应增强自身能力建设。购买系统是由多个部门协同配合的整体。因此，相关政府部门在购买服务的目的、理念上应达成共识，破除社会组织领域制度安排"碎片化"的特征，在合作中培养相关监督主体对于契约合同的管理能力，具体包括：清楚认识社会工作机构的目标及其独特性、熟知各种合作模式的优劣、掌握降低合同不确定风险的各种能力，考虑服务对象对服务连续性的需要，促使政府成为一个精明的买家。在借助政府购买服务对社会工作服务机构进行培育的过程中，需要根据具体服务的性质特点在保证规范性基础之上，根据合同的特点适当灵活地选择资助方式、资助程序、资助周期等，真正发挥服务项目服务于民的作用。此外，政府在社会工作机构履行服务合同的过程中，应给予足够的信任和发展空间，正视中国社会工作机构处于起步阶段的客观现实，且社会工作机构专业服务成效的呈现需要有一个过程，因此政府不能急功近利，不能急于求成。

在本书写作过程中，中华人民共和国国务院第649号令公布了《社会救助暂行办法》，该办法自2014年5月1日起施行。在该办法中明确社会力量参与社会救助的重要性，其中明确指出"县级以上地方人民政府应当发挥社会工作服务机构和社会工作者作用，为社会救助对象提供社会融入、能力提升、心理疏导等专业服务"。而在本书再次修改出版专著时，民政部发布了《关于加强和改进社会组织薪酬管理的指导意见》（民发〔2016〕101 号），对提高社会组织核心竞争力具有重要意义。同时，《中华人民共和国慈善法》出台并于 2016 年 9 月 1 日正式实施，增加了公益资金流向的透明度。可以说，从政策上到环境上，社会服务机构（社会服务组织）发展的条件越来越成熟，社会服务组织的重要性也越来越受到政府和全社会的重视。但是，"罗马不是一天建成的"，中国的社会工作机构或者说社会服务组织发展本身还处于初期，需要培育培养。如今社会工作机构发展程度决定了未来社会工作机构整体的发展格局，乃至影响社会管理创新背景下的社会建设和社会发展格局。未来社会工作机构的发展理应遵循从无到有，从有到多、从多到好、从好到优的市场逻辑，实现"去行政化"再到"去垄断化"，只有这样，社会工作机构才能成为内部治理结构规范、服务能力强、自主独立有担当的社会组织，推动形成从国家到地方政府再到社区的全方位的社会治理局面，推动适度普惠型社会福利的实现。

## 第四节　研究局限及未来研究议题

### 一、本研究的局限

本研究通过对中国内地民办社会工作机构的实证调研，对其生存样态及生存逻辑的形成进行了分析。研究澄清和印证了以往研究中的一些问题，同时，对民办社会工作机构在理论上和事实上的角色进行了分析，指出在现实情境下，中国社会工作机构发育形态呈现多样性，民办社会工作机构资源导向的生存逻辑是当下应对外界生存环境的理性选择。只有当福利价值理念发生变化，从单纯的"资源"论转向"权利"论，才能从根本上改变民办社会工作机构畸形的生存逻辑和现状，才能阻止权力的滥用。而民办社会工作机构理想的资源交换结构应以"需要"和"权利"为坐标来建构且要把服务接受者纳入。换句话说，福利资源的分配应从需要出发，互动原则应从权力观到权利观，以上是本研究存在的贡献价值。

然而，在与导师多次讨论之后，本书已根据专家的意见做了有针对性的调整和修改，但是由于个人学识有限，本书在文字表述、理论综合和其他方面仍然存在很多不足和有待进一步讨论的地方。

第一，研究的调查资料有待进一步充实。由于时间和能力所限，研究涉及的机构主要是处于刚刚起步的、小型的、自下而上建立的民办社工机构，并未涵盖不同经济发展水平的所有区域，缺乏对这些机构的访谈可能会使本研究存在资料上的局限，使本研究的案例覆盖出现不够全面、不够典型的缺陷。此外，受制于资源条件的限制，有关机构服务对象的资料和相关政府管理部门的资料不是很充实，这在一定程度上影响了生存逻辑转变过程中冲突一面的展示。

第二，研究在理论提升上还有所欠缺。首先，分析中国社会工作机构的生存逻辑必须依托于一定的时间背景和某些具体的项目，而不能笼统进行分析，因此要求研究尽量具体和细化。其次，所有的分析和理论提升都是基于既有资料进行的。一方面，在解释一个具体案例的同时也需要去印证或者回应一个更大的主题；另一方面，在研究进行过程中，民办社会工作机构也在不断地发展变化。所以，本书所有的结论都是对民办社会工作机构既有发展的一种提炼和总结，在研究进行中，它每时每刻都在发生变化。本研究在处理这两方面关系上还不成熟，在理论提升上还有很大的不足。

第三，本研究还有很多细节和问题有待于在后续研究中进一步完善。在写作的过程中，文章引发的许多疑问总是让研究者去探求另外一些问题，比如，服务类社会组织的培育和发展问题、服务类社会组织与政府责任分担如何保障等问题。这从侧面也说明本研究在搭建研究的理论框架时可能存在一定的疏漏之处，这些有意或者无意的疏漏，可能也会影响本研究的最后结论。

## 二、未来研究议题

政府、社会、市场的三元互动形塑了民办社会工作机构资源导向的生存逻辑。限于时间和资料以及研究者能力，有不少问题在本研究中没有涉及。针对前面所述的几点不足与缺憾，笔者认为，未来本研究可以在以下几个方面进行深入研究。

第一，生存逻辑的比较性研究。本研究中选择的机构都是民办社会工作机构，而且多是小型的处于起步阶段的机构。中国社会工作机构的发展受地域性因素影响较大，经济发展较好的深圳、广州社会组织发展整个形势较好。那些发展较好的民办社会工作机构在生存过程中有没有遇到困难？它们是如何应对的？形成了怎样的生存逻辑？这种生存逻辑与本研究中处于起步阶段的小型机构有什么不同？这是有待研究的问题。

第二，福利多元主义与非营利组织研究。约翰逊在罗斯福利提供的国家、市场、家庭三个部门之上加入了志愿组织，强调未来志愿组织在福利多元组合中的重要作用。但是，实际运行中作为非营利组织重要类型的社会工作机构作用如何？它们在中国特殊的社会背景下能够起到预期的作用吗？如果不能，应如何去保障其承担这些职责？这些新的议题将会给未来研究带来更多的思考，对此进行深入研究也将进一步拓展对福利多元主义理论的新认识。

# 参考文献

## 中文文献

［1］安东尼·吉登斯. 社会的构成［M］. 李康，王猛，译. 北京：生活·读书·新知三联书店，1998.

［2］安东尼·吉登斯. 民族——国家与暴力［M］. 胡宗泽，赵力涛，译. 北京：生活·读书·新知三联书店，1998.

［3］安东尼·M. 奥勒姆. 政治社会学导论——对政治实体的社会剖析［M］. 董云虎，李云龙，译. 杭州：浙江人民出版社，1989.

［4］柏必成. NPOs 与政府的关系分析——基于中国 NPOs 的分类［J］. 公共管理学报，2005（4）：14-19.

［5］彼德·布劳. 社会生活中的交换与权力［M］. 李国武，译. 北京：商务印书馆，2013.

［6］诺曼·巴里. 福利［M］. 储建国，译. 长春：吉林人民出版社，2005.

［7］尼科斯·波朗查斯. 政治权力与社会阶级［M］. 叶林，王宏周，马清文，译. 北京：中国社会科学出版社，1982.

［8］卞谦. 资源与权力：市场经济条件下权力的实质及其合理配置［J］. 广西公安管理干部学院学报，2002（1）：3-7.

［9］布鲁克斯，亚瑟·C. 谁会真正关心慈善：保守主义令人称奇的富于同情心的真相［M］. 王青山，译. 北京：社会科学文献出版社，2008.

［10］成海军. 构建适度"普惠制"社会福利的思考［J］. 新视野，2008（5）：24-27.

［11］陈福平. 市场中的"弱参与"：一个公民社会的考察路径［J］. 社会学研究，2009（3）：89-113.

［12］陈锦堂. 中国非政府组织发展与社会福利社会化政策［M］//范丽珠. 全球化下的社会变迁与非政府组织（NGO）. 上海：上海人民出版社，2003.

［13］陈向明. 质的研究方法与社会科学研究［M］. 北京：教育科学出版社，2000.

［14］程郁，王胜光. 从"孵化器"到"加速器"——培育成长型企业的创新服务体系［J］. 中国科技论坛，2009（3）：76-82.

[15] 陈映芳. 行动者的道德资源动员与中国社会兴起的逻辑 [J]. 社会学研究, 2010：50 – 75.

[16] 陈涛. 社会工作专业使命的探讨 [J]. 社会学研究, 2011 (6)：211 – 237.

[17] 陈涛. 公民社会：专业社会工作的社会基础 [J]. 中国社会工作, 1998 (6)：32 – 33.

[18] 陈云良. 服务型政府公共服务的定义 [J]. 人民论坛, 2010 (29)：64 – 72.

[19] 陈治. 福利供给变迁中的政府责任及其实现制度研究——福利供给的国外考察与启示 [J]. 理论与改革, 2007 (7)：29 – 36.

[20] 邓宁华. "寄居蟹的艺术"：体制内社会组织的环境适应策略——对天津市两个省级社会组织的个案研究 [J]. 公共管理学报, 2011 (3)：91 – 101.

[21] 窦玉沛. 社会福利由补缺型向适度普惠型转变 [N/OL]. 公益时报. http：//news. sina. com. cn/c/2007 – 10 – 23/100914146154. shtml, 2013 – 8 – 12.

[22] 多亚尔, 莱恩, 多亚尔·高夫. 人的需要理论 [M]. 汪淳波, 张宝莹, 译. 北京：商务印书馆, 2008.

[23] 戴维·米勒, 韦农·波格丹诺. 布莱克维尔政治学百科全书 [M]. 邓正来, 等, 译. 北京：中国政法大学出版社, 1992.

[24] 戴维·米勒. 社会正义原则 [M]. 应奇, 译. 南京：江苏人民出版社, 2001.

[25] 丁元竹. 关于社会服务的概念及其与公共服务的关系 [J]. 中国民政, 2011 (5)：9 – 10.

[26] 丁元竹. 为什么志愿机制是可能的 [J]. 学术研究, 2012 (10)：56 – 60.

[27] 范明林, 程金. 核心组织的架空：强政府下社团运作分析——对 H 市 Y 社团的个案研究 [J]. 社会, 2007 (5)：114 – 133.

[28] 风笑天. 社会学研究方法 [M]. 3 版. 北京：中国人民大学出版社, 2009.

[29] 弗利登. 权利 [M]. 孙嘉明, 等, 译. 台北：桂冠出版社, 1998.

[30] 管兵. 城市政府结构与社会组织发展 [J]. 社会学研究, 2013 (4)：1 – 24.

[31] 郭春宇. 非均衡依赖关系下的强势建构——对一个社会主导型社团的个案研究 [D]. 北京：北京大学, 2007.

[32] 郭强华, 俞雅乖. 民间组织参与公共服务购买模式分析 [J]. 西南民族大学学报 (人文社会科学版), 2010 (2)：167 – 170.

[33] 高秦伟. 政府福利、新财产权与行政法的保护 [J]. 浙江学刊, 2007 (6)：23 – 31.

[34] 甘肃省民政厅课题组. 社会组织与政府关系模式研究 [J]. 甘肃社会科学, 2009 (5)：231 – 234.

[35] 高丙中. 社团团体的合法性问题 [J]. 中国社会科学, 2000 (2)：100 – 109.

［36］高丙中. 社会团体的兴起及其合法性的问题［M］//处于十字路口的中国社团.
天津：天津人民出版社，2001.

［37］郭晓聪，文明超. 合作中的竞争：非营利组织与政府的新型关系［J］. 公共管理
学报，2004（1）：57－62.

［38］龚咏梅. 社团与政府的关系［M］. 北京：社会科学文献出版社，2007.

［39］哈贝马斯. 交往与社会进化［M］. 张博树，译. 重庆：重庆出版社，1989.

［40］行红芳. 社会工作职业化进程中的矛盾与社会工作教育的回应［J］. 社会工作，
2010（6）下：24－26.

［41］韩俊魁. 当前我国非政府组织参与政府购买服务的模式比较［J］. 经济社会体
制比较，2009（6）：128－134.

［42］贺立平. 边缘替代：对中国社团的经济与政治分析［J］. 中山大学学报（社会
科学版），2002（6）：114－121.

［43］和经纬，黄培茹，黄慧. 在资源与制度之间：农民工草根 NGO 的生存策略——
以珠三角农民工维权 NGO 为例［J］. 社会，2009（6）：1－21.

［44］何增科. 中国社会管理体制改革路线图［M］. 北京：国家行政学院出版
社，2009.

［45］胡益芬. "参与式治理"——第三部门与政府关系探析［J］. 重庆社会科学，
2004（3）：59－61.

［46］胡敏杰. 福利权研究［M］. 北京：法律出版社，2008.

［47］何艳玲，周晓峰，张鹏举. 边缘草根组织的行动策略及其解释［J］. 公共管理学
报，2009（1）：48－54.

［48］黄宗智. 改革中的国家体制：经济奇迹和社会危机的同一根源［J］. 开放时代，
2009（4）：75－82.

［49］黄光国. 儒家关系主义：文化反思与经典重建［M］. 北京：北京大学出版
社，2006.

［50］黄晓春. 当代中国社会组织的制度环境与发展［J］. 中国社会科学，2015（9）：
106－130.

［51］黄晓星，杨杰. 社会服务组织的边界生产——基于 Z 市家庭综合服务中心的研究
［J］. 社会学研究，2015（6）：99－121.

［52］亚历山大 J C. 国家与市民社会——一种社会理论的研究路径［M］. 北京：中央
编译出版社，2002.

［53］特纳 J. 社会学理论的结构（上）［M］. 北京：华夏出版社，2006.

［54］贾春增. 外国社会学史［M］. 北京：中国人民大学出版社，2000.

［55］ 杰弗里·菲佛, 杰勒尔德, 萨兰基克 R. 组织的外部控制——对组织资源依赖的分析［M］. 闫蕊, 译. 北京: 东方出版社, 2006.

［56］ 敬义嘉. 合作治理: 再造公共服务的逻辑［M］. 天津: 天津人民出版社, 2009.

［57］ 敬义嘉. 社会服务中的公共非营利合作关系研究——一个基于地方改革实践的分析［M］. 公共行政评论, 2011 (5): 5－25.

［58］ 贾西津. 民间组织与政府的关系［M］//王名. 中国民间组织 30 年——走向公民社会. 北京: 中国社会科学出版社, 2008.

［59］ 康保锐. 市场与国家之间的发展政策: 公民社会组织的可能性与界限［M］. 北京: 中国人民大学出版社, 2009.

［60］ 康晓光. 关于官办社团自治化的个案研究［M］//中国青少年发展基金会. 处于十字路口的中国社团. 天津: 天津人民出版社, 2001.

［61］ 康晓光. 转型时期的中国社团［J］. 中国青年科技, 1999 (10): 11－16.

［62］ 康晓光, 卢宪英, 韩恒. 改革时代的国家与社会关系——行政吸纳社会［M］//王名. 中国民间组织 30 年——走向公民社会. 北京: 中国社会科学出版社, 2008.

［63］ 康晓光, 席恒. 分类控制: 当前中国大陆国家与社会关系研究［J］. 社会学研究, 2005 (5): 73－89.

［64］ 莱斯特·M 萨拉蒙. 全球公民社会——非营利部门的视界［M］. 贾西津, 等, 译. 北京: 社会科学文献出版社, 2001.

［65］ 李全生. 布迪厄场域理论简析［J］. 烟台大学学报 (哲学社会科学版), 2002 (3): 32－37.

［66］ 李刚. 民办社工服务机构达 2000 家比 2012 年增长 1 倍. ［EB/OL］. ［2014－02－06］. http://www.wenming.cn/zyfw_298/yw_zyfw/201401/t20140103_1672466.shtml.

［67］ 理查德·H 霍尔. 组织: 结构、过程及结果［M］. 上海: 上海财经大学出版社, 2003.

［68］ 理查德·W 斯格特. 组织理论: 理性、自然和开放系统［M］. 黄洋, 等, 译. 北京: 华夏出版社, 2002.

［69］ 刘传铭, 乔东平, 高克. 政府与社会组织的互动模式——基于北京市某区的实地调查［J］. 经济社会体制比较, 2012 (3): 174－180.

［70］ 罗德里克·马丁. 权力社会学［M］. 丰子义, 张宁, 译. 北京: 生活·读书·新知三联书店, 1992.

［71］ 李国武, 李璐. 社会需求、资源供给、制度变迁与民间组织发展——基于中国省

级经验的实证研究 [J]. 社会，2011 (6)：74 – 102.

[72] 李汉林，李路路. 资源与交换：中国单位组织中的依赖性结构 [J]. 社会学研究，1999 (4)：44 – 62.

[73] 李路路，李汉林. 中国的单位组织：资源、权力与交换 [M]. 杭州：浙江人民出版社，2000.

[74] 李培林，徐崇温，李林. 当代西方社会的非营利组织——美国、加拿大非营利组织考察报告 [J]. 河北学刊，2006 (2)：71 – 81.

[75] 李莹. 推动社会组织发展，推动社会管理创新. [N/OL]. http：//preview. zyzx. mca. gov. cn/article/jpdd/201401/20140100572222. shtml，2014 – 03 – 02.

[76] 李全生. 布迪厄场域理论简析 [J]. 烟台大学学报（哲学社会科学版），2002 (3)：146 – 150.

[77] 李熠煜. 关系与信任：中国乡村民间组织实证研究 [M]. 北京：中国书籍出版社，2004.

[78] 林南. 社会资本：关于社会结构与行动的理论 [M]. 张磊，译. 上海：上海人民出版社，2004.

[79] 林尚立，王华. 创造治理：民间组织与公共服务型政府 [J]. 学术月刊，2006 (5)：22 – 28.

[80] 刘旭东. 国民福利由补缺型向适度普惠型转变的思考 [J]. 经济问题，2008 (10)：126 – 129.

[81] 吕来明，刘娜. 非营利组织经营活动的法律调整 [J]. 环球法律评论，2005 (6)：730 – 737.

[82] 吕育一. 非营利组织绩效指针之研究：以文教基金会为例 [D]. 台北：台湾大学商学院，1992.

[83] 罗素. 权力论——新社会分析 [M]. 吴友三，译. 北京：商务印书馆，1991.

[84] 马洪波. 初创期社工机构治理结构的瑕疵及完善——以深圳部分社工机构为例 [J]. 华东理工大学学报（哲学社会科学版），2012 (1)：29 – 37.

[85] 迈克尔·曼. 权力的来源 [M]. 刘北成，李少军，译. 上海：上海人民出版社，2007.

[86] 迈克尔·曼. 社会权力的来源（第一卷）[M]. 刘北成，李少军，译. 上海：上海人民出版社，2002.

[87] 马克思·韦伯. 经济与社会（上）[M]. 林荣远，译. 北京：商务印书馆，1997.

[88] 马歇尔·Ｔ Ｈ. 福利的权利及再思考 [M]//马歇尔·Ｔ Ｈ，安东尼·吉登斯，

等. 公民身份与社会阶级. 郭忠华, 刘训练, 译. 南京: 江苏人民出版社, 2008.

[89] 马丁·鲍威尔. 理解福利混合经济 [M]. 钟晓慧, 译. 北京: 北京大学出版社, 2011.

[90] 孟志强, 彭建梅, 等. 2011 年度中国慈善捐助报告 [M]. 北京: 中国社会出版社, 2011.

[91] 民政部. 2008 年社会服务发展统计公报 [R/OL]. [2011 - 06 - 10]. http: // cws. mca. gov. cn/article/tjbg/200906/20090600031762. shtml.

[92] 民政部. 民政部关于促进民办社会工作机构发展的通知 [EB/OL]. [2009 - 10 - 19]. http: //sw. mca. gov. cn/.

[93] 民政部. 2011 年社会服务发展统计公报. [R/OL] [2012 - 6 - 21]. http: // cws. mca. gov. cn/article/tjbg/201210/20121000362598. shtml.

[94] 孟志强, 彭建梅, 刘佑平. 2011 年度中国慈善捐助报告 [M]. 北京: 中国社会出版社, 2012.

[95] 默顿. 社会理论和社会结构 [M]. 唐少杰, 齐心, 等, 译. 上海: 学林出版社, 2006.

[96] 帕森斯. 社会行动的结构 [M]. 张明德, 夏遇南, 彭刚, 译. 上海: 学林出版社, 2012.

[97] 潘屹. 欧洲社会服务及老人社区照顾服务的发展趋势 [J]. 中国社会导刊, 2008 (11): 52 - 56.

[98] 潘一禾, 刘琳. 新型社会组织的创建与试行——从杭州市 "社会复合主体" 看政府赋权社会的可能 [J]. 浙江社会科学, 2010 (11): 61 - 66.

[99] 彭华民, 黄叶青. 福利多元主义: 福利提供从国家到多元部门的转型 [J]. 南开学报 (哲学社会科学版), 2006 (6): 40 - 48.

[100] 彭华民. 社会福利与需要满足 [M]. 北京: 社会科学文献出版社, 2008.

[101] 彭华民. 西方社会社会福利理论前沿: 论国家、社会、体制与政策 [M]. 北京: 中国社会出版社, 2009.

[102] 彭华民. 需要为本的本土社会工作模式研究 [J]. 社会科学研究, 2010 (3): 9 - 13.

[103] 彭华民. 论需要为本的中国社会福利转型的目标定位 [J]. 南开学报 (哲学社会科学版), 2010 (4): 52 - 60.

[104] 彭华民. 中国组合式普惠型社会福利制度的构建 [J]. 学术月刊, 2011 (10): 16 - 22.

［105］彭善民. 上海社会工作机构生成轨迹与发展困境［J］. 社会科学，2010（2）：54－61.

［106］彭云，周勇. 社会工作的开展：公共服务业视野下的需求拉动和供给推动［J］. 中国地质大学学报，2010（6）：113－119.

［107］秦洪源，付建军. 法团主义视角下地方政府培育社会组织的逻辑、过程和影响——以成都市 W 街道社会组织培育实践为例［J］. 社会主义研究，2013（6）：65－69.

［108］任颖慧. 非营利组织的社会行动与第三领域的建构［M］. 上海：上海大学出版社，2009.

［109］山小琪. 吉登斯结构化理论"权力"概念解析［J］. 社会科学论坛，2009（2）下：65－68.

［110］沈元，孙五三. "制度的形同质异"与社会团体的发育——以中国青基会及其对外交往活动为例［M］//沈原. 市场、阶级与社会：转型社会学的关键议题. 北京：社会科学文献出版社，2007.

［111］孙立平. 民间公益组织与治理："希望工程"个案［M］//俞可平. 中国公民社会的兴起与治理的变迁. 北京：社会科学文献出版社，2002.

［112］孙立平. 失衡——断裂社会的运作逻辑［M］. 北京：社会科学文献出版社，2004.

［113］孙莹. 社会工作职业发展的基本要素分析［M］//王思斌. 社会工作专业化及本土化实践. 北京：社会科学文献出版社，2006.

［114］陶传进. 控制与支持：国家与社会间的两种独立关系研究——中国农村社会里的情形［J］. 管理世界，2008（2）：57－65.

［115］唐文玉. 行政吸纳服务——中国大陆国家与社会关系的一种新诠释［J］. 公共管理学报，2010（1）：13－19.

［116］唐文玉，马西恒. 去政治的自主性：民办社会组织的生存策略——以恩派（NPI）公益组织发展中心为例［J］. 浙江社会科学，2011（10）：58－64.

［117］田凯. 组织外形化：非协调约束下的组织运作——一个研究中国慈善组织与政府关系的理论框架［J］. 社会学研究，2004（3）：64－75.

［118］田凯. 非协调约束与组织运作——中国慈善组织与政府关系的个案研究［M］. 北京：商务印书馆，2004.

［119］万俊，费斌. 社会工作与人的需要满足的关系［J］. 甘肃行政学院学报，2004（1）：68－72.

［120］王名. 非营利组织管理概论［M］. 北京：中国人民大学出版社，2002.

［121］王名，乐园. 中国社会组织参与公共服务购买的模式分析［J］. 中共浙江省委党校学报，2008（4）：5－13.

［122］王名，刘国翰，何建宇. 中国社团改革：从政府选择到社会选择［M］. 北京：社会科学文献出版社，2001.

［123］王名，刘求实. 中国非政府组织发展的制度分析［J］. 中国非营利评论，2007（1）：95－148.

［124］汪明修. 政府与非营利组织关系之理论辩证与实务探析［R］. 台湾"国科会"专题研究计划成果报告，2000.

［125］汪锦军. 浙江政府与民间组织的互动机制——资源依赖理论的分析［J］. 浙江社会科学，2008（9）：31－36.

［126］王洛忠. 中国非营利组织筹资困境及治理策略［J］. 内蒙古社会科学（汉文版），2012（3）：112－115.

［127］伍俊斌. 公民社会基础理论研究［M］. 北京：人民出版社，2010.

［128］王思斌. 体制转变中社会工作的职业化进程［M］//王思斌. 社会工作专业化及本土化实践. 北京：社会科学文献出版社，2006.

［129］王思斌. 我国适度普惠型社会福利制度的建构［J］. 北京大学学报（哲学社会科学版），2009（3）：58－65.

［130］王思斌. 中国社会工作的嵌入性发展［J］. 社会科学战线，2011（2）：206－222.

［131］王思斌. 高校教师领办社会工作机构的叠错现象分析［J］. 广东工业大学学报（社会科学版），2013（4）：5－11.

［132］王思斌. 政府购买服务与加强社会服务评估［J］. 中国社会工作，2012（8）上：60.

［133］王颖，折晓叶，孙炳耀. 社会中间层——改革与中国社团组织［M］. 北京：中国发展出版社，1993.

［134］卫敏丽. 目前全国已开发4.5万个社会工作岗位［EB/OL］.［2013－11－29］. http：//news. xinhuanet. com/society/2010/12/27/c_ 12923213. htm.

［135］维伟. 服务型政府：条件、本质和限度［J］. 云南社会科学，2010（2）：5－9.

［136］吴东民，董西明. 非营利组织管理［M］. 北京：中国人民大学出版社，2003.

［137］吴思. 潜规则：中国历史中的真实游戏［M］. 上海：复旦大学出版社，2009.

［138］肖小霞. 社会组织发展：相关社会政策评析、约束与调整——社会政策视角的分析［J］. 福建论坛（人文社会科学版），2012（1）：169－174.

［139］肖小霞，张兴杰，张开云. 政府购买社工服务：道德实践和政治实践的异化［J］. 理论月刊，2013（7）：151－156.

[140] 肖小霞，张兴杰. 社会工作机构的生成路径及运作困境分析 [J]. 江海学刊，2012（5）：117-124.

[141] 谢识予. 经济博弈论 [M]. 2版. 上海：复旦大学出版社，2002.

[142] 徐延辉，黄云凌. 社会服务体系：欧洲模式与中国方向 [J]. 人民论坛·学术前沿，2012（17）：96-102.

[143] 徐宇珊. 非对称性依赖：中国基金会与征服关系研究 [J]. 公共管理学报，2008（1）：33-40.

[144] 徐延辉. 社会服务体系：欧洲模式与中国方向 [J]. 人民论坛·学术前沿，2012（17）：64-73.

[145] 徐顽强. 资源依赖视阈下政府与慈善组织关系研究 [J]. 华中师范大学学报（人文社科版），2012（3）：14-19.

[146] 许小玲. 社会组织培育：动因、困境与前瞻 [J]. 理论与改革，2013（5）：39-43.

[147] 阎云翔. 礼物的流动 [M]. 李放春，等，译. 上海：上海人民出版社，2000.

[148] 严书翔. 民间社工服务机构与中国社会工作未来发展 [J]. 社会工作，2008（10）：36-41.

[149] 闫东. 改革开放以来中国共产党与民间组织的关系 [J]. 当代中国研究，2007（3）：55-63.

[150] 闫钟. 高校社会工作人才培养的前瞻与思考——以 KJ 大学和 YK 大学为列 [EB/OL]. [2010-03-22]. http：// rsj. Cass. cn/bshbgs/jl/200704/200704/dybg/yz. htm.

[151] 杨道波. 公益性社会组织营利活动的法律规制 [J]. 政法论坛，2011（4）：156-162.

[152] 杨善华，孙飞宇. 作为意义探究的深度访谈 [J]. 社会学研究，2005（5）：53-68.

[153] 杨团. 中国慈善发展报告——慈善蓝皮书 [M]. 北京：社会科学文献出版社，2015.

[154] 杨宜音. 当代中国人公民意识的测量初探 [J]. 社会学研究，2008（2）：54-68.

[155] 俞可平. 中国公民社会：概念、分类与制度环境 [J]. 中国社会科学，2006（1）：109-122.

[156] 俞可平. 马克思的市民社会理论及其历史地位 [J]. 中国社会科学，1993（4）：59-74.

［157］ 于晓虹，李姿姿. 当代中国社团官民二重性的制度分析——以北京市海淀区个私协会为个案［J］. 开放时代，2001（9）：90 - 97.

［158］ 虞维华. 非政府组织与政府的关系——资源相互依赖理论的视角［J］. 公共管理学报，2005（2）：32 - 39.

［159］ 约翰·肯尼斯·加尔布雷斯. 权力的分析［M］. 陶远华，苏世军，译. 石家庄：河北人民出版社，1988.

［160］ 岳经纶. 个人社会服务与福利国家：对我国社会保障制度的启示［J］. 学海，2010（4）：80 - 86.

［161］ 查立友. 论民间组织的三维社会空间：实体、社会心理和虚拟网络［J］. 经济社会体制比较，2012（1）：140 - 153.

［162］ 赵怀娟，林卡. 需求与供给：中国社会工作职业发展环境分析［J］. 山东社会科学，2012（6）：21 - 26.

［163］ 赵秀梅. 中国 NGO 对政府的策略——一个初步的考察［J］. 开放时代，2004（6）：5 - 22.

［164］ 张紧跟，庄文嘉. 非正式政治：一个草根 NGO 的行动策略——以广州业主委员会联谊筹备委员会为例［J］. 社会学研究，2008（2）：133 - 150.

［165］ 张静. 法团主义［M］. 北京：中国社会科学出版社，1998.

［166］ 张静. 法团主义（修订版）［M］. 北京：中国社会科学出版社，2005.

［167］ 张杰华. 空间需求与资源依赖：政府与非政府组织的合作关系［J］. 党政干部学刊，2010（2）：121 - 126.

［168］ 翟学伟. 人情、面子与权力的再生产［M］. 北京：北京大学出版社，2005.

［169］ 郑卫东. 城市社区建设中的政府购买公共服务探讨——以上海市为例［J］. 广东行政学院学报，2011（2）：24 - 29.

［170］ 藏其胜. 流动儿童社会工作服务的现实困境与未来路径——以南京大学流动儿童抗逆小童星项目为例［J］. 中国社会工作，2013（4）下：20 - 22.

［171］ 中华人民共和国统计局. 2010 年全国人口普查报告［EB/OL］. ［2013 - 04 - 19］. http：//www. gov. cn/test/2012 - 04/20/content_ 2118413. htm.

［172］ 朱健刚. 草根 NGO 与中国公民社会［J］. 开放时代，2004（6）：36 - 47.

［173］ 朱健刚，陈安娜. 社工机构的 NGO 化：专业化的另一种思路［J］. 华东理工大学学报：社会科学版，2014（5）：28 - 37.

［174］ 朱有志，胡跃福. 和谐社会需要大批社会工作人才. ［EB/OL］. ［2013 - 07 - 13］. http：//www. gmw. cn/01gmrb/2007/12/10/content_ 707748. htm.

［175］ 邹谠. 二十世纪中国政治［M］. 香港：牛津大学出版社，1994.

［176］周书焕. 公民社会成熟的政治标志［J］. 郑州航空工业管理学院学报（社会科学版），2009（6）：3－7.

［177］郑卫东. 城市社区建设中的政府购买公共服务探讨——以上海市为例［J］. 广东行政学院学报，2011（2）：24－29.

## 英文文献

［1］Bernstein S R. Managing contracted services in a nonprofit agency［M］. Philadelphia, PA：Temple University Press, 1991.

［2］Benedict J, Tria Kerkvliet. Everyday politics in peasant societies（and ours）［J］. Journal of Peasant Studies, 2009, 36（1）：227－243.

［3］Beulah Compton, Burt Galaway, Barry Cournoyer. Social work processes（7 th）［M］. Thousand Oaks：Brooks/Cole－Thomson Learning, 2005：178.

［4］Brody J. The taxonomy of social need［J］. New Society, 1972：640.

［5］Cho S, Gillespie D F. A conceptual model exploring the dynamics of government－nonprofit service delivery［J］. Nonprofit and Voluntary Sector Quarterly, 2006, 35（3）：493－509.

［6］Cohen J, Andrew A. Civil society and political theory［M］. Cambridge：The MIT Press, 1992.

［7］Coleman J S. Foundations of social theory cambridge［M］. Harvard University Press, 1990.

［8］Coston J M. A model and typology of government－nonprofit organization relationship［J］. Nonprofit and Voluntary Sector Quarterly, 1998, 27（3）：358－3821.

［9］DiMaggio Paul J, Helmut K Anheier. The sociology of nonprofit organization and sector［J］. Annual Review of Sociology , 1990（16）.

［10］Doyal L, Gough I. A theory of human need［M］. Basingstoke：M, 1991.

［11］Eikenberry A M, Kluver J D. The marketization of the nonprofit sector：civil society at risk？［J］. Public Administration Review, 2004, 64（2）：132－138.

［12］Emerson R M. Power：Independence Relations in American［J］. Sociological Review, 1962：76－84.

［13］Evans P B, Rueschemeyer D, Skocpol T（Eds）. Bringing the State Back In［M］. Cambridge：Cambridge University Press, 1985.

［14］Evers A. Shift in the welfare mix：introducing a new approach for the study of transformation in welfare and social policy［J］. In Evers, A. & Wintersberger, H.（eds）. Shift in the Welfare Mix：Their Impact on Work, Social Services and Welfare Policies. Eurosocial, Vienna, 1988.

［15］ Evers A. The welfare mix approach: understanding the pluralism of welfare systems ［J］. In Evers, A. & Svetlik, I. (eds). Balancing Pluralism: New Welfare Mixes in Care for the Elderly. Aldershot: Avebury, 1993.

［16］ Evers A, Olk T. Wohlfahrts pluralismus: Vom wohlfahrts staat zur wohlfahrts gesellschaft ［M］. Opladen, 1996.

［17］ Forrester J W. Industrial dynamics ［M］. Cambridge, MA: MIT Press, 1961.

［18］ Foster P. Access to welfare: An introduction to welfare rationing ［M］. Macmillan: London, 1983.

［19］ Frolic B M. State – led civil society. In: Brook T, Frolic B M. (eds). Civil society in China ［M］. New York: M. E. Sharp, 1997.

［20］ Galaskiewicz J. Interorganizational relations ［J］. Annual Review of Sociology, 1985 (11): 281 – 304.

［21］ Gardens A. Contemporary critique of historical materialism ［M］. University of California Press, 1981.

［22］ Geoghegan Martin, Fred Powell. Community development , partnership governance and dilemmas of professionalization: profiling and assessing the case of ireland ［J］. The British Journal of Social Work, 2006 (5).

［23］ Gidron B, Kramer R M, Salamon L M. Government and the third sector in comparative perspective: allies or adversaries? ［M］. In Gidron B, Kramer R, Salamon L. M. (eds). Government and the third sector: emerging relationships in welfare states, San-Francisco: Jossey Bass, 1992.

［24］ Gilbert N. Welfare pluralism and social policy. in J. Mideley & M. B. racy (eds), the handbook of social policy ［M］. Thousand Oaks: Sage Publications Inc, 2000.

［25］ Gillespie D F. Organizational structure and performance. in R J Patti (Ed. ), the handbook of social welfare management thousand oaks ［M］. CA: Sage, 2000.

［26］ Golding M P. The primacy of welfare rights ［J］. Social Philosophy and Policy, 1984, 1 (2): 119 – 136.

［27］ Gormley W T. Privatization revisited ［J］. Policy Studies Review, 1994, 13 (3/4): 215 – 234.

［28］ Goulet L R, Frank M L. Organizational commitment across three sectors: public, nonprofit. , and for – profit ［J］. Public Personnel Management, 2002, 31 (2): 201.

［29］ Hall R H. Organizations: structures, processand outcomes (7th Ed. ) ［M］. Englewood Cliffs, NJ: Prentice Hall, 2002.

［30］ Handbook Ed. By Walter Powell W ［M］. New Haven: Yale University Press, 1987.

［31］ Hansmann H. The role of nonprofit enterprise ［J］. Yale Law Journal, 1980 (89): 835 – 901.

［32］ Harris H. Content analysis of secondary data: a study of courage in managerial decision making ［J］. Journal of Business Ethics, 2001, 34 (3): 191 – 208.

［33］ Ife J. The determination of social need: a model of need statement in social administration ［J］. Australian Journal of Social Issues, 1980, 15 (2): 92 – 100.

［34］ Jennifer M B, Derich W B. Government – nonprofit relations in comparative perspective: evolution, themes and new directions ［J］. Public Administration and Development, 2002 (22): 3 – 181.

［35］ Johnson B L. Resource dependence theory: a political economy model of organizations ［J］. In J. Shafritz (Ed). International Encyclopedia of Public Policy and Administration, New York: Henry Holt, 1998 (4): 169 – 174.

［36］ Johnson N. The welfare state in transition: the theory and practice of welfare pluralism ［M］. Brighton (England): Wheastsheaf, 1987.

［37］ Johnson N. Mixed economies of welfare: a comparative perspective ［M］. London, New York: Prentice Hall Europe, 1991.

［38］ Judith R Saidel. Resource interdependence: the relation between state agencies and nonprofit organizations ［J］. Public Administration Review, 1991 (51): 543 – 553.

［39］ Kettl D F. Sharing power: public governance and private markets ［M］. Washington, DC: Brookings Institution, 1993.

［40］ Kramer R M, Grossman M. Contracting for social services: process management and resource dependencies ［J］. Social Service Review, 1987, 61 (1): 33 – 55.

［41］ Kramer R M. Voluntary agencies and the contract culture: dream or nightmare? ［J］. Social Service Review, 1994, 68 (1): 33 – 60.

［42］ Kuhnle S. Government and voluntary organizations: a relation perspective ［M］. Aldershot, Hants, England; Brookfield, VT; Ashgate, 1992.

［43］ Lin N. Social capital: a Theory of social structure and action ［M］. Cambridge: Cambridge University Press, 2001.

［44］ Lofland J, Lofland L H. Analyzing social settings ［M］. Belmont, CA: Wadsword, 1995.

［45］ Maisonneuve V. The role of endowments and foundations in servicing the public interest ［M］. New York: Clay Findlay Inc, 2000.

［46］ Martin E. A framework for exploring different judgment of social need ［J］. Australian Journal of Social Issues, 1982, 17 (3): 192 – 196.

［47］ Meadows D H, Robinson J M. The electronic oracle: computer models and social decisions ［M］. New York: John Wiley, 1985.

［48］ Middleton M. Nonprofit boards of directors: beyond the governance function in the nonprofit sector: a research handbook, edited by W. W. powell ［M］. New Haven, CT: Yale University Press, 1987.

［49］ Midgley J. International social Work: learning from the third world ［J］. Social Work, 1990 (4): 43 – 61.

［50］ Nanz P, Steffek J. Global governance, participation and the public sphere ［J］. Government and Opposition, 2004, 39 (2): 315.

［51］ Najam A. The Four-C´s of goverment third sector-government relations: cooperation, confrontation, complementarity, and cooptation ［J］. Nonprofit Management & Leadership, 2000, 10 (4): 375 – 391.

［52］ Neuendorf K A. The content analyses guidebook ［M］. Thousand Oaks, Calif: Sage Publications, 2002.

［53］ Peter K, Lawrence M. Purchase of service contracting: two models ［J］. Administrative in Social Work, 1990 (1): 121 – 132.

［54］ Pfeffer J, Salancik R. The external control of organizations: a resource sependence perspective ［M］. New York: Harper & Row, 1978.

［55］ Pfeffer J. Environments of organizations ［J］. Annual Review of Sociology, 1976 (2): 79 – 105.

［56］ Plant R, Socialism. Markets and end states ［M］ //Le Grand J. & Estrin S. , Market socialism. Clarendon Press, 1989.

［57］ Reich, Charles A. The new property ［J］. The Yale Law Journal, 1964, 73 (5): 782 – 783.

［58］ Rose R. Common goals but different roles: the state's contribution to welfare mix ［M］ //Rose R & Shiratori, R (ed) . The welfare state: east and west ［M］. Oxford: Oxford University Press, 1986.

［59］ Saich T. Negotiating the state: the development of social organizations in China ［J］. The China Quarterly, 2000, 161 (1): 124 – 141.

［60］ Sainsbury E. The personal social service ［M］. London: Pitman, 1977.

[61] Salamon L M. The rise of the nonprofit sector [J]. Foreign Affairs, 1994, 73 (4): 16 – 39.

[62] Salamon L M. Partners in public service: government – nonprofit relations in the modern welfare state [M]. Baltimore: Johns Hopkins University Press, 1991.

[63] Schmitter P C. Still the century of corporatism? in Frederick B. Pike and Thomas Stritchn (eds.) the neo-corporatism: social and political structure in the iberian world [M]. University of Nortre Dame Press, 1974.

[64] Schmitter P C. Still the century of corporatism? Schmitter P C., Lehmbruch G. Trends toward corporatist intermediation [M]. Beverly Hills: Sage Publications, 1979.

[65] Schwartz S H, Sagie G. Value consensus and importance: A cross-national study [J]. Journal of Cross-Cultural Psychology, 2000, 31 (4): 121 – 133.

[66] Sedikides C, Rudich E A, Gregg A P, et al. Are normal narcissists psychologically healthy? Self-esteem matters [J]. Journal of Personality and Social Psychology, 2004, 87 (3): 400 – 416.

[67] Selzniek P. TVA and the grass roots: a study in the sociology of formal organization [M]. Berkeley, University of California Press, 1949.

[68] Tawney R H. Equality [M]. London: Allen and Unwin, 1931.

[69] Thompson J D, MeEwen W J. Organization goals and environment: goal-setting as an interaction process [J]. In American Sociological Review, 1958, 3 (3): 267.

[70] Thompson J D. Organizations in Action [M]. New York: McGraw-Hill, 1967.

[71] Unger J, Chan A. China, corporatism and the east asian model [J]. The Australian Journal of Chinese Affairs, 1995, 33 (1): 29 – 53.

[72] Van Slyke D M. The public management challenges of contracting with Nonprofits for social services [J]. International Journal of Public Administration, 2002, 25 (4): 489 – 518.

[73] Van Slyke D M. The mythology of privatization in contracting for social services [J]. Public Administration Review, 2003 (3): 89 – 96.

[74] Walker A. A cultural revolution? shifting the UK's welfare mix in the care of older people. In Evers, A. & Svetlik, I. (eds). Balancing pluralism: new welfare mixes in care for the elderly [M]. Aldershot: Avebury, 1993.

[75] Weisbrod B A. Toward a theory of the voluntary nonprofit sector in three-sector economy, In esphelps (eds). altruism morality and economic theory [M]. New York: Russell Sage Foundation, 1974.

［76］ Wellman C. "Welfare Right", Roman andLittlefield ［M］. Totowa, New Jersey, 1982.

［77］ Wetherly P. Basic needs and social policies ［J］. Critical social policy, 1996, 16 (46)：45 – 65.

［78］ Whiter G. Prospects for civil society in China：a case study of xiaoshan city ［J］. The Australian Journal of Chinese Affairs, 1993, 29 (1)：63 – 87.

［79］ Wilensky H, Lebeaux C. Industrial society and social welfare ［M］. New York：Free Press, 1965.

［80］ Zald M N. Ed. Power and organization ［M］. Nashville, Vanderbilt University Press, 1970.

## 政策文献

［1］ 国务院. 社会团体登记管理条例. 1989（1998 年修订）.

［2］ 国务院. 民办非企业暂行管理条例. 1998.

［3］ 中共中央. 中共中央关于加强党的执政能力建设的决定. 2004.

［4］ 江苏省民政厅. 关于进一步加快慈善类民间组织发展的意见. 2006.

［5］ 江苏省民政厅. 关于加强民间组织培育发展和管理监督工作的意见. 2007.

［6］ 深圳市委、市政府. 关于加强社会工作人才队伍建设推进社会工作发展的意见. 2007.

［7］ 上海市民政局. 上海市民政局关于在本市培育发展专业社会工作机构的通知. 2009.

［8］ 中共中央. 中共中央关于构建社会主义和谐社会若干重大问题的决定. 2006.

［9］ 中华人民共和国民政部. 民政部关于开展第一批社会工作人才队伍试点的通知. 2007.

［10］ 中华人民共和国民政部. 民政部关于开展第二批社会工作人才队伍试点的通知. 2009.

［11］ 中华人民共和国民政部. 关于促进民办社会工作机构发展的通知. 2009.

［12］ 中共中央、国务院. 国家中长期人才发展规划纲要（2010 – 2020 年）. 2010.

［13］ 中共青云谱区委、青云谱区人民政府. 关于进一步加强社会工作者队伍建设推进社会工作发展的意见. 2010.

［14］ 中华人民共和国民政部、财务部. 关于政府购买社会工作服务的指导意见. 2012.

［15］ 安徽省民政厅. 关于加快培育发展民办社会工作服务机构的指导意见. 2012.

［16］ 安徽省民政厅. 安徽省"十二五"社会工作专业人才队伍建设规划. 2012.

［17］厦门市委办公厅、厦门市人民政府办公厅. 关于加快培育发展民办社会工作服务机构的指导意见. 2012.

［18］中华人民共和国民政部. 中央财政支持社会组织参与社会服务项目. 2013.

［19］中华人民共和国民政部. 关于加强社会工作专业人才队伍建设的意见. 2013.

［20］中华人民共和国民政部、财政部. 关于加快推进社区社会工作服务的意见. 2013.

［21］中共中央. 国务院机构改革和职能转变方案. 2013.

［22］中华人民共和国民政部. 关于进一步加快推进民办社会工作服务机构发展的意见. 2014.

［23］国务院. 社会救助暂行办法. 2014.

［24］中华人民共和国财政部. 政府购买服务管理办法（暂行）. 2014.

［25］安徽省民政厅、安徽省财政厅. 关于政府购买社会工作服务的实施意见. 2014.

［26］厦门市民政局. 厦门市政府购买社会工作服务项目评估实施办法（试行）. 2014.


**其他资料**

［1］AL 社会工作服务社 2013 年工作总结.

［2］JR 社会工作服务社 2012、2013 年工作总结.

［3］MS 社会工作服务社 2012、2013 年工作报告.

# 附录1 深度访谈对象基本情况

| 访谈对象 | 所在机构 | 职务 | 性别 | 年龄（岁） | 从事社工时间（年） | 有无社工背景 | 访谈时间 | 访谈地点 |
|---|---|---|---|---|---|---|---|---|
| 林先生 | ZQ | 总干事 | 男 | 42 | 4 | 无 | 2011年7月28日上午 | 服务社业务指导办公室 |
| 孙先生 | SZ12355 | 部长 | 男 | 37 | 3 | 无 | 2011年7月29日下午 | 市青少年活动中心 |
| 郭女士 | XZZ | 社工 | 女 | 26 | 3 | 有 | 2011年7月30日下午 | 机构社区发展部办公室 |
| 高先生 | JGSG | 理事长 | 男 | 52 | 2 | 无 | 2011年8月2日上午 | 市福利院行政办公室 |
| 周女士 | HY | 理事长 | 女 | 49 | 3 | 有 | 2011年8月4日上午；2013年5月28日下午 | Q区社会组织孵化中心 |
| 黄女士 | YJX | 社区主任兼总干事 | 女 | 46 | 2 | 无 | 2011年8月4日下午 | ZYQ社居委 |
| 张女士 | BH | 总干事 | 女 | 40 | 3 | 无 | 2011年8月5日下午 | WZ县老龄委办公室 |
| 孙先生 | JA | 总干事 | 男 | 26 | 3 | 有 | 2011年8月8日上午；2013年11月12日下午 | 机构所在街道办事处电话访谈 |
| 孙先生 | JA | 社工 | 男 | 24 | 3 | 有 | 2011年8月8日下午 | 服务社行政办公室 |
| 闵先生 | SQ | 助理总干事 | 男 | 25 | 3 | 有 | 2011年8月9日下午 | 服务社行政办公室 |

续表

| 访谈对象 | 所在机构 | 职务 | 性别 | 年龄（岁） | 从事社工时间（年） | 有无社工背景 | 访谈时间 | 访谈地点 |
|---|---|---|---|---|---|---|---|---|
| 郭先生 | AYP | 总干事 | 男 | 51 | 3 | 无 | 2011 年 8 月 10 日下午 | 机构办公室 |
| 季女士 | AD | 部长 | 女 | 30 | 3 | 无 | 2011 年 8 月 12 日下午 | AD 基金会 |
| 周先生 | MS | 总干事 | 男 | 36 | 4 | 无 | 2011 年 8 月 20 日上午；2013 年 5 月 26 日下午 | HP 街道文化服务中心；系部办公室 |
| 彭先生 | MS | 社工 | 男 | 23 | 2.5 | 有 | 2011 年 8 月 20 日下午；2013 年 5 月 26 日上午 | XY 街道服务中心 |
| 叶女士 | JR | 理事长 | 女 | 29 | 4 | 有 | 2011 年 8 月 21 日上午；2013 年 6 月 30 日上午 | 系部办公室 |
| 柴女士 | WHX | 理事长 | 女 | 35 | 5 | 有 | 2013 年 7 月 24 日上午；2014 年 7 月 9 日下午 | 师大社工系办公室 |
| 李先生 | XW | 社工 | 男 | 25 | 3 | 有 | 2011 年 8 月 14 日晚 | 南大鼓楼逸夫楼 408 |
| 哈先生 | XW | 理事长 | 男 | 32 | 6 | 有 | 2013 年 5 月 22 日上午；2014 年 7 月 8 日上午 | MY 街道社会组织孵化中心；江苏体育培训中心宾馆大堂 |
| 姚老师 | XHX | 理事 | 男 | 31 | 4 | 有 | 2014 年 5 月 22 日上午 | 政法学院社工系办公室 |
| 高女士 | XHX | 社工 | 女 | 24 | 2 | 有 | 2014 年 5 月 22 日下午 | HL 区民办社工机构孵化园 |
| 宫先生 | HM | 总干事 | 男 | 33 | 6 | 有 | 2014 年 7 月 8 日上午 | 服务社行政办公室 |

| 访谈对象 | 所在机构 | 职务 | 性别 | 年龄（岁） | 从事社工时间（年） | 有无社工背景 | 访谈时间 | 访谈地点 |
|---|---|---|---|---|---|---|---|---|
| 孔女士 | HM | 社工 | 女 | 26 | 4 | 有 | 2014 年 7 月 10 日下午 | 服务社行政办公室 |
| 周先生 | HR | 总干事兼睦邻中心主任 | 男 | 26 | 5 | 有 | 2014 年 8 月 27 日上午；2014 年 8 月 29 日 | FH 社区睦邻服务中心；电话访谈 |
| 柏女士 | AL | 总干事 | 女 | 26 | 5 | 有 | 2014 年 6 年 28 日上午；2014 年 7 月 11 日下午 | 机构行政办公室 |
| 马先生 | AL | 社工 | 男 | 25 | 5 | 有 | 2014 年 6 月 28 日下午 | 机构行政办公室 |
| 黄先生 | SYC | 副总干事 | 男 | 31 | 6 | 有 | 2014 年 7 月 5 日上午；2014 年 7 月 19 日下午 | 法学院社会学系办公室；南京大学仙林校区 |

# 附录 2　一般访谈名单

| 工作单位 | 被访对象 | 性　别 |
|---|---|---|
| 江西省民政厅社工处 | G 处长 | 男 |
| 万载县民政局 | L 副局长 | 男 |
| 合肥市民政局基层政权科 | W 副科长 | 男 |
| 安徽省社工协会 | C 会长 | 女 |
| 合肥市社工协会 | T 秘书长 | 女 |
| 北京 GK 康复器材公司安徽办事处 | Q 先生 | 男 |

# 附录3  深度访谈提纲

本研究使用的是半结构式访谈指引进行的深度访谈。根据研究框架和研究问题的指引，依据访谈指引进行深度访谈。其中机构负责人访谈提纲和机构社工访谈提纲中有部分内容是相同的，用以相互佐证机构与其他部门关系的客观性。

## 一、机构负责人深度访谈提纲

1. 机构成立的背景？（追问：当时出于什么考虑成立这个机构？成立过程中是否遇到困难？如何解决？）

2. 机构的基本情况？（包括注册的时间、机构理念宗旨、组织结构、主要服务对象和服务项目等）该机构目前工作人员的基本情况？（包括性别比例、教育背景、年龄层次、从业经验、有无社工资格证书等。追问：在聘用社工时如何考虑筛选标准？）

3. 机构有无固定的办公场所？（追问：由谁提供？费用如何？如何支付？）

4. 机构在运行的过程中遇到哪些困难？（追问：分别是哪些方面的困难？其中最大的困难是什么？面对困难，机构有无采取一些策略去应对？举出具体的事例。这些措施解决了机构的困难吗？）

5. 机构有没有来自政府的支持？若有，主要包括哪些？（追问：是政府购买、招投标方式、委托方式或其他，政府补贴、奖励？仔细说明情况或者一个项目的具体执行情况？购买方通过何种方式来监督服务过程？通过何种方式来评估服务效果？政府的评估标准与机构专业性要求之间有冲突吗？是如何平衡的？）

6. 机构来自社会的支持主要包括哪些？（追问：有社会、企业的捐款或者合作吗？若有，是通过何种方式开展的？具体是如何执行、监督和评估的？效果怎样？若没有，是什么原因？有充足的志愿者吗？）

7. 机构有没有面向市场开发的服务性收费项目？若有，运行如何？若没有，原因是什么？（追问：这些项目运作情况如何？遇到哪些困难？）

8. 机构主要资金来源结构是怎样的？（追问：来自政府的、社会的、面向市场服务性收费大概各占多少比例？为什么会呈现出这样的结构？）

9. 机构在政府购买项目实施中与政府、社区的关系怎样？（追问：是平等的、依赖性的或者其他？有无具体的例子来说明？）

10. 机构日常运行中常打交道的部门或单位有哪些？（追问：之间的关系是怎样的？有无具体的例子来说明？）

11. 机构与本地其他服务机构关系如何？（追问：有没有过合作？有没有经常的交流？为什么？）

12. 在机构成立和发展的过程中，与区级或者市级社会工作协会关系怎样？（追问：社会工作协会对机构发展有支持吗？请具体谈一谈）

13. 机构有没有自己的服务品牌？（追问：一般通过什么方式来塑造机构的公众形象和打造服务品牌？）

14. 对机构未来发展有哪些构想？（追问：资源如何拓展？能力如何提升？机构人才如何培养？）

## 二、机构社工访谈提纲

1. 个人基本情况？（包括：年龄、教育背景、工作经历等）

2. 在机构工作的情况？（追问：选择来该机构工作的原因？工作时间是什么？薪酬满意度如何？机构对员工如何考评？）

3. 在机构主要从事什么工作？（追问：具体负责什么项目？在项目执行过程中遇到哪些困难？如何沟通协调？）

4. 社会工作的专业方法和价值理念在服务中是如何实现的？（追问：在多大程度上获得实现？没有获得实现的原因是什么？）

5. 机构有没有来自政府的支持？若有，主要包括哪些？（追问：是政府购买或招投标方式、委托方式或其他，政府补贴，奖励？仔细说明情况或者一个项目的具体执行情况？购买方通过何种方式来监督服务过程？通过何种方式来评估服务效果？政府的评估标准与机构专业性要求之间有冲突吗？是如何平衡的？）

6. 机构来自社会的支持主要包括哪些？（追问：有社会、企业的捐款或者合作吗？若有，是通过何种方式开展的？具体是如何执行、监督和评估的？效果怎样？若没有，是什么原因？有充足的志愿者吗？）

7. 机构有没有面向市场开发的服务性收费项目？若有，运行如何？若没有，原因是什么？（追问：这些项目运作情况如何？遇到哪些困难？）

8. 机构主要资金来源结构是怎样的？（追问：来自政府的、社会的、面向市场服务性收费大概各占多少比例？为什么会呈现出这样的结构？）

9. 机构在政府购买项目实施中与政府、社区的关系怎样？（追问：是平等的、依赖性的或者其他？有无具体的例子来说明？）

10. 机构日常运行中常打交道的部门或单位有哪些？（追问：之间的关系是怎样的？有无具体的例子来说明？）

11. 机构与本地其他服务机构关系如何？（追问：有没有过合作？有没有经常的交流？为什么？）

12. 在机构成立和发展的过程中，与区级或者市级社会工作协会关系怎样？（追问：社会工作协会对机构发展有支持吗？请具体谈一谈）

13. 机构有没有自己的服务品牌？（追问：一般通过什么方式来塑造机构的公众形象和打造服务品牌？）

14. 你觉得机构生存发展中遇到的最大困难是什么？（追问：这个困难如何才能解决？）

# 附录4 深度访谈个案摘选

## 一、HM 社会工作服务中心访谈整理

访谈时间：2014 年 7 月 8 日上午　访谈地点：机构行政办公室

访谈对象：机构总干事　　　　　　访谈、整理：许小玲

**1. 机构成立的背景？（追问：当时出于什么考虑成立这个机构？成立过程中是否遇到困难？如何解决？）**

**答**：我 2008 年大学毕业后一直在深圳做社工，也有 6 年时间了，对社工还是挺有感情的。深圳社工在当时发展很快，当时就有了自己成立一个机构的想法，想把自己学的知识运用到实践中，也想让更多的社工毕业生能找到适合自己的工作岗位。最先考虑在深圳成立一个机构，但是深圳机构比较多了，竞争肯定就会激烈，后来就来到了 H 市，因为 H 市当时还没有社工机构。社工机构成立过程还是挺顺利的，市里面没有机构，很希望有人能成立一个，但是成立的时候市里就明确告诉我，现在市里面没有什么项目和经费可以给我支持，那就意味着所有的项目和经费都是我自己去争取和寻找。我注册的是市级层面的，注册资金要 3 万元，这些全部是我一个人掏腰包的。

**问**：市里是指哪个部门呢？

**答**：就是 H 市民政局。

**2. 机构的基本情况？（包括注册的时间、机构理念宗旨、组织结构、主要服务对象和服务项目等）该机构目前工作人员的基本情况？（包括性别比例、教育背景、年龄层次、从业经验、有无社工资格证书等。追问：在聘用社工时如何考虑筛选标准？）**

**答**：机构成立的时间是 2011 年 10 月 12 日，它是 H 市首家社会工作专

业服务机构。从创立之初我们就把自己定位于政府的合作伙伴和民众的知心朋友，因此我们机构的宗旨就是坚持以公益目标为导向，以满足社会需求，救助弱势群体，以化解社会矛盾、促进社会公平为己任。机构服务项目包括很多，具体为青少年综合服务、长者服务、农村社工服务、院舍服务，以及承接各种公益性项目、接受第三方委托项目等。

问：机构理事组成情况是怎样的？

答：当时理事会组成人员很不理想，因为依据自己的经历和阅历，根本请不到合适的理事。我当时来 H 市又没有什么认识的人，还是住在我一个同学的家里。因此，我们机构的理事成员资历不高，对于社会工作、社会服务概念相当陌生。当时政府已经有规定了，就是体制内的人员不允许担任理事，所以全是体制外的。理事成员一位是深圳机构的，原来自己机构的领导，还有一位就是 H 市草根 NGO 的领导。

问：现在这种情况改变了吗？

答：还是没什么变化。前几年理事会基本运作不起来，因为这个只是形式上的，实际上并没有发挥应该有的作用。当时来 H 市，人生地不熟的，经过几年也认识了不少人，这些人也有些资源，或者说现在我自己也积累了很多的资源，对于理事会也该有规划了，准备换届选举，让理事会能发挥些作用。

问：你说的规划是指什么？

答：就是把潜在的关系、资源都纳入进来，现在在哪里发展都是这个样子，社工机构也是如此。要把那些原来在体制内的、现在退居二线的一些人纳入进来，特别是其中有很多热心社会服务的人，这对机构发展是很重要的。

问：机构工作人员情况呢？

答：有 40 多个员工。

问：多少人有社工资格证呢？

答：专业占 50%，持证占 70%。有一部分人不是社工专业毕业的。

问：在招聘员工时的标准是什么？

答：第一看学历和专业，第二看对于专业的认识和价值观。现在很难招聘到合适的人才。

问：为什么呢？每年有这么多毕业的学生。

**答**：学社工的毕生生不愿意做社工。社会不认同，薪酬保障也不好，若是户籍不是在 H 市本地的，很多人待不下去的。想招到有经验、实务能力强、沟通组织能力很强的人是很困难的，而且社工机构人员流动性是很大的。

**问**：对第一学历看重吗？一本、二本、专科有选择吗？

**答**：一本、二本这些倒没有太多的要求，但是对于专业还是很在意的。

**问**：有的机构说现在高校培养出来的学生实务经验很差，所以宁愿招有社区工作经验、有热情的非专业背景人员，对于这一点，你怎么看？

**答**：高校培养的毕业生的确差，但是要比其他人员好，毕竟他们知道社工的理念，否则还怎么谈专业性，机构和一般的服务行业还有什么区别呢。现在不怕实务经验差，怕的是没有社工价值观，理念和价值观这个东西很难培养。

**问**：机构有专门的财务和行政人员吗？

**答**：有的，财务 1 人，专职行政人员也有 2 人。

**3. 机构有无固定的办公场所？（追问：由谁提供？费用如何？如何支付？）**

**答**：有自己的办公场所，都不是政府提供的，因为当时政府就说没钱和项目来支持我的机构，你自己愿意成立就成立呗。

**问**：那机构办公场所是怎么解决的呢？

**答**：我自己解决的，租房子。当时我家里给了我买房子的钱，我就从中拿出了一半，来 H 市做这个事情，就用这笔钱租了办公场地，当时家里人是很不支持的。

**4. 机构在运行的过程中遇到哪些困难？（追问：分别是哪些方面的困难？其中最大的困难是什么？面对困难，机构有无采取一些策略去应对？举出具体的事例，这些措施解决了机构的困难吗？）**

**答**：肯定是有的，到处都是困难。刚开始有大半年没有项目，但是房租、水电、物业费用等都要支付。我是 2011 年 6 月来 H 市，机构在 10 月注册下来，2012 年中旬才有一个小项目，很小的那种，这是机构成立大半年之后的事情了。

**问**：这个项目大概有多少钱？从哪里获得的？

**答**：8 万元，从市民政局拿到的，以项目委托的方式获得的。

**问**：发展过程中遇到的主要问题有哪些呢？

**答**：主要问题：资金第一，人才第二。资金当时自己垫付了很大部分。人才呢，就是一个大话题了，慢慢地积累人才，降低流失。比如，特别针对那些学习了社工专业的 H 市人，到处去找。因为他家在本地，流动出去的可能性就会比较小，在 H 市这个地方，社工工资又不高，如果家再是外地的，待不长的。

**问**：为了解决资金方面的困难，你是怎么做的？

**答**：我在深圳的两年时间一直在机构做管理工作，还有就是负责对外项目争取的工作，所以对于争取项目还是有些经验的。我会把所有有可能需要接触社工的部门列一个名单，像民政、妇联、残联、司法所等，市里、各县区的都在里面，然后就每天按照名单去各个部门拜访，随身带自己的名片和机构的宣传资料，去向别人推荐自己，让别人知道有我们这个机构。

**问**：这些机构的反映是怎样的？

**答**：很复杂，就像搞推销一样，其实机构推销的就是服务。中间也碰到很多问题，懂的就聊；不理我的，丢下材料就走，也少说废话，省得别人烦，结果是喜忧参半。

**问**：怎么理解喜忧参半？

**答**：有些部门，如妇联就不错，因为大环境是他们有做社会工作的需要，所以他们觉得以后跟我们合作还是有可能的。有些部门理都不理你，如残联，他们觉得根本不需要你做什么。你说残联难道不需要嘛，但是没用，你觉得需要，人家觉得没必要。这个和部门领导意识有很大关系，而且是一种决定性影响。

**问**：人才问题怎么解决的呢？

**答**：现在社工机构人才流失是个大问题。一线社工工作量还是比较大的，工资也不是很高，而且都是在和社区或者街道的人打交道，很辛苦。我们也很想培养有能力的社工，可是社工流动比较大。有时候觉得一个社工比较有潜力，花大力气培养，马上就可以独当一面了，他突然又不干了。我们就想办法提升薪酬保障，另外就是加强社会服务理念和价值观的培养，给社工更大的发展空间和成长空间。有机会就让他们去参加培训，提升自己。

**问**：那不是机构的成本就增加了吗？

**答**：是高了，但是也是没有办法的，要不然人员流失会更惨。他在一个机构钱又不多，不能吸引他，要是觉得在这里的工作又没什么价值、没成长，那更得走人了。其实机构也挺矛盾的，机构经费本来就不是很充足，总是这样，更不敢在这方面投入了。可要是不投入，不给社工提升的空间，那人才流失的问题会更严重。

**问**：如果机构资金不充足也难以留住人才。像你这样做是不是问题就解决了呢？

**答**：会好一些吧，解决不敢说。也是在尝试之中，毕竟管理是个复杂的东西，很多因素都会影响，还有就是用情打动人。

**问**：这是什么意思？

**答**：比如人家"华为"用钱留住员工，我们没有钱，我们用情，逢年过节发个短信，父亲节、母亲节提示一下，我职位虽是总干事，身份更像是个大哥哥，用自己的心跟他们相处，这样也可以留住人，人不管是几类学校过来的，他只要愿意，就应该关心，精神要保障，物质也要想办法保障。

**5. 机构有没有来自政府的支持？若有，主要包括哪些？（追问：是政府购买、政府补贴、奖励？仔细说明情况或者一个项目的具体执行情况？购买方通过何种方式来监督服务过程？通过何种方式来评估服务效果？政府的评估标准与机构专业性要求之间有冲突吗？是如何平衡的？）**

**答**：成立之初是什么都没有的，都是靠自己，后期有一些。外围的环境对于 H 市社会工作发展形成了很好的促进，所以我们机构赶的时机还是不错。政府的支持就是购买服务，其中 80% 都是以委托形式获得的。

**问**：为什么不是招投标呢？

**答**：开始政府部门没有统一，都是委托，去年（2013 年）才开始有招标。其实招投标最害人。

**问**：为什么呢？

**答**：通过委托呢，委托人还是有责任的，还不敢乱来；通过招标呢，购买方涉及了很多部门，反倒是大家谁都没有责任了。

**问**：什么意思呢？

**答**：招投标的，定谁是采购中心说了算，采购中心对社工这个东西是一无所知的，它完全是按照工程类招标的方式进行的，表面上看好像程序合法了很多，可是很多时候违背了购买方的意愿。委托则是由民政局具体负责，他们好歹懂一点社工的东西，对相关机构也有一定的了解，从专业性来讲会好一些。

**问**：从保证专业性的角度来讲，委托是不是更适合服务项目的购买形式？

**答**：是的。

**问**：购买方通过何种方式来监督服务过程？

**答**：拿到项目后，安排人员过去开展服务，一般这个时候工作交由项目部，他们负责跟进。一般通过半年评估以及平时的汇报来监督。项目开展半年时，委托方会组织一个评估组，通过听汇报、查档等形式进行监督。

**问**：评估组由哪些人组成？

**答**：主要是购买方的人，由财政局、民政局及其聘请的专家等人组成。

**问**：服务效果和专业性如何在评估中呈现出来？

**答**：这很难。社工机构还处于初步发展阶段，专业性在评估中还是看个案、小组采用的方法，仅此而已。机构有一块服务是做青少年成长发展的，这也是区妇联购买的服务。在服务对象选择上，一般是通过社工外展活动和社区宣传活动开展，主动发现有需要的对象，还有街道、社区、有关部门转介过来的。在服务过程中的具体开展方式可以根据服务对象的需要灵活进行选择。我们更多地是以小组活动的形式开展，较少采用个案的工作方式，除非极个别问题很特殊的。因为小组活动成本相对低，活动规模可以搞得相对大一些。加上社区的宣传，会有很多媒体来报道，这是社区、政府都很欢迎的一种形式。

**问**：评估侧重什么呢？

**答**：侧重服务会比较多。

**问**：会比较注重量吗？

**答**：是的。这个量基本上是我们自己先制定，然后找购买单位协商确定下来的。

问：政府的评估标准与机构专业性要求之间有冲突吗？如果有冲突，是如何平衡的？

答：现在感受不明显，H市可以说也没有评估标准。现在处在听汇报阶段，看你汇报的水平吧。

问：汇报都汇报什么内容呢？有个大概的内容吧？

答：听汇报可以对做没做好服务有个直观感觉，主要是参照签署协议时的方案书，看方案书中的内容有没有实现。

问：实际操作时严格按照那个方案书来操作吗？

答：一般会有调整。

问：可不可以这样理解，服务的评估主要看汇报的内容和汇报人的水平？

答：可以这么说吧。没有一个比较规范和硬性的指标，全凭汇报人的汇报，再看看一些文字性的东西，比如小组活动时的方案书等。

问：那就是说购买方评估主要是听汇报，自己会去找服务对象询问满意度吗？

答：一般开座谈会，请接受服务的对象来一起参与，这其中弹性就比较大了。

问：那么政府自己扶持成立起来的机构在接受评估时会不会更占优势？

答：在H市这个地方还比较好，由政府扶持起来的机构好像没有，大部分都是民间的，像我们这样的机构比较多。

**6. 机构来自社会的支持主要包括哪些？（追问：有社会、企业的捐款或者合作吗？若有，是通过何种方式开展的？具体是如何执行、监督和评估的？效果怎样？若没有，是什么原因？有充足的志愿者吗？）**

答：没有。好像有一点，一年不到10万元，差点忘了。

问：是企业还是社会捐赠的？还是购买服务的？

答：一家商会捐赠的。

问：怎么争取到的呢？他们看中机构的什么呢？

答：还是政府介绍的，他们看中的是政府的资源，而不是机构本身。

问：什么意思呢？

答：主要是他们想和政府搞好关系，想从政府那里拿项目，看着政府的面子答应每年给我们捐一点钱，就是这样的。

问：如果说是自己去商会争取的话，有这种可能吗？

答：或许有吧，但是不是所有的机构都行，需要具有很强实力和名气的机构，否则也争取不到的。H 市这边商会比较多的，争取企业的运作成本比较大。

问：为什么？

答：企业积极性不高，而且开始不太认同和了解社会工作是什么，其对机构的服务要求要更高。

问：社会上的捐款会比较多吗？

答：我们机构没有。

问：原因主要是什么呢？

答：整个社会发育不成熟，公众没有这个意识。还有就是机构服务能力还是弱，大家可能不认可。

**7. 机构有没有面向市场开发的服务性收费项目？若有，运行如何？若没有，原因是什么？（追问：这些项目运作情况如何？遇到哪些困难？）**

答：没有。

问：为什么呢？是机构没有尝试？还是觉得这条路子不可行？

答：没有尝试，但是有这种想法。

问：你觉得可行吗？普通人会去自己花钱购买机构的专业服务吗？

答：目前可能没有，接下来可能会有。

问：为什么呢？在 H 市，人们对社工知晓度高吗？

答：不高。即使是在深圳也没什么机构面向市场开发收费服务项目。因为很多人认为非营利机构就是公益机构，不要钱。虽然不对，但是短期内我们也无法改变大家的认识，整个社会的认识现在就是这样，不是一朝一夕能改变的，需要一个过程。但是以后社工若是发展成熟了，应该有市场吧，估计这个过程可能会比较长。此外，我们的服务主要面向弱势群体，弱势群体恐怕也不一定有这个购买力。

**8. 机构主要资金来源结构是怎样的？（追问：来自政府的、社会的、面向市场服务性收费大概各占多少比例？为什么会呈现出这样的结构？）**

答：大部分或者全部都来自政府，原因就是前面所说的。不只我们一家机构，H 市大部分机构都是这样的状况。

问：政府的资金能保证机构基本运行吗？

答：怎么说呢，有的项目行，有的项目不行。总体来说还是不够的。比如政府委托的项目中人员工资一般占到六成左右，实际服务费用一般占到三成，还有一成是管理费。中央的项目和这个不一样，不允许有专职人员工资部分，只允许志愿者补贴。公益创投和政府委托的项目差不多。

问：中央的项目不允许有人员工资，那怎么做呢？

答：就自己想办法呀。

答：如果机构没有能力想到办法，那会怎么样？

答：就以少量机构人员为主，主要是志愿者加上少量实习生，否则根本做不下来。

**9. 机构在政府购买项目实施中与政府、社区的关系怎样？（追问：是平等的、依赖性的或者其他？有无具体的例子来说明？）**

答：与政府实际上是一种伙计关系而非伙伴关系。

问：怎么体现出来的呢？

答：机构自主性较差，没有话语权。例如，做什么项目、需要多少经费等，实际上机构没有多少决定权。做什么项目都是政府确定好的，然后委托机构进行的，而不是机构自己发现服务需求再由政府认可的，现在多是这样的。还有就是现在机构处在成长初期，能力较弱，资源依附于政府，还处在配合政府做事的状态下，基本上是一种伙计关系。

问：H市领导重视社工和机构发展吗？

答：还可以吧，整个广州大形势比较好，这对机构发展很有利。但是目前很多机构服务能力较弱，重视的话只能往里面砸更多的钱。

问：但是离了政府的资金支持，机构能生存下来吗？

答：不能，但是现在就是太多为钱的目的来成立机构，这样的环境很糟糕，广州因这个目的成立的机构很多。

问：可是很多地方政府支援机构的钱并不是很多？是不是和整个广州形势比较好有关呢？

答：对，广东的珠三角地区环境较好，政府比较有钱，所以会从财政拿出大量钱来购买机构的服务。

问：理想的机构成长环境应该是什么呢？

**答**：这个我也想不明白，感觉好像是恶性循环。从宏观上来说有了资源，乱在规范吧。

**问**：什么样的恶性循环？

**答**：政府不投入，社会组织活不下去，可政府投钱多了，监管跟不上，政府投入了，在监管不足的情况下，机构又乱象丛生。

**10. 机构日常运行中常打交道的部门或单位有哪些？（追问：他们之间的关系是怎样的？有无具体的例子来说明？）**

**答**：民政、"共青妇"，广东还有的部门叫作社工委。

**问**：社工委是个什么部门？

**答**：和政法委一样的，统管社会建设的专门部门，是广东特色吧，其他地方好像都没有。

**问**：很多政府项目的购买都是他们负责吗？

**答**：不是，他们主要负责各部门之间的统筹工作，具体的购买项目还是由民政部门负责的。

**问**：机构和这些部门间的关系怎样呢？

**答**：这个要看机构负责人的关系处理，我们机构还可以。

**问**：什么意思？

**答**：不太好回答，算是平等吧。

**问**：那就是不完全平等了？

**答**：平等需要互为尊重、各取所需，现在做不到这点。因为机构更需要政府的支持，而政府需要机构具有很大的选择性，不选这个机构还有其他机构可以选择。

**11. 机构与本地其他服务机构关系如何？（追问：有没有过合作？有没有经常的交流？为什么？）**

**答**：合作很少，大部分仅仅是礼貌性的交流。

**问**：为什么没有合作而仅仅是礼貌性的交流？

**答**：因为大家是一种资源竞争关系，都是表面性、礼貌性的交流。实际上，在背后可能都互相诋毁，甚至还可能从你机构挖走经验丰富的社工，这都是有可能的。

**问**：这是不是和一个城市社工机构的数量有关系？

**答**：应该是机城市的机构存在很大关系。机构很多的时候，让机构出现差异化，例如深圳有 10 家机构的时候，竞争关系非常激烈，别说合作了，都暗地里较劲；有 50 家的时候，开始出现一些合作的迹象，新成立的开始找一些老机构寻求合作，或机构跨区，竞争性不大，也会出现合作；等到有 100 多家机构的时候，竞争不过来了，就都开始抱团取暖了，会出现合作的小圈子，也就是小范围间的合作。

问：新成立的机构找老的机构合作，它们之间是一种平等的合作关系吗？

答：应该不是吧。大家合作是因为各有所需，机构多了，就会出现部分联盟。联盟内部是很合作的，一起对外竞争。

问：现在 H 市有这种情况吗？

答：H 市的机构都起步较晚，差异不大，所以竞争压力大，加上资源有限，所以日子是真不好过。

**12. 在机构成立和发展的过程中，与区级或者市级社会工作协会关系怎样？（追问：社会工作协会对机构发展有支持吗？请具体谈一谈）**

答：我们的协会刚刚成立，感触不多，希望能够多点支持吧。

问：协会是什么时候成立的呢？

答：2014 年 2 月或者 3 月。协会政府背景太强了。

问：政府背景强对机构有什么影响呢？

答：协会本来应该是行业组织，代表机构和机构对话的，可本应该代表机构利益的行业协会实际上更多在为政府的利益考虑，有时甚至牺牲机构利益去迎合和满足政府。等于多了政府管，是个"二政府"。因为他就是政府的一部分，做着政府不太适合出面做的事情。

问：社工协会成立后具体都做什么呢？

答：H 市的社会工作成立时间太短，都还没有正常起来，估计他们自己都不知道自己应该做什么。

**13. 机构有没有自己的服务品牌？（追问：一般通过什么方式来塑造机构的公众形象和打造服务品牌？）**

答：都在成长过程中，谈不上品牌。

问：有没有相对来说做得成熟的领域？

答：打造农村社区的服务。

问：机构其实在成立机构之初都有自己的重点和领域吧？

答：是的。但是服务领域未必就是政府认为重要的服务领域，为了拿到更多的资源，很多机构都扩大或者调整了自己的服务范围，变成无所不能的机构了。这也是为了机构的生存，如果机构生存都成问题，还谈什么机构宗旨、价值理念呢。机构以后发展成熟了，就会有所区分，形成自己的重点和品牌。

问：其实这样不能保证服务的专业性，因为毕竟社工也不是任何一个群体都擅长。

答：是的，这个观点我也赞同，所以以后机构成熟后，应该有自己的侧重。

问：一般通过什么方式来塑造机构的公众形象和打造服务品牌？

答：除了做好服务外，我个人觉得宣传也是很重要的。所以我们机构有自己的网站，会把机构的一些项目放上去，开展的一些活动、招聘信息等都放上去。这样能让公众更好地了解我们机构，招募志愿者等我们也都通过网络先进行宣传。

问：机构有专人负责网站的维护工作吗？

答：没有，是一个社工，这方面技术还可以，就让他兼着的。单独再招一个人还要开一笔工资，机构目前还是做不到的，能省的尽量都节省吧。

**14. 对机构未来发展有哪些构想？（追问：资源如何拓展？能力如何提升？机构人才如何培养？）**

答：一言难尽啊许老师，也可以理解为没有构想。

问：为什么？

答：因为机构还处于发展初期，等到机构慢慢成长起来，再慢慢规划。想是想啊，但行动不起来。现在的现实环境就是这样，机构能获得的资源大部分来自政府，政府手里有权力，加上有的领导不懂社工、不重视，机构再努力也没办法。

## 二、HY 社会工作服务社访谈整理

访谈时间：2013 年 5 月 28 日下午　访谈地点：Q 区社会组织孵化中心

访谈对象：服务社理事长　　　　访谈、整理：许小玲

**1. 机构成立的背景？（追问：当时是出于什么考虑成立这个机构的？成立过程中是否遇到困难？是如何解决的？）**

答：2007 年，国家在搞社会工作人才队伍建设工作，确定了一些试点地区和单位，正好 Q 区和万载县被定为试点地区，所以 Q 区的领导就想成立这样一个机构。他们和学院的领导之前就有接触，就主动找我们希望能成立一个，在这种情况下，系里从教学、科研的角度考虑决定成立一个机构，让我来当这个理事长。

问：机构成立过程中有没有遇到社么困难呢？

答：困难倒没什么困难，因为是政府来找学院谈的，给了很多支持，还提供了办公室。当时，按照要求在区级层面成立民办非企业需要 3 万元的注册资金，实际上我们并没有出 3 万元，只是学校出了个证明吧，就给办了，其他倒是挺顺利的。

**2. 机构的基本情况？（包括注册的时间、机构理念宗旨、组织结构、主要服务对象和服务项目等）该机构目前工作人员的基本情况？（包括性别比例、教育背景、年龄层次、从业经验、有无社工资格证书等。追问：在聘用社工时如何考虑筛选标准？）**

答：我们机构是 2010 年 1 月成立的，机构坚持求真务实、以人为本、助人自助、和谐发展的工作理念，团结和服务广大社会工作者，积极推进社会工作的专业化、职业化、行业化建设，推进江西社区建设以及社会福利、社会救助、社会公益视野的发展，维护社会公平，促进社会和谐。HY 这个机构的理念可以概括为以人为本、助人自助、立足社会、发展专业、服务民生、促进和谐。至于服务对象，我们没有特别的规定，只要能提供服务的，都在我们的服务范围之内。不能说你的服务对象就是哪个群体，如果政府购买的是其他领域的服务，你不去争取，本来资源就这么一点点，不争取就更没办法了。

问：机构组织结构是怎样的？

答：组织结构层面，机构名义上设有理事会，总共有成员 9 人，其中 8 人为本省师大的老师，1 人为区社工协会的工作人员。刚开始的时候，系里的老师还经常参与机构的一些活动，对机构建设提一些意见，因为理事会的职责就是对机构制度建设、财务状况和机构发展规划等重大事项进行决策，现在理事会只是形式上的了，实际并不发挥任何作用。

因为我们都是高校老师，本职工作并不是这些。老师们付出很多心血在机构上，对于个人的成长和发展没什么帮助，很多年轻的老师要评职称，可是学校不考核你做的公益项目，就看你有没有国家级的课题、有没有发高质量的论文，年轻老师压力比较大，所以慢慢热情都不高了。我是个副教授，压力比年轻人小一些，领导就让我干这个理事长，可我自己也要评职称呀。

**问：** 机构有哪些服务项目呢？

**答：** 机构成立最初（2010 年）没什么项目，都是在社区搞些活动。我们这个地方经济发展水平一般，不像深圳、上海那边，所以政府购买服务还只是停留在宣传层面上，并没有真正进行。因为我们机构是依托 Q 区成立的，所以，社区如果需要一些服务，我们还是尽量去做的。因为我们有学生，所以也不需要太大的成本。成立最初 2010 年没什么项目，都是在社区搞些活动。在社区也发现一些有需求的群体，也想做方案设计和服务项目，可是没有钱根本没法做，学生也是作为实习来要求的。如果在开展个案或小组活动过程中产生的费用基本由区社会工作协会支付，因为每年区社会工作协会在开展活动方面均有预算支持，预算一年大约 600 元，支持力度较小；面临大型活动组织资金短缺问题时，HY 可通过打报告的形式向区社工协会或区民政局额外申请经费，这些都具有很大的不确定性。如果政府购买服务，服务社完全可以承担下一些社会工作的专业服务项目。因为我们很多兼职人员都是高校社工老师，具有很丰富的专业知识。2011年、2012 年都没什么大项目，2012 年机构申请的省里的公益创投项目是关于青少年的，今年申请了司法矫正的，每个项目是 10 万元。

**问：** 机构的人员情况如何？

**答：** 机构刚成立的时候，还有一个专职人员，主要负责日常的行政性工作，这个人员实际上也是社工协会的专职人员，兼着我们这边的行政工作。其他如督导及社工共 16 人，都是本省师大社工系的老师，取得社工师资格证的有 5 人，博士 10 人，硕士 6 人，这些人员全部是兼职。现在实际在做的人很少了，我是其中的一个。现在连那一个做行政的小姑娘也没有了，因为她的工资是参照社区标准定的，只有 1050 元，原来是我们社工系的本科生。钱那么少，肯定留不住人的。

**问：** 财务有专人吗？

答：我们社会工作服务社在财务方面倚靠的是 Q 区，由区财务室会计同时兼职我们机构和区社会工作协会的会计，否则我们自己肯定是请不起会计的，没经费呀，有经费也得先请专职社工，可现在连请专职社工的资金都没有，还谈什么财务。

问：机构在聘用社工的时候有什么标准吗？

答：我们真谈不上什么标准，但是我个人觉得还是要有社工背景的，否则一点社工理念都没有，重新培养起来很困难的。虽然，现在也有很多人说大学社工系培养出来的学生实务能力差，但是这些学生毕竟经过 4 年的训练，多多少少在理念上是会有一些东西吧，比起其他专业的人肯定是好很多了。我暑假去深圳那边看了看，那边社工机构发展太快，机构规模过于庞大，急缺社工。有的机构就什么专业的都要，只要你愿意干，像计算机的、物流的都招进去了，这怎么能行呢。其次，还要有热情，能吃苦吧。本来社工收入就不高，如果没有一个个人的理想或者信念的支撑，肯定是干不下去的。

3. **机构有无固定的办公场所？（追问：是由谁提供的？费用如何？如何支付？）**

答：有，从一开始就有，HY 的办公场所就设在 Q 区婚姻登记处，与区社会工作协会共用办公场所，办公场所及其产生的费用无须洪宇负担，日常办公经费很少的。

4. **机构在运行的过程中遇到哪些困难？（追问：分别是哪些方面的困难？其中最大的困难是什么？面对困难，机构有无采取一些策略去应对？举出具体的事例，这些措施解决了机构的困难吗？）**

答：没钱来做项目，也没有人来做项目。因为没有钱，所以不能招专职社工，即使有了项目也没人来做。像我们现在的项目都是省公益创投的项目，这种项目还有中央财政的很多项目在经费使用里都规定不能有任何一部分用于专职人员的工资，都是用于实际服务的经费，项目管理费只占 5%。实际服务的经费中也包括给志愿者的一些补贴、督导人员的一些费用。像我拿到这样的项目，不能雇用专职人员来做，就靠我和我的社工学生来做。如果有其他的资源来源，就可以聘用专职社工来做。可现在除了这两个项目之外，机构没有得到任何政府的购买项目。平时没有钱，我总不能聘用社工吧，有点项目经费的时候，又不能用于专职人员的工资，怎么开展专业服务。有时候，公益创投的项目还要机构配套资金，我本来就没钱，还要我自己配套资金，怎么可能呢。所以，我觉得很多东西在设置的时候根本就没考虑到实际情况。而对于其他参加公益创投的机构来说，比如福利院、特殊教育学习学校以及一些街道和社区自己成立的社工机构，他们就比我们占优势。因为他们有固定的人员，这些人员的工资都是有保障的，他们拿到这些项目对于机构而言就是额外多了一笔钱，就可以用于做服务。他们中有一部分参加社工考试也取得了社工资格证，做服务也有经验，只不过从专业性上来讲差一点，而我们的设计更专业、服务过程更专业。公益创投竞争也很激烈，因为公益创投的项目也不是只面向社工机构的，是面向所有社会组织的。

问：面对这样的困难，机构有没有采取一些措施呢？

答：那还能怎么样，没钱就少花钱呗。我们原来还有一个网站，现在就停了，因为网站需要专门人员制作和维护，我们请不起。所以现在只有一个微博在起宣传的作用。

问：没有专人来做项目，项目怎么完成呢？

答：虽然项目经费中不允许有专职人员的工资，但是允许给志愿者和督导包括个案、小组的经费，我在设计服务项目的时候就把这些次数写多一些，这样可以有一部分人工费用拿出来。项目都是我一个人在做，督导也是我们系里的几个老师，其他的人员就是我们社工专业的学生以志愿者的形式来参与。项目经费中对于志愿者做个案的费用的补贴也做了规定，一个个案给志愿者的补贴最多不能超过50元。

**5. 机构有没有来自政府的支持？若有，主要包括哪些？（追问：是政府购买或招投标方式、委托方式或其他，政府补贴或奖励吗？仔细说明情况或者一个项目的具体执行情况。购买方通过何种方式来监督服务过程？通过何种方式来评估服务效果？政府的评估标准与机构专业性要求之间有冲突吗？若有，是如何平衡的？）**

答：成立之初到现在我觉得没什么政府的支持。虽然机构是在Q区政府支持下成立的，在当时算一个创新吧，我们的作用大概就在此吧。后来，政府从资金和项目上也没有给什么支持，所以2010年成立是没什么项目的。也就是我们省里的疾控中心，包括我们区里的疾控中心，当时有"防治艾滋病"项目，重点除了在区、市各部门规定的任务要完成，在社会组织这块也有任务，它们通过拨一部分钱给社会组织，规定在什么范围、什么人群、什么地域、什么工作量上达到什么效果，我们在省市区的"防治艾滋病"项目上大约有3万元。但是这个项目不是机构申请下来的，而是区社工协会申请到了本省疾病预防控制中心的"防治艾滋病"项目，我们也就是参与其中。说白了，我们也就是做了具体的服务。除了省公益创投的项目之外，从市里和区里没有政府购买的其他项目了。

问：为什么没想到向基金会等申请项目来获得资金呢？

答：申请一些基金会的项目也不是那么容易，我们一方面不知道什么时候会有这个信息，还有就是机构成立时间不长，这样的项目申请对服务方案等要求、考核也是比较严格的，对于初期的机构来说还是比较困难的。

问：省公益创投的项目怎么监督项目执行过程呢？

答：比较严格。每次服务后都有服务对象确认书，要求服务对象填写，包括服务对象的姓名、服务时间、联系方式、服务内容等，都要附到服务方案的后面，最后都要提交过去的。

问：中期考核有具体要求吗？

答：有具体要求，要提交报告，附上具体服务开展时的照片、服务对象的数量、基本情况、媒体的相关报道等。项目最后的评估主要是第三方评估，他们请哪里的机构我们就不清楚了。好像还有会计师事务所来审计账目，看经费是怎么花的。

问：通过何种方式来评估服务效果？

答：我也说不好服务专业性或者效果。反正购买方主要看服务对象对我们服务的评价，因为服务结束后都要求服务对象填写反馈意见、媒体的相关报道、最后提交的项目结项报告，其他的也没什么。专业性我个人觉得不好体现，现在能规范操作就很不错了，专业性现在可以说是谈不上的。

问：政府的评估标准和机构的专业性评估之间有冲突吗？

答：有时候会有，因为有时候政府可能比较重视量上的，对专业性要求不高，实际上目前专业性也没办法体现和规范。毕竟政府也希望经费能更好地使用，更好地体现高效率，所以量上还是有要求的。但是因为每次在服务方案中我们都把量上写得比较多，所以大部分时候政府是满意的，所以不存在冲突。这并不是因为政府不懂或者监管松，而是我个人做的量已经比较多了，他还能要求什么呢。

**6. 机构来自社会的支持主要包括哪些？（追问：有社会、企业的捐款或者合作吗？若有，通过何种方式开展的？具体是如何执行、监督和评估的？效果怎样？若没有，是什么原因？有充足的志愿者吗？）**

答：没有，既没有社会的捐款也没有与企业合作。原因我个人觉得，一是机构没有专人去宣传，机构本身的知晓度不高；二是社会对社会工作或者说社会工作机构不了解，认知度不够，社会大环境是不成熟的。中部地区相对比较落后，与沿海地区是没办法比的。机构与企业接触得也比较少，企业对机构也不了解。

问：志愿者充足吗？

答：还可以吧，现在主要是以学生为主。在社区开展具体服务项目的确需要志愿者的情况下，社区也会有一部分人来参加的。

**7. 机构有没有面向市场开发的服务性收费项目？若有，运行如何？若是没有，原因是什么？（追问：这些项目运作情况如何？遇到哪些困难？）**

答：肯定没有了。现在整个社会环境还不成熟吧。如果是开发服务性收费项目，那就意味着别人花钱购买你的专业服务，可社会工作的专业性或者社工的专业性社会现在认可吗？我觉得不认可，如果认可，社工整个工资待遇就不会那么差了。在深圳那边气候比较成熟，但是好像也都是政府购买社工机构的服务吧。而且在很多人看来，你是公益机构，肯定服务是免费的了，所以很多人认知上也存在问题。观念的东西改变起来很困难，需要更长的时间。

**8. 机构主要资金来源结构是怎样的？（追问：来自政府的、社会的、面向市场服务性收费大概各占多少比例？为什么会呈现出这样的结构？）**

答：机构主要的服务资源就是政府了。原因也就是上面的原因，你从外界其他渠道得不到资源的时候，唯一的资金来源就是政府了。虽然有时候政府的项目并不是机构擅长的服务领域，但是也要尽力去争取呀。这是一种"曲线救国"，先能够拿到项目，活下来比什么都重要，如果别人都这么做了，我们不做，那我们迟早要被淘汰，那时候再谈使命也毫无意义了，都没法存在了更不要说去实现什么了！

**9. 机构在政府购买项目实施中与政府、社区的关系怎样？（追问：是**

平等的、依赖性的或者其他？有无具体的例子来说明？）

**答：**与政府的关系虽是购买形式，但是实际上是不平等的，应该是依赖性关系更强的。因为机构离了政府是活不了的，就像我们机构这个样子，可是政府离开你是能活的，因为不止你一家机构，还有很多，好像本省财大也成立了一个机构。还有现在一些街道在社会组织培育的口号下也成立了一些机构，还有社区成立的，他们差不多都是民政系统内部成立的吧。就是有区民政局的项目，你和街道或者社区成立的机构相比是不占什么优势的。毕竟他们和民政局关系要更近一些吧。人家开展活动也是很有经验的。在和政府打交道的过程中，很多时候你是没有什么话语权的，政府从他的角度出发来确定事情，你很多时候虽然不赞同他的观点，也只能提意见，接受不接受就另当别论了。

**问：**和社区的关系呢？

**答：**和社区的关系还可以，在社区特别是 Q 区下面的社区做项目的时候还是比较配合的。因为我们在社区做服务不需要占用社区的很多资源，也不用他们的人来帮忙，只要能提供信息和活动场地就行了，所以他们还是比较配合我们的服务的。

**10. 机构日常运行中常打交道的部门或单位有哪些？（追问：之间的关系是怎样的？有无具体的例子来说明？）**

**答：**日常打交道的主要部门有区社会工作协会、区民政局、社区，除此之外，工作中需要涉及的单位或资源，HY 也会主动联系，如卫生局、监狱、军营和医院等。现在我做省级公益创投的项目，主要和司法局、监狱、未成年人管教所接触得比较多。

**问：**和他们之间的关系怎么样呢？

**答：**和民政局的关系正如前面所说是依赖性的，和社区还是合作的关系吧。现在和司法局等相关部门的关系也是依赖性比较强，因为很多时候我们做服务是需要他们支持的，很多时候没有我们他们也可以解决的，只是从创新上来讲。

**11. 机构与本地其他服务机构关系如何？（追问：有没有过合作？有没有经常的交流？为什么？）**

**答：**我们 NC 市的社会工作机构还比较少，几乎没什么交流，更谈不上合作了。

**问**：以后机构多了，你觉得机构间合作有可能吗？

**答**：这个应该有可能，但是如果机构能力很强的话，可能就不需要和其他机构合作了，而比较小的或者刚成立的机构要是想发展就会找机构合作。以后机构多了，大家就会竞争更激烈了，争取政府的资源嘛。

**12. 在机构成立和发展的过程中，与区级或者市级社会工作协会关系怎样？（追问：社会工作协会对机构发展有支持吗？请具体谈一谈）**

**答**：Q 区的社会工作协会成立得比机构要早一些。在机构成立之初，社工协会给了一些支持，比如区社会工作协会为我们机构的办公经费及其在辖区内开展的活动提供资金支持及指导，两者在人员上有所重叠，财会人员均由区财会室人员兼职，主要理事会成员相互兼任；项目承接上，以区社会工作协会名义申请的项目，而我们机构往往也会参加具体的服务。但是后来社会工作协会自己也参与一些项目的购买，实际上它又没人做，只是接下来之后会让机构一起参与做，但实际上经费并没给机构。

**问**：区社会工作协会申报一些项目的时候会和你们商量或者邀请你们参加吗？

**答**：不邀请，因为他们不用和我们合作也能拿到项目，因为区社会工作协会其实也是区民政局下属的一个部门吧。只要有他参与的项目我们一般就不参与了，因为肯定竞争不过他的。他不邀请我们是怕我们分他的钱。可是项目拿到手后，他们还是没人做呀，这时就会找我们，让我们的学生去帮忙，大概就是这样一个关系。

**问**：那你觉得社会工作协会发挥应有的职能了吗？

**答**：要说一点都没发挥也不是的，可是社会工作协会作为行业协会更多的是协助区内的社工机构更好地成长和发展，这一点根本就没做到。

**13. 机构有没有自己的服务品牌？（追问：一般通过什么方式来塑造机构的公众形象和打造服务品牌？）**

**答**：没有吧，我们这个机构还很弱，本来就没做多少项目，要说有点名气的，就是去年做的青少年服务，服务对象当时的评价还是很高的。

**问**：一般通过什么方式来塑造机构的公众形象？

**答**：原来是通过网站，后来网站停了，现在只有新浪博客。有时候再社区做服务会有媒体的报道，这些对提升机构公众形象也是有帮助的。

**14. 对机构未来发展有哪些构想？（追问：资源如何拓展？能力如何提升？机构人才如何培养？）**

**答：** 构想我觉得谈不上。我个人真的没精力去管了，准备做完这个项目就不做了。因为外部大环境不成熟，政府倒是说大力扶持服务类社会组织发展，可是不能停留在口头上，也不能只是一个领导一时热情高涨就发展的事情。你像深圳必须是市委市政府高度重视才行，只是一个民政局重视也没有用，因为很多时候它说话也不是很管用，只它一个部门重视也是发展不好。只有从党政"一把手"抓起才能把宣传口、财政口都整合起来，共同支持。还必须要求各级政府每年专门留出一部分专项资金来发展社会工作机构，只有这样才行。领导一时兴起，完全是走形式，机构就成了管理创新的摆设。除了这个之外，机构自身肯定也是要加强管理，完善组织结构和管理结构，提高福利待遇，给社工更多的成长空间，这样才能招聘和吸引好的人才。

# 后 记

　　这本书是在我的博士论文的基础上修改而成的。一年多以后，当回头再看当时的文章时，一方面稍感遗憾，另一方面也有些许佩服，就好像在看待另一个自己。一年多来，社会服务组织发展的政策环境发生了许多变化，想要完整表达它对我来说仍然充满挑战。或许正是因为学术上的不完美，才是我们得以孜孜不倦的重要原因和动力。

　　一年多来，自己和周围发生了一些变化，生活变得平静但充满了挑战和焦虑，我还会在前进的路上继续努力，但是我下一阶段的方向在哪里？我还在苦苦思考和寻找。该书出版之时，正值合肥工业大学马克思主义学院获批安徽省第一批重点马克思主义学院，为该书的出版注入了活力。需要感谢许多人、许多地方，留存于心，不一一赘述。只是特别想记录和保存毕业时的心情，作为人生的一段路标，因此保留当时的"致谢"如下。

　　论文的写作还八字没一撇时，这篇致谢却喧宾夺主地在我心里有了一个雏形。自2010年进入南京大学求学以来，我得到了太多人的扶持和帮助！于此，我心怀感恩。我却只能在这里以一纸致谢的形式，铭记我的感激！

　　我首先要感谢我的导师——彭华民教授！教授门下多英才，我位列其中，既深感荣幸，又惶恐不安。导师知识渊博，问题意识敏锐，在我博士生涯的五年中，她在每个关键时刻都起了决定性作用。每次和她交流都如沐春风，给我很大的启发。老师在学术上态度严谨、求真、求实，这种对学术孜孜不倦的追求深深地影响了我，她是我学术上的引领者。可以说，博士阶段我每一分收获都离不开老师的悉心指导。我动笔写作论文时，导师上自逻辑思路，下至英文姓氏、符号标点，事无巨细地进行修改。面对我这样的愚徒，导师从未敷衍打发我。能遇到这样的导师真是我求学生涯中的幸事！

我要感谢南京大学朱虹教授和南京省委党校的黄菡教授！是你们的鼓励和支持，开启了我当年进军南京大学的愿望。在这所充满学术气息、学习氛围浓厚的百年名校，我收获很大。在求学的五年里，我认识了许多令人尊敬、兢兢业业、学识渊博的老师，他们成为激励我在学术路上不断前进的力量源泉。在这里要感谢南京大学社会学院的诸位老师！周晓虹教授在课堂上"毕业论文的研究结论能否以一句话概括"的标准始终警醒着我，虽然自己做得并不好。风笑天老师批判式的教学方式至今仍记忆犹新。张鸿雁老师上课的勤奋和诙谐是我学习的榜样。翟学伟老师对中国人情、关系、面子的深入洞察让我收获颇丰。去蹭成伯清老师的课，他对理论深入浅出的讲解，让我心生佩服。去蹭陈友华老师的课，总能在他那里得到很多启发性的观点，亦师亦友的氛围让我十分享受。去蹭闵学勤老师的课，总能感受到她的优雅以及 SPSS 课程的精彩！此外，我还要特别感谢参与我预答辩的风笑天老师、翟学伟老师、张玉林老师、闵学勤老师和耿柳娜老师，他们敏锐犀利的眼光，帮助我修改了论文文风、理论等方面的问题，最终使我顺利通过盲审，还取得了三个不错的成绩。在此，我也要感谢三位不知名的盲审专家给我的鼓励与建议！他们提了很多我尚未思考过的问题，这于我来说，简直是一笔巨大的财富！

我要感谢同门各位兄弟姐妹们的帮助！感谢帮我完成第一次调研的睿雯、潍颖、张磊、史凯和骁龙，正是你们的辛勤付出使我收获内容丰富的研究资料。感谢刘玉兰、高丽茹、胡彬彬、阎金山、秦永超、姚进忠、黄君、冯元在师门读书会上对论文提出的宝贵修改意见。我特别要感谢同门藏其胜，他不仅常询问我论文的进度，还随时在 QQ 上解答我的疑问，直至我听明白为止。虽然那时他眼睛不是很好，但他总是不厌其烦地帮我数遍浏览和修改论文，以至于后来我甚至形成了一种习惯，写了什么都想给他看下，听下他的意见。

我要感谢 2010 级社会学博士班这个温暖大家庭的所有成员！他们是傅琦、吴炜、杨瑾瑜、刘玉兰、汪火根、胡艳华、陈勇、陈剑梅、马继迁、陶艳兰、吴新慧、汪毅、岳少华、彭大松、舒星宇和张新生，衷心感谢在平时的学习和生活中，你们一直以来的支持和帮助。忘不了论文写作过程中，傅琦不厌其烦地和我讨论论文目录、框架和细节，吴炜、杨瑾瑜和刘玉兰则是在我写作最艰难时候的强大鼓励者，正是你们的鼓励使我能够坚持下来。我会珍惜博士生活的点点滴滴，永远铭记在心，每次想到都给我温暖和力量。

我还要感谢我工作单位的诸位领导和同事！为了不分散我的精力、支持我尽快完成毕业论文的写作，学院领导对我不能参加常规例会等活动给予了极大的宽容，黄志斌院长还时常询问论文写作进程。而我教研室的同事们则在我读博的第一年、第二年期间，尽量少安排我监考，并及时告知单位与自己工作相关的一些事情，很多无法亲自到场的事情都得益于他们的帮助。

最后，我要深深感谢我的父母和家人，是他们给了我最大的支持。在考博以及读博的过程中，父母以无私的爱和无微不至的关怀使我实现了梦想，让我一直在求学道路上前行。我的父母从我家宝宝满月之时一直帮我照顾孩子到 7 岁，操持家务，让我从繁忙的家务中解放出来，以便能有充足的时间撰写论文，我想对他们说，我爱你们。还要感谢我的老公，他因家里出了一个女博士而被迫超常发挥。他既要在生活中照顾我，还要在我情绪极差时充当我的"撒气筒"，不仅要在我气馁时及时地给我打气，还要在我一筹莫展时充当我的军师。我必须承认我当下成绩有父母和老公的一半。特别要感谢我的儿子佳禾，当 2010 年我开始读博时，他还只是一个小班的大宝宝，伴随着我博士生活的结束，他已经成长为二年级的小学生。在我身心疲惫之时，儿子稚嫩的安慰是给我最好的礼物，他也是我最贴心的宝贝。

2015 年 5 月 21 日夜
合肥兰亭寓所